Jezu, Ty się tym zajmij!

Joanna Bątkiewicz-Brożek

Jezu, Ty się tym zajmij!

o. Dolindo Ruotolo
Życie i cuda

wstępem opatrzył
ks. prof. Robert Skrzypczak

Wydawnictwo Esprit

Wszystkie fotografie opublikowane w książce
pochodzą z prywatnego archiwum:
Grazii Ruotolo, Umberto Cervo
oraz innych świadków życia ks. Dolindo.

Redakcja: Justyna Yiğitler, Justyna Zarzycka
Opracowanie fotografii: Piotr Poniedziałek
Skład i łamanie: Judyta Zegan

Imprimatur
Kuria Metropolitalna w Krakowie
nr 740/2017 z 24 marca 2017 r.
bp Jan Szkodoń, wik. gen.; ks. dr hab. Robert Skrzypczak, cenzor

ISBN 978-83-65349-52-1

Wydanie I, Kraków 2017

Druk i oprawa: Abedik

Wydawnictwo Esprit sp. z o. o.
ul. Przewóz 34/100, 30-716 Kraków
tel./fax 12 267 05 69, 12 264 37 09, 12 264 37 19
e-mail: sprzedaz@esprit.com.pl
ksiegarnia@esprit.com.pl
biuro@wydawnictwoesprit.com.pl
Księgarnia internetowa: www.esprit.com.pl

Pamięci mojego Taty, który bardzo kochał Neapol.
Jestem pewna, że to on mnie tam „zaprowadził”.

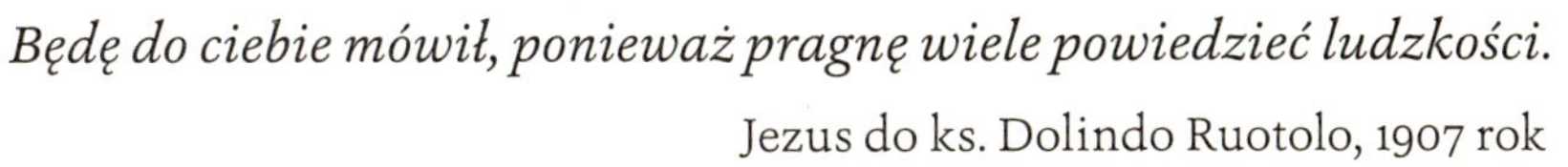

Będę do ciebie mówił, ponieważ pragnę wiele powiedzieć ludzkości.

Jezus do ks. Dolindo Ruotolo, 1907 rok

Nic, co wyszło spod pióra ks. Dolindo, ani jedno słowo, nie może zostać zaprzepaszczone. Święty to kapłan!

św. o. Pio, 1967 rok

Ksiądz Dolindo żył, cierpiał i jak Izaak złożył się dobrowolnie w ofierze, by dać świadectwo dla Kościoła, by pokazać, jak kocha się Kościół.

Vittorio M. Costantini,
biskup Sessa Aurunca, 1975 rok

On urodził się świętym. Święty Antoni, Franciszek czy Augustyn – oni wszyscy najpierw wiedli ziemskie, czasem wręcz upojne życie, a potem nawracali się i stawali świętymi. A ks. Dolindo świętym się urodził.

Które dziecko w wieku dwóch lat czuje Jezusa żywego na ustach mamy, zapach Jezusa na jej płaszczu, kiedy wraca ze Mszy? A Dolindo to czuł. Które dziecko, bite do krwi, z otwartymi ranami po operacji, któremu ojciec wykręca ręce, a potem zamyka je w komórce z węglem i szczurami, w bezgranicznym strachu modli się za tego samego tatę i wychwala Boga? Kto wystrugałby potem własnymi rączkami krzyż i całował go z miłości do Męki Chrystusa? Powtarzam to wszędzie: urodził się świętym. Który kapłan odsunięty na dwadzieścia lat od odprawiania Mszy i od spowiedzi nie tylko zostanie w Kościele, ale i będzie go kochał? I nie pozwoli powiedzieć o Kościele złego słowa? Heros pokory! Kto przed tymi, którzy obrzucają go oszczerstwami, klęka i błogosławi im? Święty.

Grazia Ruotolo,
najbliższa żyjąca krewna Sługi Bożego
ks. Dolindo Ruotolo, Neapol, styczeń 2015 roku

Perła odnaleziona

Z wielką radością przyjąłem wiadomość o tym, że powstała książka poświęcona ks. Dolindo Ruotolo. Z jeszcze większą książkę tę przeczytałem. I od razu pragnę przestrzec Czytelnika: autorka, pani Joanna Bątkiewicz-Brożek, to złodziejka. Skradnie wam każdą wolną chwilę. Dlaczego? Bo od świadectw o neapolitańskim kapłanie trudno się oderwać. A po przeczytaniu zostaje dojmujące łaknienie poznawania ks. Ruotolo więcej i więcej...

Mój Dolindo

Po raz pierwszy zetknąłem się z ks. Dolindo za pośrednictwem jego charakterystycznej modlitwy: *Jezu, Ty się tym zajmij*. Mówili mi o niej moi włoscy przyjaciele, Bruno i Silvia Serafini z Maceraty na początku lat dziewięćdziesiątych ubiegłego wieku, goszcząc mnie jeszcze jako seminarzystę podczas letniej praktyki językowej. Zapamiętałem wówczas brzmienie modlitwy, nie wiedząc, od kogo ona pochodzi. Jako młody kapłan natrafiłem na ślad o ks. Dolindo, wczytując się w biografie św. o. Pio. Wywarł na mnie wrażenie „ślad" ukryty w reprymendzie włoskiego stygmatyka pod adresem pielgrzymów z Neapolu: czemu przychodzicie do mnie, skoro u siebie macie świętego! Postanowiłem tym „śladem" podążyć. Zadałem sobie pytanie: kim jest ów święty z Neapolu? Po kilku latach pracy w duszpasterstwie akademickim wyjechałem na staż naukowy do Włoch. Zgłębiając „włoski personalizm", natrafiłem na bł. Antonia Rosminiego i na ks. Dolindo Ruotolo, dwóch kapłanów zranionych trudną miłością do Kościoła. Podobne doświadczenie bolesnej próby wiary w swoim Kościele, podobna postawa heroicznej pokory i miłości do Matki Eklezji. Wyprzedzili epokę, dlatego też wydawali się do niej niedopasowani. Mimo że dzielił ich dystans całego pokolenia - ks. Dolindo urodził się dwadzieścia siedem lat po śmierci ks. Antonia - połączyła ich heroiczna walka o autentyczność przesłania ewangelicznego i wysiłek najdoskonalszego spojenia go z życiem. Obaj zderzyli się z Goliatem Świętego Oficjum, starli się z obawami i lękami epoki, gnuśnym letargiem, któremu uległo wielu stróżów Dobrej Nowiny. Kluczem do osiągnięcia zwycięstwa na krzyżu jest zawsze gotowość do wstąpienia na niego i oddania życia. Tak, jak zrobił to Chrystus. Antonio Rosmini musiał o ponad pół wieku dłużej od ks. Dolindo czekać na rehabilitację. Za to o wiele szybciej zasłużył na uznanie świętości życia. Został beatyfikowany przez papieża Benedykta XVI w listopadzie 2007 roku[1]. Sprawa kapłana z Neapolu jeszcze czeka na swój chwalebny finał w Kościele.

---

[1] R. Skrzypczak, *Filozofia i teologia osoby bł. Antonio Rosminiego - ojca personalizmu europejskiego*, Wydawnictwo AA, Kraków 2013; *Przeznaczenie proroków. Błogosławiony Antonio Rosmini Serbati*, „Fronda" 44/45 (2007), s. 96-121; *Pokochał Kościół aż do bólu*, „Pastores" 66 (2015), s. 40-50.

Zapoznawałem się z nielicznymi książkami o ks. Dolindo, z jego autobiografią, kwiatkami, listami do kapłanów i do swych duchowych córek. Pewnego razu dowiedziałem się o jego charyzmacie proroctwa wyrażanym za pośrednictwem *immaginette* i z niezwykle miłym zaskoczeniem natrafiłem na ślad jego profetycznej intuicji wyrażonej trzynaście lat przed wyborem Karola Wojtyły na Stolicę Piotrową, co do przyszłej konfrontacji Jana Pawła II z ateistycznym światem komunizmu. Dotarłem też do świadectw o nim arcybiskupa Pavla Hnilicy, słowackiego bohatera podziemnej walki o przetrwanie Kościoła u naszych południowych sąsiadów[2]. Ksiądz Dolindo bywał obecny w moich homiliach i katechezach.

Podczas wakacji duszpasterskich spędzanych w małej nadmorskiej parafii nieopodal Wenecji zauważyłem, jak niektórzy Włosi żywo reagują zainteresowaniem na postać neapolitańskiego kapłana. Roberta i Alberto, którzy od niedawna zbliżyli się do Kościoła, poczuli się żywo zainteresowani świadectwem o ks. Dolindo, zwłaszcza że dotąd nic o nim nie słyszeli, pomimo częstych wyjazdów zawodowych pod Wezuwiusza. Na początku września 2015 roku pojechaliśmy razem odwiedzić „świętego". Dzięki tej wizycie zobaczyłem kościół św. Józefa i Madonny z Lourdes, odprawiłem Mszę przy grobie ks. Dolindo. Poznałem też strażniczkę jego pamięci, bratanicę, panią Grazię Ruotolo. To były chwile uprzywilejowane spotkania ze świętością duchowego giganta z Neapolu. Siostry franciszkanki zaopatrzyły mnie w nowe książki. Zwiedzając kościół św. Teresy

---

2 Tenże, *Piękny człowiek. Jan Paweł II - niezapomniany pontyfikat*, Wydawnictwo AA, Kraków 2015, s. 9-10, 64; *Proroctwo z Neapolu*, „Gość Niedzielny" 42 (2015), s. 34-35; *Okaleczone kapłaństwo ks. Dolindo Ruotolo*, wstęp do: Postulator Generalny Franciszkanów Niepokalanej, *Ksiądz Dolindo Ruotolo. „Święty kapłan"*, Fundacja Żywe Słowo, Warszawa 2016, s. 5-28.

al Museo, zetknąłem się z niską zakonnicą w szarym habicie, Filipinką, która jakby od niechcenia rzuciła w moim kierunku: „Trzeba uważać, bo kto się zajmuje sprawą ks. Dolindo, zapłaci cierpieniem". Po czym od razu przeszła do wyjaśniania ściszonym głosem - bowiem zakonnice modlą się nieustannie przed Najświętszym Sakramentem - że tutaj właśnie zastała ks. Ruotolo wiadomość o rehabilitacji. I tu po wielu latach mógł znowu odprawić Mszę Świętą.

Po powrocie do kraju czekały na mnie niekorzystne nowiny o moim zdrowiu: powtarzanie badań diagnostycznych, przygotowanie do operacji, planowanie dalszej terapii. „Przyszedł czas, abyś oddał coś z siebie bezpowrotnie" - powiedziała mi znajoma lekarka. *Kwiatki o ks. Dolindo* wraz z modlitwą *Jezu, Ty się tym zajmij* powędrowały wraz ze mną do kliniki. Miałem w pamięci niedawną wizytę w Neapolu i to, co mi wyszeptała siostra w kościele św. Teresy. Sandra, inna fanka ks. Dolindo, gdy dowiedziała się o mojej „próbie", postanowiła ukarać „świętego": odwróciła do ściany jego fotografię, mówiąc: „pozostaniesz tam, aż się poprawisz". Brzuch mnie bolał ze śmiechu, gdy się o tym dowiedziałem. Wieczorem przed zabiegiem zadzwonił telefon: Grazia z Neapolu. „Padre, pamiętaj - Dolindo wybrał sobie ciebie! Modlimy się tutaj w twej sprawie u jego grobu". *Jezu, Ty się tym zajmij! Jezu, Ty się tym zajmij!* Ktoś z lekarzy powiedział mi, że być może nie będę mógł mówić. Co zatem będę robił? „Będziesz pisał". Kiedyś pewien ojciec wyjaśnił swemu synkowi przed odwiedzinami u mnie, że idzie się spotkać z Bożym wojownikiem Jedi. Gdy maluch mnie zobaczył, był wyraźnie rozczarowany. Nie było ani włóczni, ani miecza, ani miotacza ognia... Czym zatem walczy ten Boży wojownik? „Piórem" - opowiedział ojciec. Bardzo mi to przypadło do gustu. Dziś walczę i słowem, i ustami, i piórem. Jezus wszystkim się zajął. Ostatnio usłyszałem od mego chirurga: „Masz pan jakieś chody u góry. Jak tak dalej pójdzie, przeniosę się na emeryturę". Ksiądz Dolindo przyszedł do mnie w samą porę: przekraczania kapłańskiej „dwudziestki" i życiowej „pięćdziesiątki". Wielu mistrzów duchowych przestrzegało przed „demonem południa". To duch zniechęcenia dopadający wędrowca w połowie drogi: już nie pamięta entuzjazmu początków, a celu wędrówki nie widać. Nadchodzi znużenie, słońce parzy w głowę, stopy robią się ciężkie. Ogarnia pokusa zatrzymania się w połowie drogi, pokusa połowiczności. Dopada ona tak kapłanów, jak i małżonków, a także innych samotnych żeglarzy. Zwłaszcza gdy jeszcze nadciąga jakieś cierpienie...

Uczeń Chrystusa

Dolindo znaczy ból - napisał sam o sobie w swej autobiografii. Dolindo znaczy świętość - zdaje się dopowiadać Duch Święty. Ukrył się dobrze. Niebawem minie pół wieku od jego odejścia, a wciąż niewielu ludzi o nim słyszało, nawet we Włoszech. Dyskretny i pokorny - jak całe jego życie. Miał się za ostatniego i najnędzniejszego. Pragnął tylko chwały Bożej. „Dlaczego przychodzicie do mnie, skoro macie u siebie świętego?" - dziwił się o. Pio, gdy widział przybywających do San Giovanni Rotondo neapolitańczyków. Ksiądz Ruotolo skrył się nie tylko w Neapolu, pod Wezuwiuszem, w mieście śmieci i kamorry. Tkwi wciąż schowany zarówno w archiwach swego Apostolatu Wydawniczego, skrupulatnie strzeżonego przez braci i siostry zakonu franciszkanów od Niepokalanej, jak i w zasobach Kongregacji do Spraw Kanonizacyjnych - tam bowiem trafiły materiały zarezerwowane na potrzeby procesu beatyfikacyjnego. Ukrył się przede wszystkim za Słowem Bożym – jak wytrawny prorok, prawdziwy apostoł, sługa kerygmatu: „postanowiłem bowiem, będąc wśród was, nie znać niczego więcej, jak tylko Jezusa Chrystusa, i to ukrzyżowanego" (1 Kor 2, 2); „wydaje mi się bowiem, że Bóg nas, apostołów, wyznaczył jako ostatnich, jakby na śmierć skazanych. Staliśmy się bowiem widowiskiem światu, aniołom i ludziom; my głupi dla Chrystusa, wy mądrzy w Chrystusie, my niemocni, wy mocni; wy doznajecie szacunku, a my wzgardy (...). Błogosławimy, gdy nam złorzeczą, znosimy, gdy nas prześladują; dobrym słowem odpowiadamy, gdy nas spotwarzają. Staliśmy się jakby śmieciem tego świata i odrazą dla wszystkich aż do tej chwili" (1 Kor 4, 9–13).

Kochał Słowo Boże, czytał je, studiował, skomentował wszystkie księgi Pisma Świętego, przepowiadał je z mocą i wytrwale. Jego bratanica Grazia Ruotolo powiedziała mi pewnego razu, że ks. Dolindo był przekonany, iż ludzie dowiedzą się o nim dopiero wtedy, gdy Biblia materialnie znajdzie się w ich rękach. Stał się sługą „powrotu Pisma Świętego z wygnania" w naszym Kościele, który na Soborze Watykańskim II wśród priorytetów duszpasterskich przyjął przywrócenie centralnej rangi Słowu Bożemu w liturgii i życiu współczesnych katolików. Bardzo mu zależało na tym, by współcześni wyznawcy Jezusa z Nazaretu stali się na nowo *talmidim* – uczniami, a nie klientami. Uczeń ma ucho otwarte, co wyraża dobitnie jeden z najstarszych wizerunków Matki Bożej w rzymskich katakumbach. Widać nań Maryję, pierwszą i najwierniejszą uczennicę Pańską, z wyraziście wyeksponowanym uchem: „Pan Bóg Mnie obdarzył językiem wymownym, bym umiał przyjść z pomocą strudzonemu, przez słowo krzepiące. Każdego rana pobudza me ucho, bym słuchał jak uczniowie. Pan Bóg otworzył Mi ucho, a Ja się nie oparłem ani się cofnąłem" (Iz 50, 4–5).

Jak wyjaśnia biblista David H. Stern, „słowo «uczeń» nie jest w stanie oddać bogactwa więzi łączącej rabina i jego *talmidim*. Więź ta zasadzała się na zaufaniu w każdej dziedzinie życia, a jej celem było to, aby *talmid* stał się jak jego rabbi”[3]. Ewangelista św. Marek zauważa, że Jezus z tłumów, które za Nim szły, „przywołał do siebie tych, których sam chciał”. Osoby te były powoływane jako uczniowie, „aby Mu towarzyszyli, by mógł wysyłać ich na głoszenie nauki, i by mieli władzę wypędzać złe duchy” (Mk 3, 13–14). Jak wyjaśnia niemiecki biblista E. Schweizer:

> Oznacza to, że uczniowie z Nim przebywali. Chodzili z Nim, jedli i pili, słuchali tego, co mówił i patrzyli, co czynił, byli z Nim zapraszani do domów albo też odwracano się od nich i Niego. Nie zostali powołani do wielkich czynów religijnych czy jakichkolwiek innych. Zostali zaproszeni, by być przy Jezusie jako Jego towarzysze. Dlatego nie mieli napawać się własną ważnością, przypisywać sobie osiągnięć czy obarczać się odpowiedzialnością za niepowodzenia. Mieli tylko uważnie obserwować Jezusa i to wszystko, co dzieje się za Jego sprawą. Na Niego mieli złożyć swe troski, zmartwienia i obawy.[4]

Ponadto z ewangelicznego tekstu wynika, że przebywanie z Jezusem, naśladowanie Go i współudział w Jego misji są z sobą powiązane. Jezus upoważnił swoich uczniów do tego, by czynili Jego dzieło. Co więcej, w większości Ewangelie używają tych samych słów do wyrażenia działania zarówno Jezusa, jak i uczniów, na przykład w odniesieniu do głoszenia, nauczania,

---

[3] D.H. Stern, *Komentarz żydowski do Nowego Testamentu*, Oficyna Wydawnicza „Vocatio”, Warszawa 2004, s. 30.

[4] E. Schweizer, *Jesus*, John Knox, Richmont 1971, s. 41.

ewangelizowania, egzorcyzmów i uzdrawiania. Uczniowie mieli po prostu ogłaszać i czynić to, co Jezus ogłaszał i czynił. Byli ambasadorami Chrystusa; przez nich przemawiał Bóg (por. 2 Kor 5, 20).

Temu opisowi w pełni odpowiadają życie i misja ks. Dolindo Ruotolo. Pozostawał pod wrażeniem faktu, że „istnieje niemalże identyfikacja między Jezusem a kapłanem do tego stopnia, że nie tylko jest posłany jako ambasador Boskiego Króla, ale wręcz uczestniczy w Jego królowaniu"[5]. Dla ks. Ruotolo kapłaństwo było sposobem takiego właśnie przeżywania więzi identyfikacji ucznia ze swym Boskim Mistrzem.

> Jezus tobą zawładnął i powinieneś wnieść Jego odblask w ten świat pełen ciemności... Jesteś cały Jego, a On żyje w tobie. Nie ma innego ciała, aby stać się widzialnym, jak twoje; nie ma innej pielgrzymującej duszy, poprzez którą mógłby podejmować na nową swą drogę miłości, jak twoja; nie posiada innych ust, by przemawiać do ludzi, jak twoje; nie ma innych rąk, by błogosławić i rozgrzeszać, jak twoje. Winieneś zatem żyć w Nim i poprzez Niego. Powinieneś pokochać Go i oddać Mu całkowicie samego siebie do tego stopnia, aby niczego obcego względem siebie w tobie nie znalazł. Jakakolwiek zgorzelina twej nędzy jest Mu zawadą i Go w tobie zasłania. Przechodzisz przed Nim i własnym cieniem Go zakrywasz. Nie może w żadnym przejawie twego życia rozkwitnąć, bo pokrywasz Go szronem tego świata. Nie wychyli się zza twych poczynań, jeśli uodpornisz je na działanie Jego łaski. Nie uśmiechnie się do innych z powodu twego serca zarażonego smutkiem spowodowanym bezładnym

---

[5] D. Ruotolo, *Nei raggi della grandezza e della vita sacerdotale. Meditazioni per i Sacerdoti*, La Florindiana, Napoli 1940, s. 145.

życiem. Pozostaje w tobie udręczony i ukrzyżowany, o ile nie złożony w grobie.[6]

Oto istota uczniowskiej wrażliwości ks. Ruotolo: „Kto mnie widzi, winien widzieć Jezusa, kto całuje moją dłoń, winien całować Jezusa. Powinienem stanowić rodzaj pachnącego olejku pociągającego innych ku Niemu przyjemnością Jego woni... Nie dozwól, mój Jezu, bym nawet raz jeden przeszkodził Ci przejść przeze mnie i raz jeden nie żył w Tobie. Spraw, bym pozostał wierny misji, jaką mi zleciłeś aż do śmierci"[7].

Dzięki tej szczególnej życiodajnej więzi ze Zmartwychwstałym, jak podkreśla teolog misji David Bosch, „uczniowie Jezusa stawali na czele ludu mesjańskiego czasów ostatecznych"[8]. Paul Minner skomentował to następująco: „We wczesnym Kościele historie uczniów były rozumiane jako archetypy dylematów i możliwości, których doświadczali późniejsi chrześcijanie. Każdy fragment Ewangelii stawał się przesłaniem dla Kościoła, ponieważ każdy chrześcijanin miał relację z Jezusem podobną do tej, jaką mieli Jakub, Jan i inni"[9]. Taki jest sens wpatrywania się w życie świętych i wyczytywania zeń wskazań i zachęt dla samych siebie. We współczesnym wsłuchiwaniu się w Słowo Boga może nam pomagać tak zwana „analogia wiary"[10], czyli przykład tego, jak Słowo spełniało się w życiu błogosławionych uczniów Pańskich, którzy nas poprzedzili.

---

6 Tamże, s. 147-148.

7 Tamże, s. 135-136.

8 D.J. Bosch, *Oblicza misji chrześcijańskiej. Zmiany paradygmatu w teologii misji*, tłum. R. Merecz, K. Wiazowski, M. Wilkosz, Wydawnictwo Credo, Katowice 2010, s. 48.

9 P. Minear, *Images of the Church in the New Testament*, Fortresss Press, Philadelphia 1977, s. 146.

10 Por. Rz 12, 6; *Katechizm Kościoła katolickiego*, Pallotinum, Poznań 1994, 114.

Święci ratują ten świat

Ojciec Pio wielokrotnie przestrzegał przed „ukrytą apostazją" zawłaszczającą serca i wytwory kultury człowieka współczesnego. Święty Jan Paweł II pisał, że „europejska kultura sprawia wrażenie «milczącej apostazji» człowieka sytego, który żyje tak, jakby Bóg nie istniał"[11]. Obaj mieli na myśli jeden z najcięższych grzechów, których może dopuścić się chrześcijanin: gdy po wielu latach świadomego i szczerego podążania za wiarą decyduje się na zerwanie więzi z Chrystusem i Jego Kościołem. Niemniej to, co w pierwszych pokoleniach uczniów Chrystusa wywoływało ból i łzy, dziś wydarza się niemal niepostrzeżenie, bez przypisywania temu jakiegokolwiek znaczenia. Skoro chodzi o niewiele znaczący „epizod", to skąd w naszym społeczeństwie bierze się niewyobrażalna epidemia gniewu, narkotyków czy depresji, ogarniająca zasobne społeczeństwa? Wiele osób żyje obecnie tak, „jakby Boga nie było".

Tymczasem biskupi zgromadzeni na synodzie zwołanym dwadzieścia lat po śmierci ks. Dolindo Ruotolo, poświęconym sytuacji Kościoła w Europie (1–23 października 1999 roku), doszli do wniosku, że świat potrzebuje dziś ludzi pokroju św. Franciszka czy św. Dominika. Nie uratują nas bowiem takie działania jak nowy program duszpasterski, nowa strategia czy nowy katechizm – uratują nas święci. Przekroczyliśmy bramy trzeciego tysiąclecia, żyjemy w jednoczącej się Europie, w której ludzie zapełniają stadiony i wielkie hale techno party, a opuszczają katedry. Mamy niż demograficzny i patrzymy na świat przeniknięty debatą i polityką. Boimy się emigrantów, boimy się inwazji islamu. Na rynek wchodzą nowsze i tańsze narkotyki i używki.

---

11 Jan Paweł II, adhortacja *Ecclesia in Europa*, 9.

Wielu młodych ludzi rezygnuje z życia, spędzając czas przed komputerem. Specjaliści mówią już o nowej, wirtualnej, internetowej osobowości, przystosowanej do spraw wyłącznie łatwych i lekkostrawnych. Jan Paweł II powtarzał, że nie partie, nie rewolucje, lecz święci uratują ten świat. Często to właśnie życie świętych, a nie naukowe prace historyków, filozofów czy teologów, było najlepszą interpretacją znaczenia danych wydarzeń. Dzięki świętym odczytamy znaki czasów, i to właśnie dzięki nim nauczymy się na nowo odmawiać *Credo*. Hans Urs von Balthasar życie świętych nazywał „dogmatyką doświadczalną". Czymś takim jest księga życia i cierpienia ks. Dolindo Ruotolo.

Chętnie dziś przywoływana i postulowana „rewolucja w Kościele" zależy od obecności ludzi, którzy poradzą sobie z dramatem oddzielenia w sobie plew i ziarna, i w ten sposób dadzą wszystkim tę jasność, której nie można dojrzeć w samym słowie[12]. Jak przekonywał ówczesny kardynał Joseph Ratzinger, „ocalenie Kościoła może przyjść i przychodzi tylko z jego wnętrza, nie jest ono uzależnione od dekretów hierarchii. Papież Jan Paweł II niejednokrotnie mówił: «Kościół dzisiejszy nie potrzebuje nowych reformatorów. Kościół potrzebuje nowych świętych»"[13]. Ważną dla Kościoła konfrontującego się nieustannie z kryzysem duchowym ludzkości kwestią zdaje się to, czy istnieją święci, którzy są gotowi dokonać czegoś nowego i żywego. Inaczej: bez owego radykalnego wezwania do świętości, Kościół, zamiast wnosić w świat zaczyn Ewangelii, sam w sobie odbija jego kryzys. Już na Soborze Watykańskim II młody biskup krakowski Karol Wojtyła mówił, że „bez świętości Kościół jest

---

12 J. Ratzinger, *Formalne zasady chrześcijaństwa. Szkice do teologii fundamentalnej*, tłum. W. Szymona, W drodze, Poznań 2009, s. 506.

13 *Raport o stanie wiary. Z ks. kardynałem Josephem Ratzingerem rozmawia Vittorio Messori*, tłum. Z. Orszyn, Michalineum, Kraków-Warszawa-Struga 1986, s. 35.

niezrozumiały. Ta świętość Kościoła ukazuje się jednak w szczególności w osobach ludzkich"[14]. Oskarżano papieża Jana Pawła II o to, że uruchomił „fabrykę świętych", czyli wyniósł na ołtarze więcej świętych i błogosławionych niż w poprzednich epokach dziejów Kościoła wszyscy papieże razem wzięci. Polski Ojciec Święty odpowiadał wtedy, że pretensje należy kierować do Ducha Świętego. Być może dziś, jak nigdy dotąd, potrzebujemy rewolucji świętości. I żeby na jej potrzeby Kościół wydobywał z zapomnienia wszelkie perły Bożego działania w nim. Świętość to najważniejsze kryterium wiarygodności Kościoła, dowód na jego chrześcijańską „substancję". Ksiądz Dolindo Ruotolo z całą pewnością stanowi taką perłę. Jak w przypowieści Jezusowej, jest ona wciąż „głęboko ukryta". Potrzeba, aby ktoś za cenę maksymalnego wysiłku ją odnalazł[15].

* * *

Droga życiowa ks. Dolindo Ruotolo oraz jego doświadczenie cierpienia w Kościele – to niełatwa lektura. Niemalże dziewiętnastoletnie odsunięcie go od zadań kapłańskich w następstwie fałszywych oskarżeń, ostracyzm, jakiego doznał w zgromadzeniu zakonnym i rodzinie, długie i, wydaje się, absurdalne przesłuchania i procesy urządzane przez kongregację Świętego Oficjum, umieszczenie jego dzieł biblijnych na Indeksie Ksiąg

---

[14] R. Skrzypczak, *Karol Wojtyła na Soborze Watykańskim II. Zbiór wystąpień*, Centrum Myśli Jana Pawła II, Warszawa 2011, s. 107, 223 (ActaSyn, vol. II, pars IV, s. 340).

[15] Mt 13, 45–46: „Dalej, podobne jest królestwo niebieskie do kupca, poszukującego pięknych pereł. Gdy znalazł jedną drogocenną perłę, poszedł, sprzedał wszystko, co miał, i kupił ją".

Zakazanych, liczni, nieraz anonimowi wrogowie, wypisujący paszkwile szargające mu opinię, zdrada doznana ze strony jednej z jego córek duchowych, przymusowe badania psychiatryczne, ludzkie docinki i złośliwości... - trudno to wszystko wyjaśnić.

Dobrze, jeśli Czytelnik, wczytując się w tę książkę, będzie świadomy intencji jej bohatera: „Miałem zawsze wielką miłość do Kościoła, do papieża, do kapłanów. Tę moją miłość Jezus swym działaniem i obecnością doprowadził do gigantycznych rozmiarów. Największy ból w mym obecnym uniżeniu odczuwam z tego powodu, że uderzenie przyszło od papieża i Kościoła, których tak bardzo miłuję. Lecz ja oddałem się w ofierze za ten Kościół i wydaje mi się to logiczną tego konsekwencją"[16]. Jestem wewnętrznie przekonany, że takie perły jak *padre* Dolindo winny być wyciągane na światło dzienne jako przedmiot chluby dla wyznawców w Chrystusa we współczesnym świecie. Mam przeczucie, że dla zagonionego, zagubionego i zmęczonego człowieka ks. Dolindo Ruotolo będzie jak maska tlenowa w zatęchłym klimacie postnowoczesnego udawania. Obudzi w niejednym sercu ufność w miłość Bożą i dostarczy odwagi w ryzykowaniu na rzecz poznania pełnego sekretu udanego człowieczeństwa. W skamieniałych sercach Jego akt zatracenia się w woli Bożej może zdziałać równie dużo dobrego, co przesłanie s. Faustyny o Bożym miłosierdziu.

Gdy Maryja ukazywała się w Fatimie, Lourdes czy w La Salette, nikt z obecnych jej nie widział. Ludzie zdawali sobie sprawę z Jej obecności po odbiciu w twarzach wizjonerów. Wpatrując się w oblicze ubogiego kapłana z Neapolu, można doznać

---

16 D. Ruotolo, *Fui chiamato Dolindo*, Apostolato Stampa Napoli, Benevento, Riano 1989-1990 (quarta edizione), tom 1, s. 72-73.

podobnego objawienia. Wielu po spotkaniu z nim przestało mieć wątpliwości, czy Kościół na ziemi na pewno należy do Chrystusa.

ks. Robert Skrzypczak,
w roku 135. urodzin ks. Dolindo Ruotolo

Wstęp

6 października 1940 roku, w pięćdziesiąte ósme urodziny ks. Dolindo, Jezus w czasie tak zwanej lokucji wewnętrznej (nie widzenie, a wewnętrzne słyszenie za sprawą łaski) dyktuje kapłanowi z Neapolu akt zawierzenia znany jako *Jezu, Ty się tym zajmij*. Duchowny nie przypuszcza, że modlitwa zmieni życie tysięcy osób. Ale to nie jedyna modlitwa ani nie pierwsze i nie ostatnie słowa, jakie Jezus przekazuje ks. Dolindo. Kilka tysięcy stron zapisków ksiądz osobiście wręczy Piusowi x, a potem Benedyktowi xv. Ponad dwieście dwadzieścia tysięcy *imaginette*, obrazków zaczynających się od słów „Jezus do duszy", „Maryja do duszy" napisanych przez niego drobnym pismem, także w czasie lokucji wewnętrznych, trafi za życia kapłana do wielu osób. Ksiądz Dolindo pozostawił też 33 tomy – każdy liczący ponad tysiąc stron – komentarzy do Pisma Świętego. Opasłe zbiory kazań, rekolekcji i rozważań o życiu Jezusa, Maryi, o czyśćcu, niebie i aniołach, których także widział – wszystko to Kościół najpierw zaaprobuje, po czym w 1940 roku wpisze na indeks. Tuż za książkami pornograficznymi.

Tymczasem w liście do ks. Dolindo z 1967 roku, na kilka miesięcy przed swoją śmiercią, o. Pio napisze: „Nic, co wyszło spod twojego pióra, nie może zostać zaprzepaszczone!".

Prześladowany

Historia życia neapolitańskiego mistyka to niezwykle przejmująca opowieść o ludzkich losach. Od kołyski po ostatnie dni. Życie nie szczędziło mu poniewierania, przemocy ojca i przełożonych, głodu, samotności, odrzucenia, zdrady najbliższych przyjaciół, oszczerstw, prześladowań, całkowitego niezrozumienia, a na koniec cierpienia fizycznego do granic możliwości. Przyjmował to wszystko z wdzięcznością wobec Boga.

W aktach procesu beatyfikacyjnego Sługi Bożego czytamy:

> Pewnego dnia znaleźliśmy ks. Dolindo przed otwartym tabernakulum. Wyciągał rękę do góry, jakby chciał go dotknąć. Zanosił się płaczem, bo zakazali mu nawet przyjmować komunii. Pytał Jezusa z anielską wręcz adoracją: czemu?...

Tak relacjonował w czasie przesłuchań o. Germano Ventura, pasjonista z domu generalnego w Rzymie, gdzie przez miesiące z nakazu Świętego Oficjum więziono ks. Dolindo.

Neapolitańczyk jest w czołówce najbardziej prześladowanych i nękanych kapłanów w historii byłej Inkwizycji. Zarzut? „Udawanie świętości" oraz „głoszenie nowości w Kościele". O co chodzi? Msza Święta w języku narodowym, codzienna komunia oraz w Wielki Piątek, możliwość odprawiania dwóch Mszy przez kapłana w ciągu jednego dnia, wreszcie apostolat kobiet jako konsekrowanych dziewic, których misję ks. Ruotolo nazywa „dziewiczym kapłaństwem" (Matka Boża użyła tego terminu, objawiając się kapłanowi). Postulaty, które dziś są częścią życia Kościoła, ks. Ruotolo wysunął na początku lat 20. XX wieku! Zupełnie ich wtedy nie zrozumiano.

Świadkowie

– Byłam małą dziewczynką. Pamiętam, jak po powrocie z przesłuchań w Rzymie wuj ustawiał się w kolejce do Komunii. Szedł w rzędzie za innymi, w sutannie... – Grazia Ruotolo, bratanica Sługi Bożego, mimo zaawansowanego wieku przywołuje wyraźne wspomnienia. – Wuj często zmieniał kościoły. To nie było łatwe: spojrzenia ludzi, wytykanie palcami...

– *Questi disgraziati*... Nikczemnicy, w sumie dwadzieścia lat to trwało...! Zabraniali mu odprawiać Mszę i spowiadać! Przeżywał to – Umberto Cervo, syn duchowy ks. Dolindo Ruotolo, przykłada dłoń do brody i ostrym ruchem w przód *alla napoletana* demonstruje wciąż żywe zdenerwowanie. – Lepiej żebym milczał... Ojciec zabraniał nam krytykować Kościół – dodaje, przełykając łzy.

Grazia: – Nigdy nie przestał kochać Kościoła. Nigdy... Modlił się nieustannie za swoich oprawców. Jak włoił mu ojciec, a lał go i głodził przez czternaście lat, to też modlił się za niego. Potem jak zobaczył ojca w przedsionku piekła, wyciągał go stamtąd, odprawiając za jego duszę Mszę za Mszą. Gdy poniżył go publicznie przełożony w seminarium, ks. Ruotolo błogosławił mu. Kiedy zdradziły go najbliższe córki duchowe, ukląkł przed nimi.

Grazia jest jedyną żyjącą krewną ks. Dolindo. – Kiedy był młodym księdzem, biegał po mieście. Szczuplutki, w okrągłych okularkach, w jednej, ciągle cerowanej sutannie. Gdy się ubrudziła, prał i nieraz wkładał mokrą, bo nie zdążyła wyschnąć. Błogosławił ulice, kamienice, sklepy. Wyrzucał demony z domów publicznych, z mafijnych kryjówek kamorry. Pochylał się nad chorymi na tyfus, cholerę w szpitalach. Poza św. Józefem Moscatim mało kto tak robił - wspomina neapolitanka. - A kiedy głosił kazania, kościoły pękały w szwach.

Na całe życie zapamiętała pewną scenę: - Wchodzę do Santa Maria di Lourdes e San Giuseppe przy via Salvatore Tommasi. Kolejka wije się przez cały kościół. Ludzie czekają na klęczkach, a z konfesjonału, gdzie siedzi wuj, bije łuna światła! Do dziś mam dreszcze, gdy o tym mówię.

- Nigdy nie wziął ani *centesimo* za odprawienie Mszy Świętej. Taki ślub złożył Bogu w ofierze. Kiedy odprawiał Mszę, czuliśmy obecność Jezusa w pokoju - mówi Umberto Cervo. Ksiądz Dolindo był dla niego jak ojciec. - Połowę obiadu codziennie zanosił biednym na ulice. Moja siostra opiekowała się nim czterdzieści lat. Raz o czwartej rano odebrałem od niej telefon: „Umberto, biegiem, szybko, ojciec...". Zastaliśmy go pod łóżkiem. Był zziębnięty jak zawsze, bo też nigdy się nie przykrywał, nawet w zimie, żeby się umartwiać. Leżał pokiereszowany. „Był tu znowu", wyjąkał. Wiedzieliśmy, o kogo chodzi. Diabeł nie dawał mu żyć.

Anna Smaldone, córka duchowa kapłana, prawnuczka rodzonego brata św. Józefa Smaldone: - Najgorzej było pod koniec, kiedy Ojciec pisał książkę o Matce Bożej. Demon powiedział mu: „zrobię wszystko, żebyś jej nie pisał. Przyślę ci tylu ludzi, że nie będziesz miał czasu, zamęczę cię".

Ksiądz Ruotolo ostatnie dziesięć lat życia cierpiał fizycznie do granic możliwości. 1 listopada, w uroczystość Wszystkich Świętych, dostaje paraliżu połowy ciała. Nie rezygnuje jednak z aktywności. Dalej pisze, przyjmuje ludzi. Zgarbiony, o lasce, ma otwarte rany na nogach. W zarzuconym na plecy czarnym płaszczu przesuwa się ulicami Neapolu w rytmie odmawianych zdrowasiek.

– Kurczowo trzymał w ręce różaniec. Ręcznie robione przez niego drewniane paciorki obijały się o jego laskę. Z daleka było widać jego czarny okrągły kapelusz. Zaczepialiśmy go: „Hej, ojczulku, dokąd idziesz?" – wspomina Rosaria, właścicielka sklepu z antykami przy via Salvator Rosa 55. – Miałam wtedy sześć lat. Ojciec Dolindo mieszkał tu nad sklepem taty przez ostatnie lata życia. Pamiętam, jak ciągnął za sobą torbę własnoręcznie uszytą ze skaju. Uginał się pod jej ciężarem. Dobiegałam do niego i chwytałam za jej uszy: „Pomogę ci, ojczulku". Ale nie, stanowczo odmawiał.

„A co tam nosisz?" pytałam. „Kamienie", odpowiadał łagodnie. Marszczyłam brwi, niedowierzając. A on na to: „Angioletto, to skarby dla zbawienia dusz!", wyjaśniał, głaszcząc mnie po głowie.

– Mówił do wszystkich „aniołeczku". To natychmiast nastrajało dobrze do rozmowy – wspomina Anna Smaldone. – Dostać się do o. Dolindo graniczyło z cudem. Codziennie przed kamienicą przy krętej, pnącej się w górę Salvator Rosa stał wężyk ludzi. Biedota i bogaci, szewcy, bariści i znakomicie wykształceni profesorowie, politycy. Niektórzy się bali, bo wiedzieli, że czyta w ludzkich duszach. Jak o. Pio.

– Nikomu nie odmawiał. Enrico Medi[17], słynny naukowiec, słuchał kazań ks. Dolindo na kolanach. Spowiadał się u niego co miesiąc, a przyjeżdżał z daleka – relacjonuje jedna z sióstr ze zgromadzenia Sióstr Franciszkanek Niepokalanej. – Jak setki innych osób. Wielu trafiało tu prosto z San Giovanni Rotondo. Ojciec Pio niemal ich wyrzucał: „Po co tu przyjeżdżacie!? Macie w Neapolu świętego kapłana, do niego idźcie!" – śmieje się zakonnica.

---

17 Obecnie trwa proces beatyfikacyjny tego włoskiego fizyka i dziennikarza.

Na zamówienie Czytelników

Dzięki wnikliwym i szczegółowym zapiskom, autobiografii pisanej na wyraźne polecenie spowiednika, a także za sprawą obszernej korespondencji do matki, córek duchowych i księży, a nawet papieży, jaką zostawił neapolitańczyk, próbowałam zajrzeć do jego kapłańskiego serca. To była podróż pełna łez i duchowych przeżyć. Ten kapłan przeprowadził mnie przez trudne momenty w życiu i pokazał, jak kochać nie tylko święty, ale grzeszny i poraniony Kościół.

Ta książka ma rzucić światło na wciąż mało w Polsce znaną postać włoskiego mistyka. I nasycić głód czytelników - kiedy w 2014 roku na łamach „Gościa Niedzielnego" opublikowałam tekst o ks. Ruotolo, przez kolejne cztery miesiące czytelnicy pytali: czy jest coś więcej o tym kapłanie? Gdzie można poczytać o jego życiu? Mam nadzieję, że na tych stronach będzie można nie tylko poczytać, ale wręcz spotkać ks. Dolindo. W książce oddaję mu głos na wyraźną prośbę Apostolatury Wydawniczej w Neapolu. „Pozwól mu mówić na tych kartkach", powiedziała mi jedna z sióstr, która między innymi przepisuje rękopisy ks. Dolindo.

Jest tu też wycinek historii Kościoła - w życiu ks. Ruotolo ścierają się siły dobra i zła, świętość i grzech. Wszędzie, od korytarzy seminariów po sale byłej Świętej Inkwizycji i zacisze kaplic.

I wreszcie jest tu i „żywy", współczesny, i ten z czasów Dolindo Neapol. Ukochane miasto Sługi Bożego. Miejsce przeklęte i święte zarazem.

Bez życzliwości i zaangażowania siostry (na jej prośbę, nie ujawniam imienia) nic by się nie udało. Dziękuję jej za rozmowy i wspólne wycieczki po Neapolu. Za łzy i wzruszenia. Za zaufanie, szczególnie w delikatnym momencie, jaki przechodzi jej zgromadzenie (trwa tam wizytacja apostolska, zgromadzenie i jego założyciel są obiektem wielu ataków). Postulator zawieszonego obecnie procesu beatyfikacyjnego ks. Dolindo, o. Massimiliano Maffei, franciszkanin Niepokalanej, niestety z tego powodu nie może na razie oficjalnie wypowiedzieć się ani w tej, ani w żadnej innej publikacji. Dziękuję jednak i jemu za pomoc i za błogosławieństwo.

Dziękuję świadkom życia ks. Dolindo. Sporo powiedzą na kartach tej książki. Chwilami ich relacje przyprawiają o dreszcz.

Dziękuję wreszcie, i przede wszystkim, Wydawnictwu Esprit, Piotrowi Mistachowiczowi i Agnieszce Rudziewicz (towarzyszyła mi w jednej z wypraw pod Wezuwiusz niczym Anioł Stróż). Bez nich nie byłoby tej książki. Uwierzyli we mnie i do samego końca wspierali mnie modlitwą i nie tylko. Bez nich bym nie dotrwała. Bo ks. Dolindo okazał się wyzwaniem duchowym. Przy powstawaniu tej książki - od zbierania materiałów w samym Neapolu po ostatnie chwile pisania - naprawdę byłam świadkiem i bezpośrednim obiektem walki świata spoza naszych materialnych granic. „Będą chwile, że będziesz chciała to porzucić. Wtedy mów: Jezu, ufam Tobie, Ty się tym zajmij" - ostrzegły mnie zakonnice w Neapolu. Wtedy tego nie rozumiałam. Dziś, owszem, rozumiem. Modliło się też za mnie wielu moich przyjaciół i kapłanów oraz dwa zgromadzenia zakonne, za co jestem Bogu i im ogromnie wdzięczna. Także za wsparcie Mamie i Mężowi oraz za cierpliwość i modlitwę moich dzieci, które z wypiekami na twarzy słuchały opowieści o ks. Dolindo.

Ojcze Dolindo, dziękuję Ci! Jakkolwiek to tutaj zabrzmi - to była nasza wspólna droga w naprawdę niełatwym momencie mojego życia. Nauczyłeś mnie dziękować Bogu także za to, co boli, i kochać Kościół taki, jaki jest. Święty i grzeszny.

Ksiądz Dolindo przepowiedział pontyfikat Karola Wojtyły. Mówił, że Polska jest nadzieją dla chrześcijaństwa w Europie. Ale niewielu Polaków odwiedza jego grób w Neapolu, bo też i niewielu wie o jego istnieniu. Ci, którym udaje się tam dotrzeć, często mówią, że był to przełom w ich życiu. Za wstawiennictwem Sługi Bożego dzieją się dziś udokumentowane cuda. Uzdrowienia duchowe i fizyczne. Setki.

Mam nadzieję, że ks. Ruotolo będzie dla Ciebie, drogi Czytelniku, duchowym przewodnikiem w każdym najdrobniejszym elemencie Twojego życia. Bo to kapłan praktyczny aż do bólu. Ale uwaga: choć delikatny, to i bardzo wymagający!

Patron kapłanów?

Jego historia wciąż jest badana i mam przekonanie, że to jedna z najdelikatniejszych i najpilniejszych misji w Kościele. Całym swoim życiem ks. Dolindo pokazuje wielkość sakramentu kapłaństwa. Mógłby być patronem księży, szczególnie tych na krawędzi - za życia był zasypywany listami od duchownych, którzy przeżywali tak zwaną ciemną noc, zniechęcenie, a nawet depresję, często rozważali odejście z Kościoła. Zaprowadził wszystkich z powrotem w objęcia Boga i do ołtarzy. To bardzo potrzebny w Kościele apostolat.

W 1908 roku Jezus prosi ks. Dolindo, by złożył uroczysty akt rezygnacji z zapłaty za Msze Święte jako ekspiację za świętokradztwa, jakie mają miejsce w czasie odprawiania Mszy przy ołtarzu. To ciekawa zbieżność z misją o. Pio, który otrzymuje stygmaty z krzyża między innymi w podobnej intencji. Ujawniły to dopiero odtajnione za pontyfikatu Benedykta XVI dokumenty z watykańskich archiwów.

Ufaj

Wokół ks. Dolindo Ruotoli działo się wiele nadprzyrodzonych zjawisk, przeżywał tak zwane lokucje i notował słowa Jezusa. Czuł fizycznie Jego obecność, ciepło, a nawet oddech. Widział się z Matką Bożą, miał dar bilokacji. Ale sam podkreślał, że nie to jest najważniejsze, a Jezus Sakramentalny i Eucharystia. Powtarzał:

> Jeśli zdasz się całkowicie na Boga i w każdej chwili życia będziesz mówił Mu: Ty się tym zajmij, ja nie mogę nic, to On nie tylko wszystkim się zajmie, ale i pozwoli ci doświadczyć największego cudu, jakim jest Jego realna Obecność jako osoby żywej.

I to jest największe przesłanie ks. Dolindo Ruotolo.

Ksiądz Dolindo prosił, by wyryć na swoim grobie jedno zdanie: „Kiedy tu przyjdziesz, zapukaj trzy razy. Ja nawet zza grobu odpowiem ci: ufaj Bogu".

Referencje

Kochało go wielu duchownych, a kiedy jego dzieła wpisano na indeks, w jego obronie stanęło pół kolegium kardynalskiego. Ale najlepsze rekomendacje zostawił mu chyba św. o. Pio. Kiedy spotkali się w San Giovanni Rotondo 16 października 1953 roku, a siedemdziesięciojednoletni wówczas ks. Dolindo poprosił stygmatyka o spowiedź, ten spojrzał na niego, rozpostarł szeroko ramiona i powiedział:

– Spowiedź? Tobie jej nie potrzeba! Jesteś cały błogosławiony!

Zapraszam więc teraz Ciebie, Czytelniku, na spotkanie z ks. Dolindo Ruotolo i w podróż po Neapolu!

Joanna Bątkiewicz-Brożek,
styczeń 2017 roku

Życie

Godność kapłańska to ogromny ciężar, więc ten, kto chce go posiąść, powinien o tym myśleć, a ten kto już go ma, niech się go boi!

św. kardynał Józef Maria Tomasi,
Neapol, około 1712 roku

„Mamo, będę księdzem”

Kiedy miałem zaledwie cztery latka, opierając stopy na maminych kolanach, stawałem i wołałem: będę księdzem...

ks. Dolindo

– *Signora, per piacere*, daj na chleb. – Przekraczam progi Neapolu i tuż po wyjściu z eleganckiego pendolino dopada mnie kobieta o ciemnej karnacji. Nowoczesne perony i kolorowe witryny sklepów Stazione Centrale di Napoli czy lotniska Capodichino tworzą tylko chwilowy pozór zwykłego miasta. Za szklanymi drzwiami zaczyna się inny świat.

– Mam małe dziecko w domu. Daj! – neapolitanka nachalnie wyciąga rękę. Za nią kilku mężczyzn, z prawej i lewej, bacznie obserwuje mój ruch. Ze szpaleru białych samochodów wybiega taksówkarz. Chwyta moją walizkę.

– Niech pani uważa! – rzuca. – Dokąd jedziemy?

– Hotel Caravaggio...

Nonszalancko mijamy gigantyczny Piazza Garibaldi. Chaos, koparki, pył. Zupełnie jak po erupcji Wezuwiusza. Miasto żyje w ciągłym strachu - ostatnio wulkan dał o sobie znać w 1944 roku. Lawa toczyła się tu ulicami. Na archiwalnych filmach dokumentalnych z tego okresu uderza nędza i ubóstwo. Niestety od tego czasu niewiele się zmieniło w ogromnej części tego portowego miasta.

- Ale ma pani „szczęście", od rana leje! - zagaduje kierowca. - Przez dwieście pięćdziesiąt dni w roku mamy słońce!

Strugi deszczu porywają pętające się po ulicach śmieci. Taksówkarz przedziera się przez wąskie uliczki między straganami i szukającymi zwady młodymi osiłkami. Gdzieniegdzie starsi neapolitańczycy dopalają cygara, gestykulują, wymachując skrawkami przemoczonego „Corriere di Napoli".

- Pod wejście nie podjadę, bo nie wykręcę. Dojdziecie, *signora*?

Z trudem, bo walizka musi pokonać góry turlających się po ulicach zużytych pampersów, puszek, skórek z bananów i melonów. Okolica jest ponura. Z kamienic odpadają tynki, z rur strumieniami leje się woda. Hotel Caravaggio ma cztery gwiazdki. Miał być bezpieczny. Zapach stęchlizny i wilgoć uderzają na powitanie.

- *Buonasera* - widzę uśmiech recepcjonistki z ochrypłym głosem. - Pokój jeszcze niegotowy, może kawę? Albo do muzeum pani wejdzie? Caravaggia mamy naprzeciw, w kościele. Mam na imię Giorgina. *Piacere*.

W holu z półmroku wyłania się reprodukcja *Siedmiu uczynków Miłosierdzia* włoskiego mistrza płótna.

- I obowiązkowo *Cristo velato*[18]! - dodaje neapolitanka - jest jak żywy! Chrystus przykryty całunem! Dłonie, stopy, klatka piersiowa, nawet napięcie mięśni widać. Musi pani zobaczyć...

---

[18] Słynna rzeźba leżącego pod płótnami umarłego Chrystusa. To jedna z atrakcji Neapolu.

Zza szyby drzwi wejściowych, które zdążyły się zatrzasnąć, dobiega po chwili pukanie.

- *Caffè!* - młody chłopak stuka w pancerne szkło.

Na tacy pod przezroczystym plastikowym, popękanym kloszem trzyma białą filiżankę z czarną neapolitańską smołą.

- *Caffè alla Napoletana!* - uśmiecha się Giorgina, przekręca klucz w drzwiach i podaje mi niezamawiany napój. - Chłopak jest ze Sri Lanki. Mieszka w Neapolu od sześciu miesięcy. Próbuje się uczyć, złapał fuchę ulicznego dostawcy kawy. Znowu się pomylił - śmieje się recepcjonistka.

- A te śmieci? - pytam, łykając cierpki napar.

- Jesteśmy przyzwyczajeni - urywa Giorgina. - Zabiorę walizkę do pokoju.

To temat tabu pod Wezuwiuszem. Od kilkunastu lat miasto tonie w śmieciach. Kiedy pytam kolejnego taksówkarza, czy to mafia tak urządziła miasto, odpowiada: „Ale jak? Nam jest dobrze”[19].

„W Neapolu siedemdziesiąt siedem tysięcy godzin rocznie spędzisz w korku” - napisy przy drogach wywołują litościwy uśmiech na twarzach turystów. „Witaj w Neapolu, mieście złodziei” - już zgoła inną reakcję, tym bardziej że autorem powitalnych komunikatów są władze miasta. Taksówkarz, który wiezie mnie w okolice miejsca, gdzie urodził się Dolindo, dyskretnie spogląda na moją reakcję w lusterku. Na pełny regulator włącza *O sole mio* - właśnie nadają z regionalnej rozgłośni - jakby chciał zagłuszyć moje wiszące w powietrzu pytania. I ten sam scenariusz: - Dalej nie jadę - zatrzymuje się na skrzyżowaniu szerokiej via Monteoliveto z wąską Calata della

---

19 Neapolitańska kamorra przejęła ten intratny biznes od firm z północy Włoch. Ale zamiast wywozić śmieci na wysypiska, składuje na nich niebezpieczne radioaktywne odpady. A śmieci turlają się po ulicach. Lekarze i epidemiolodzy biją na alarm od dawna. Niestety niczego to nie zmienia.

Trinità Maggiore. - Za wąsko, trzeba dojść pieszo do Piazza Gesù Nuovo, potem ktoś pokieruje panią do labiryntu przy Santa Chiara.

Questo muro e una vergogna! Dateci aria, sole, luce! - Ten mur to wstyd. Zwróćcie nam powietrze, słonce, światło! - napis nakreślony farbami rozciąga się na wysokim na przynajmniej dziesięć metrów murze przy via Santa Chiara. Betonowa ściana oddziela przestronny plac przylegający do średniowiecznej bazyliki św. Klary, *vis-à-vis* Gesù Nuovo, od pełnego ciemnych, ciasnych zaułków zlepka kamienic. Metr od muru, na styku Quartiere San Giuseppe i Porto, pod numerem 24 na pierwszym piętrze mieszkał przez pierwsze lata życia z rodzicami i trojgiem starszego rodzeństwa mały Dolindo.

> Nasz dom był maleńki: niskie wejście z klepiskiem obitym dechami. Mieliśmy niewielki pokój, wąski prosty, z pomalowaną na biało podłogą i brązowymi zakończeniami w rogach, ciemny długi korytarz bez lufcika, który mnie przerażał. Był też pokoik z oknem na sąsiednią kamienicę, salonik i pokój mamy, gdzie stała kołyska oraz dwie wojskowe prycze dla mnie i Elia. Był to dom biedoty w najdosłowniejszym znaczeniu.[20]

Na parterze obok bramy wejściowej do kamienicy otwarto niedawno dwa zakłady fryzjerskie: Barbara i Capelli oraz Spazio animali dla zwierząt. Tuż obok jest Amir, arabska restauracja. Między jedną a drugą kamienicą odległość na wyciągnięcie dłoni. Na bruku, który pewnie pamięta jeszcze małe nóżki

---

20 Dolindo Ruotolo, *Fui chiamato Dolindo, che significa dolore... Pagine d'autobiografia e di scritti di carattere autobiografico*, Vol. 1, Apostolato Stampa, Napoli-Benevento-Riano 1989, s. 17; cytaty, o ile nie zaznaczono inaczej, pochodzą z tej publikacji.

Przy via Santa Chiara 24 w Neapolu Dolindo spędził pierwsze lata dzieciństwa, bity przez ojca, głodny i zziębnięty. Codziennie zbierał wokół domu zioła i robił z nich sałatkę; często to było jego jedyne pożywienie w ciągu dnia.

Dolindo, co kawałek widać wystawione stare stoły, przedwojenne kredensy. Nad nimi powiewają mocno sprane ręczniki, majtki, skarpetki, kilka spódnic. Ściany budynków są w opłakanym stanie, odpadają tynki, panuje tu przygnębiający półmrok. Co jakiś czas prześlizguje się szybko skuter. Na balkonikach i w oknach co piętro, wyglądają Madonniny lub wyłania się twarz cierpiącego Chrystusa. Wszystko w życiu Neapolu miesza się z *sacrum*. Wiejąca z tych zaułków tandeta i potworna bieda ma duszę, pierwiastek czegoś głębszego. I wszystko, tak jak napisy o złodziejach, jest tu szczere.

Na pierwszym piętrze, gdzie mieszkali Ruotolo, dzisiaj ktoś szczelnie zaciągnął metalowe zielonkawe rolety. To za nimi przed wiekiem toczyło się życie Dolindo...

Jest czwarta nad ranem, jeden z dni 1885 roku. Złote kręcone loczki, zaróżowione okrągłe policzki, trzylatek przeciera swoje wielkie piwne oczka. Drepcze boso za mamą do kuchni. Na paluszkach. Starsze rodzeństwo, siostry Maria i Cristina, brat Elio i ojciec Rafaele jeszcze śpią. Silvia Ruotolo związuje włosy w kok. Dolindo asystuje mamie przy parzeniu kawy. Neapolitanka napełnia ręcznie zmieloną kawą pojemniczek w kawiarce. *Ave Maria, Grazia plena...* - podchwytuje szept maminych pacierzy chłopczyk. Próbuje wspiąć się na paluszki, żeby podglądnąć płomień pod kawiarką. Zanim zapach czarnego naparu wypełni kuchnię, mama skończy kolejną dziesiątkę Różańca. Dolindo zadziera nosek i wpatruje się w jej twarz. „Z mojego dzieciństwa najbardziej zapamiętałem te właśnie chwile”[21] - notuje kilka dekad później.

To właśnie w tym miejscu 6 października 1882 roku Dolindo przychodzi na świat. Poród odbywa się w domu, przy asyście

---

[21] Dolindo Ruotolo, *Fui chiamato Dolindo*, s. 13.

babci. Za drzwiami pokoju mamy do dziurki od klucza przylepia się starsze rodzeństwo noworodka Maria, Cristina i brat Elio.

Byłem piątym dzieckiem moich rodziców, urodziłem się w piątek. Obchodzono wtedy święto Marii Franciszki od Pięciu ran Jezusa (S. Maria Francesca delle cinque piaghe[22]) oraz kolejną setną rocznicę urodzin św. Franciszka z Asyżu i nadano mi imiona Dolindo, Francesco, Giuseppe. Mój tata miał w zwyczaju nadawać swoim dzieciom imiona, które miały jakieś znaczenie i często łączyły się z jakimiś wydarzeniami w jego życiu: po śmierci Giuseppiny[23] kolejnym dzieciom nadawał imię Jezusa lub Maryi.

Moje imię zaś oznacza cierpienie; wymyślił je mój ojciec, z czego zwierzył mi się, kiedy miałem czternaście lat[24], a towarzyszyło temu dziwne przeczucie. Powiedział mi tak: „Czuję, że nie będziesz zwykłym księdzem, ale apostołem, i czuję, że nie bez przyczyny tak źle traktowałem cię, kiedy byłeś dzieckiem".[25]

Przeczucie Rafaele Ruotolo, ale i intuicja w wyborze imienia okazują się prorocze. Wydaje się, że cierpienie nie opuszcza dziecka, od kiedy był niemowlakiem[26]. Kiedy Doli ma jedenaście miesięcy, na jego dłoniach pojawiają się dwie czerwone plamy, w centrum, na zewnętrznej stronie. Z początku nikt nie zwraca na nie uwagi. Chłopczyk jednak wyraźnie odczuwa

---

22 Włoska tercjarka franciszkańska, mistyczka, nosiła rany Chrystusa; urodziła się i żyła w Neapolu ponad sto lat przed Dolindo; kanonizował ja Pius x za życia ks. Ruotolo.

23 Drugie dziecko Ruotolich, dziewczynka zmarła, mając zaledwie kilka miesięcy.

24 Do rozmowy tej dojdzie już na korytarzach seminarium; Dolindo zaczyna tu naukę wcześnie, jego rodzice są już wtedy po rozwodzie. Ojciec wydaje się przytłoczony tą sytuacją, próbuje naprawiać błędy, choć jest już na to za późno.

25 Dolindo Ruotolo, *Fui chiamato Dolindo*, s. 11.

26 Dolindo, imię zaproponowane przez Rafaele, wywodzi się z neapolitańskiego określenia *dolendo* oznaczającego cierpieć, znosić bóle.

silny ból w tych miejscach. Matka prosi o pomoc doktora Fabianiego. Chirurg pewnego popołudnia odwiedza dom Ruotolich przy Santa Chiara 24. Po obejrzeniu rączek Dolinda - to czas kiedy dopiero robi się eksperymenty z zastosowaniem promieni rentgenowskich - lekarz zaleca natychmiastową interwencję. Operację wykonuje w domu, bez znieczulenia. Rozcina dziecku rączki, podejrzewając próchnicę kości. Tak opisuje to ks. Dolindo:

> Mgliście zapamiętałem tę szybką i nagłą operację. Pamiętam jednak, że ktoś trzymał mnie na rękach, stojąc blisko balkonu; to była moja babcia ze strony mamy, która zmarła niedługo potem, bo w 1884 roku, na cholerę. Pamiętam, że strasznie płakałem, a mój brat Elio podglądał i słuchał wszystkiego w pokoju obok, nie mogąc wytrzymać ze złości na lekarza, który sprawiał mi tak straszliwy ból.

Niedługo potem dziecko przechodzi kolejną operację. Także bez znieczulenia. Na policzku Doli pojawia się coś na kształt guza, trzeba go usunąć razem z migdałkami. Zabieg jest na tyle inwazyjny i tak bolesny, że chłopczyk traci przytomność. Na kilka dni całkowicie opada z sił, od rana do wieczora przesiaduje na fotelu oparty główką o ramię. Milczy, nie płacze, jest spokojny. Wyraźnie bardzo coś przeżywa. Ksiądz Dolindo notuje te szczegóły dzięki relacji jednej ze swoich kuzynek, Clorindy Ruotolo, która często odwiedza ich dom i z wielkim współczuciem spogląda na cierpiącego w milczeniu chłopczyka. Ten symboliczny obrazek jest jak kolejna zapowiedź przyszłego życia kapłana.

I o ile rany po operacji policzka i gardła całkowicie się zagoją, to rany na dłoniach będzie czuł zawsze. Nie będą widoczne, ale bolesne. W notatkach i swojej autobiografii neapolitańczyk wyraźnie wiąże je z ranami Chrystusa, choć nigdy nie nazywa ich stygmatami. „Zawsze byłem wdzięczny Bogu za to, że już w pierwszych miesiącach mojego życia niemal przypadkiem otrzymałem znaki jego Męki na rękach"[27]. I sam potwierdza nieco dalej, że rany te, „zawsze cenne" dla niego, „pozostały mu do końca, aż do chwili jego śmierci"[28].

Ksiądz Dolindo podkreśla: „W ten sposób zaczęło się moje życie w cieniu cierpienia, które cały czas zwiększało siłę, tym samym stałem się uczestnikiem Męki Jezusa Chrystusa"[29].

Od wczesnego dzieciństwa Dolindo „przyciągała Pasja Jezusa". Ma nie więcej niż pięć lat, kiedy mama powierza mu opiekę nad młodszą o trzy lata siostrzyczką. Bianka chętnie zasypia, gdy starszy braciszek kołysze ją rytmicznie i nuci skomponowane w swojej główce melodie i słowa[30]. A ponieważ nad kołyską dziewczynki wisi obraz z wizerunkiem św. Alfonsa Liguori, który „nie wiadomo czemu" przyciągał Dolindo, wpatrując się w twarz tego świętego, przyszły kapłan widział śmierć Chrystusa. Notuje:

> Próbowałem więc śpiewać do konającego Jezusa. Miałem jakieś upodobanie w Krzyżu. Obmyśliłem nawet, jak samemu zrobić go sobie z drewnianych belek, które służyły jako podpora do

---

27 Dolindo Ruotolo, *Fui chiamato Dolindo*, s. 13.

28 Ksiądz Dolindo wraca do tego trzy dekady później. W czasie badania w kurii arcybiskupiej w Neapolu lekarz zapyta go, czy ślady widoczne na rękach to stygmaty. Kapłan zaprzeczy. Jeśli porównuje je do ran Chrystusa, to jedynie w wymiarze symbolicznym, duchowym.

29 Dolindo Ruotolo, *Fui chiamato Dolindo*, s. 13.

30 To też ciekawy szczegół i zapowiedź przyszłości: Dolindo nigdy nie studiował nut i muzyki, a jako dojrzały już kapłan napisze kilkanaście utworów muzycznych i będzie grał jako organista podczas Mszy Świętych. Partytury ręcznie pisanych utworów miałam w rękach w Apostolaturze Wydawniczej w Neapolu.

tablicy, by dać się samemu ukrzyżować lub przynajmniej przywiązać, tak, by upodobnić się do Jezusa.

Każdego dnia powtarza się też inny rytuał. Silvia Ruotolo chodzi na Mszę. Raz do kościoła św. Klary, raz do pobliskiego kościoła il Gesù Nuovo. To jeden z najbardziej poruszających obrazków z dzieciństwa Dolindo: „Czekałem na jej powrót przy samych drzwiach". Kiedy tylko drzwi się otwierały, chłopczyk wspinał się na paluszki, by ucałować mamę. „Dotykała moich ust swoimi, delikatnie, by przekazać mi tchnienie Jezusa Sakramentalnego, którego właśnie przyjęła do serca. Sądzę, że właśnie dlatego wychodziłem jej naprzeciw z takim pośpiechem"[31].

Dolindo spędza całe dnie z mamą. „Bardzo mnie kochała, a ja byłem do niej nadzwyczaj przywiązany. Pamiętam doskonale, że zawsze byłem blisko mamy, a szczególnie kiedy się modliła". Silvia „kiedy tylko może", zabiera synka do kościoła. Doli czeka w ławce, kiedy mama klęczy przy konfesjonale. Wiele wskazuje na to, że w il Gesù Nuovo[32] w tym samym czasie niejednokrotnie modli się starszy od niego Józef Moscati[33],

---

[31] W dokumentach z procesu beatyfikacyjnego ks. Dolindo potwierdzają ten fakt ciotki i kuzynki kapłana. Między innymi Bianca Valle zeznaje, że Dolindo już we wczesnym dzieciństwie „bardzo dużo się modlił, zastygał na modlitwie, był jakby nieobecny, w ekstazie".

[32] Ta najbardziej rozpoznawalna świątynia jest od ponad trzech dekad najchętniej odwiedzanym miejscem w Neapolu. Zaraz po prawej stronie od nawy bocznej stale ustawia się długa kolejka. Tłum zadziera głowy ku górze, wspina się na palce, by dotknąć odlanej z brązu figury św. Józefa Moscatiego. Jego dłoń jest wytarta jak stopa św. Piotra w bazylice watykańskiej. Każdy zastyga na chwilę w uścisku ze świętym, na modlitwie. Tutaj też spoczywają szczątki pierwszego w historii wyniesionego na ołtarze lekarza. W trzecią środę miesiąca chorzy, na wózkach, o kulach oblegają to miejsce.

[33] Józef Moscati zmarł 12 kwietnia 1927 roku; błogosławionym ogłosił go Paweł VI w 1975 roku, a świętym Jan Paweł II w 1987.

Rodzina Ruotolo. Dolindo – pierwszy po lewej – ma tu sześć lat.

choć niekoniecznie się znają. Po czterech dekadach Dolindo już jako kapłan uklęknie tu przy grobie przyszłego świętego lekarza. Moscati mieszkał po drugiej stronie placu o tej samej nazwie[34]. Dolindo i Giuseppe wychowują się w tej samej dzielnicy, ale w skrajnie różnych warunkach, mimo że ojcowie obu chłopców mają dobry status społeczny. Moscati-ojciec jest urzędnikiem sądowym, wynajmuje kilkupokojowe, dobrze umeblowane mieszkanie. Ruotolo to profesor matematyki, ale wszystkie zarobione pieniądze inwestuje w nieruchomości, a rodzinę lokuje w obskurnej, zatęchłej kamieniczce z niskim stropem.

Doli jest ślicznym i spokojnym dzieckiem, „wiele osób zatrzymuje się na jego widok i wpatruje jak w istny cud", szczególnie w jego duże czarne błyszczące oczy. Ale on stroni od ludzi, woli samotność.

„Zachwycałem się przyrodą, a szczególnie słońcem". Doli uwielbia, kiedy promienie słońca przebijają się przez okna jego pokoju. Siada wtedy na podłodze i wystawia buzię w ich kierunku. Zamyka oczka. „Czułem, że wypełnia mnie radość [...], jakby sam Bóg dotykał mojej duszy. Nie potrafiłem się jeszcze modlić i pamiętam, że ogarniał mnie wewnętrzny pokój, pokój który powodował, że zastygałem i myślałem tylko o Bogu".

Kiedy jest większy, jedną z jego rozrywek jest zbieranie kartek, które Silvia co wieczór wyrywa z kalendarza. Chłopczyk chętnie pomaga mamie w pracach domowych. W nagrodę dostaje kostkę cukru. „Dobrze zapamiętałem dźwięk kluczy, które mama nosiła w kieszeni spódnicy, ponieważ to nimi otwierała szafkę, w której trzymała cukier".

---

34 W 1884 roku rodzina Moscatich przeprowadziła się z Beneventu do Neapolu. Zamieszkali w kamienicy przy Piazza Gesù Nuovo.

Doli i jego rodzeństwo są ciągle głodni. „Kiedy do drzwi pukał dostawca chleba, wspinaliśmy się wszyscy i rzucaliśmy na niego, by pochłonąć okruchy pieczywa". Chłopczyk próbuje zabić głód na inne sposoby. Wokół domu i w śmieciach wyszukuje łodygi kopru, rzodkiew, bazylię i przygotowuje z nich... sałatkę. Liście ziół polewa odrobiną oliwy zmieszanej z octem balsamicznym, które przechowuje skrzętnie w małym pudełeczku po mydle marsylskim.

> Wygłodniali do granic możliwości, wymyśliliśmy z bratem zabawę w... złodziei. Nie pamiętam, czyj to był pomysł: ubrani w stare garnitury taty - rękawy i nogawki aż ciągnęły się za nami po ziemi - na głowę zakładaliśmy stare kapelusze, cylindry, i szliśmy „na kradzież". Tym sposobem raz zniknęło mnóstwo jajek w czasie świąt Wielkiej Nocy[35]. Tatuś nie mógł pojąć, jak się to stało. Kiedy odkrył naszą zabawę, wszystko skończyło się laniem. Nigdy dotąd nie było aż tak tęgie[36]. [...] Z wielkim bólem przypominam sobie też, że w jednym ze sklepów z galanterią w Secondigliano chwyciłem drewniane koło, takie jakie montuje się pod dziecięcy wózek, i przytaskałem je do domu. Dotarło do mnie, że źle zrobiłem, a teraz kiedy to piszę, płaczę z żalu, myśląc jak wielki ból zadałem tą kradzieżą Jezusowi; to był mój prawdziwy grzech. Kiedy wróciłem do domu, próbowałem bawić się kółkiem, ale robiło zbyt wielki hałas, więc szybko się go pozbyłem.

Mały Doli biega boso - tylko czasem może założyć stare buty ojca - i jest zziębnięty. „Nie było mowy o ubraniach na zimę

---

35 Ksiądz Dolindo pisze tak, jakby chodziło o jajka w domu, co jedynie potwierdza smutny fakt, że jedzenia po prostu dzieciom nie dawano, choć go nie brakowało.
36 Dolindo Ruotolo, *Fui chiamato Dolindo*, s. 21.

dla nas i tata był tak surowy w tej kwestii, że często dochodziło do wybuchów i głośnych awantur z mamą".

Rafaele Ruotolo stwarza w domu ciągłe napięcie. U Ruotolich panuje ścisły rygor - rozkład dnia wyznacza ojciec na piśmie. Tablica wisi w centralnym miejscu przy wejściu. Każde odejście od sztywno wyznaczonego, jak w wojsku, rytmu, kończy się wybuchem.

Dolindo wspomina:

> Tata mój był ekstremalnie nerwowy i bił nas za wszystko. Lał nas łodygami kopru aż do upadłego. W domu panował taki terror, że kiedy słyszeliśmy dzwoneczek u drzwi, ja i mój brat Elio uciekaliśmy, żeby się schować. Ja ukrywałem się w jednej z bocznych szafek biurka, gdzie wciskałem się, kucając, byłem taki drobniutki.[37]

Pewnego dnia obaj z Elio bawią się w wojnę. „Trafiony!", krzyczy Elio, rzucając z całej siły metalową kulką w rozłożone w pokoju na sztalugach inżynierskie rysunki ojca. „Teraz ja!" - rzuca z równym zapałem, naśladując starszego brata Dolindo. Kulka przedziurawia na wylot arkusz pana Ruotoli, który pojawia się w drzwiach pokoju. Chłopcy z uniesionymi w geście zwycięstwa rękami sztywnieją. „I zaczął się dla nas koniec świata", notuje Dolindo. Ojciec rozdziela braci na kilka dni, nie mogą się widywać i rozmawiać. Dla Dolindo to „bolesna kara", tym bardziej że jako młodszy ląduje na kilka nocy w ciemnej komórce na węgiel.

> To był dla mnie horror. Spałem na łóżeczku dziecięcym, które ojciec wcisnął obok starej umywalki, sam, drżałem ze strachu. Jakby tego nie było dość, co noc przybiegał tam kot, by zjeść

37 Tamże, s. 18.

upolowaną wcześniej mysz dokładnie w moim łóżeczku. Trudno mi opisać lęk, jaki wtedy przeżywałem.

Ojciec często uderza Dolindo w twarz. Za byle co. Rafaele bije go też łodygami po dłoniach, w miejsca, gdzie chłopczyka dręczą jeszcze rany po operacji, wykręca dziecku ręce.

> Bił mnie za każdym razem, kiedy nie potrafiłem powtórzyć literek. I nie wolno było nawet pisnąć. Ból musiałem znosić w ciszy. Gdybym w tamtym wieku rozumiał, o co chodzi w Męce Chrystusa, łączyłbym się z Nim i mógłbym zostać świętym [...]. Muszę przyznać, że ta ekstremalna surowość i ciągłe wynikające z niej cierpienia, nieadekwatne do mojego wieku, całkowicie odebrały mi uśmiech i przez to stawałem się zwykłym kretynem. Niczego już nie rozumiałem, nie rozróżniałem.

Dolindo nazywa ten czas „pustynią duchową". Strach i napięcie, w jakim wzrasta, w dużej mierze kształtują jego osobowość. Do końca życia będzie o sobie mówił „nic". *Sono un gran nulla* – „Jestem wielką nicością". Z zaawansowanych badań grafologów przeprowadzonych na potrzeby procesu beatyfikacyjnego ks. Dolindo wynika, że stresy związane z nerwowością ojca kapłan odczuwał już w łonie matki, która przecież jako pierwsza była ofiarą przemocy męża. Już w życiu prenatalnym kształtował się u Dolindo tak zwany kompleks niższości. Ale – co profesor Nazzareno Palaferri, kapucyn, potrafił odczytać z niezwykłą precyzją – kompleks ten całkowicie zaniknął czy też uległ przemianie „poprzez ogromną miłość do Boga"[38].

---

[38] Obraz Boga Ojca w życiu kształtuje się na podstawie relacji z ojcem biologicznym – tak uczy współczesna psychologia. W przypadku ks. Dolindo

Rafaele Ruotolo, ojciec ks. Dolindo.

Silvia Valle, mama ks. Dolindo.

Co ciekawe, zachowanie ojca nie wznieca w sercu małego Dolindo ani nienawiści, ani buntu. Zupełnie inaczej jest w przypadku starszego brata Elio. Ksiądz Dolindo pisze we wspomnieniach:

> Biedny tatuś, miał przecież dobre chęci. Wierzył, że w ten sposób dobrze wychowa swoje dzieci. Nawet jeśli jestem zmuszony opisywać rzeczy, które sprawiają ból i wywołują różne reakcje, zawsze błogosławię jego pamięć i widzę, że nie mając takiego zamiaru, tata karcił mnie za moje grzechy. Niech Pan ma go w swojej opiece.

Dolindo pisze tak dwadzieścia jeden lat po śmierci ojca. Choć ten nigdy wprost nie prosił syna o wybaczenie[39], to pewnego dnia odbyli ważne spotkanie.

To właśnie Dolindo jest najgorzej traktowanym przez ojca dzieckiem. To jemu Rafaele całkowicie zakazuje chodzenia do szkoły. Nie wiadomo, co jest przyczyną takiej decyzji. Sam jest człowiekiem wykształconym. Jako syn krawca miał wielkie ambicje i z uporem je realizował. Studiował matematykę, a potem został też dyplomowanym inżynierem. Trzech jego braci, wujowie Dolindo, zostało krawcami, a czwarty - impresariem teatralnym. Tylko Rafaele przeskakuje na wyższą „półkę" społeczną.

Z kolei Silvia, mama Dolinda, z domu Valle, pochodziła z rodziny - jak mówił ks. Dolindo - *nobile*, czyli szlacheckiej.

---

jest odwrotnie. Okrucieństwo Rafaele nie przeszkadza chłopakowi i potem mężczyźnie kochać Boga jak najlepszego i czułego Ojca.

39 Z relacji świadków wynika, że po śmierci Rafaele Ruotolo nawiedził syna, już wyświęconego kapłana, prosząc o wybaczenie oraz Msze i modlitwy o ocalenie jego duszy. Miał być w trudnej sytuacji w czyśćcu. Ksiądz Dolindo musiał o tym mówić, ale i odnotował w kilku miejscach, na polecenie swojego spowiednika, to wydarzenie.

W żyłach jej ojca płynęła krew książąt z Aragony. Wujowie ze strony mamy Dolinda to baronowie i hrabiowie. Niestety wszyscy skończyli w skrajnej nędzy. Umierali po kolei w neapolitańskim przytułku dla ubogich San Gennaro.

Brat Silvii, Tommaso, studiuje na uniwersytecie w Neapolu matematykę na tym samym roku, co Rafaele Ruotolo. Kiedy Silvia po raz pierwszy zobaczy kolegę brata, jej serce zabije mocniej. Rafaele jest w tamtym czasie przemiły, szarmancki. Przystojny, ma ciemne włosy i wielkie, błyszczące oczy oraz delikatnie zakręcony wąsik. Ale na Silvii najsilniejsze wrażenie robi... religijność Rafaele. Codziennie odmawia Różaniec, klęcząc w ramach pokuty na ziarnach grochu. Modli się też, leżąc twarzą zwróconą do ziemi na rozsypanych suchych ziarnach kukurydzy. On i jego bracia regularnie przystępują do sakramentów. Dziadek codziennie czyta im fragment Ewangelii i Dziejów Apostolskich. W domu Ruotolich regularnie zgłębia się też życiorysy świętych.

W domu Silvii także unosi się woń modlitwy. Jej tata jest człowiekiem religijnym, a wuj, Francesco Valle, to kapelan na dworze króla Ferdynanda I Burbona w Neapolu. Co ciekawe, Silvia decyduje się na małżeństwo z Rafaele dopiero po śmierci ojca. Ślub ma miejsce 23 września 1873 roku w kościele San Domenico Soriano przy Piazza Dante, „w drugiej kaplicy po lewej” - jak skwapliwie notuje Dolindo.

Rafaele jako mąż i ojciec od samego początku jest brutalny, a chwilami okrutny. Nie tylko z premedytacją skazuje rodzinę na głód i nędzę, ale i robi wszystko, by uniemożliwić dzieciom tak zwany dobry start. Finansuje naukę tylko dwóch najstarszych córek. Reszta rodzeństwa - mimo ciągłych protestów matki - ma uczyć się od starszych. Większość rzeczy muszą wykuwać na pamięć. Dopóki siostry nie przepytają młodszych braci, a ci nie wyrecytują bezbłędnie zdań z elementarza, nie mogą dostać i tak skąpego obiadu. Silvia, dla której Doli jest oczkiem w głowie, jest jednak uparta. Chce, by synek się uczył, za wszelką cenę. Rafaele pewnego dnia przełamuje się. Doli zapamięta te sceny na całe życie - zanotuje w autobiografii: „Pewnego dnia tatuś zawołał mnie do siebie. Leżał jeszcze w łóżku; wręczył mi sylabariusz, wyjaśnił mi literki alfabetu i kazał mi je ćwiczyć samemu. Nauczyłem się czytać i pisać sam"[40].

Dolindo twierdzi, że ojciec jako jedyny znakomicie wykształcony w domu, chciał dominować i pełnić rolę typowego *padrone*, który wyznacza ramy życia innym.

Dom Ruotolich często odwiedzają ciotki ze strony mamy. I wuj, który jest księdzem. Wysoki, postawny mężczyzna w sutannie budzi respekt małego Doli. To od wuja doświadcza wielkiej dobroci zamiast poniżenia, jakie funduje mu własny ojciec. Jako mały chłopczyk wyraźnie czuje tę różnicę. W tamtym czasie mają też miejsce niewinne, ale prorocze wydarzenia: „Kiedy miałem zaledwie cztery latka, nie więcej, opierając stopy na maminych kolanach, stawałem i wołałem: będę księdzem!" - notuje jako dorosły.

Rok później, w 1887[41], Dolindo jest świadkiem sceny, która może przypieczętować ten instynktowny dziecięcy wybór. Secondigliano, dzisiaj już jedna z północnych dzielnic aglomeracji, gangsterska strefa Neapolu. Grupa osiłków dźwiga w otwartej trumnie ciało ks. Marco Pezzella. Zmarł poprzedniego wieczora w opinii świętości. Z okien domów mieszkańcy tych nędznych i umęczonych porachunkami mafiosów przedmieść Neapolu po

---

40 Dolindo Ruotolo, *Fui chiamato Dolindo*, s. 18.

41 To data ważna dla Neapolu - gdy miasto próbuje otrząsnąć się po trzech kolejnych epidemiach cholery, władze decydują się na wielkie przebudowy, słynne Rinnovamento Neapolu dla Kościoła.

raz ostatni wpatrują się w twarz kapłana. Gęsty tłum ciągnie ulicami za konduktem. Umorusane dzieciaki próbują dogonić trębaczy i prowadzącego procesję celebransa. Trumna mija małego Dolindo. Ma pięć lat. Właśnie spędza tu z mamą wakacje. Dobrze zapamięta ten obraz: ksiądz

> miał w trumnie kielich przywiązany sznurami do dłoni. Było to bardzo piękne. Widząc, jak obok mnie wszyscy szlochają, zacząłem płakać i ja. Ten kapłan był spowiednikiem mojej mamy. Pamiętam, że w domu mówiło się o jego pokutnym życiu. Znaleziono przy nim kawałki żelaza, nosił je przywiązane do pleców. W butach zaś miał gwoździe. Opowieści te chłonąłem z wielkim zainteresowaniem, wzbudziły we mnie pragnienie naśladowania tego kapłana.[42]

- wspomina ks. Ruotolo.

---

42 Dolindo Ruotolo, *Fui chiamato Dolindo*, s. 15.

„Jezus, wieczne słońce"

Po pierwszej Komunii Świętej poczułem, jak w moim sercu działa łaska. Teraz wiem już, że wzniecił ją Jezus Sakramentalny. Ale pozostawałem obojętny, miałem jedynie głód pokuty i pragnąłem zostać męczennikiem.

ks. Dolindo

– *Buona domenica delle palme!* – spocony i uśmiechnięty, w przybrudzonej nieco sutannie wpada do baru młodziutki ksiądz. Biega po starówce i rozdaje gałązki oliwne. Barista wkłada jedną z nich do wazonu na środku lady. Wypijam kawę. Cierpki aromat czarnego naparu niemal uderza w nozdrza.

W maleńkim *tabaccaio* obok, przy Piazza Gaetano przylegającym do najstarszej arterii miasta via dei Tribunali, wpada mi w oko książka. „Nie ma bogatszego miasta w Europie i we Włoszech. Przynajmniej jeśli chodzi o tajemnicze historie, jakie opowiadają tutejsze pałace, kamienice i zaułki" – zaczynają swoją opowieść o Neapolu Agnese Palumbo i Maurizio Ponticello. Dziennikarze związani z „La Repubblicą" i „Il Mattino" aż pół tysiąca stron poświęcają sekretom tego „przeklętego miasta". Piszą sporo o jego diabolicznych stronach, ale i o mistyce. Kilka dni w Neapolu wystarcza, by zrozumieć, jak bardzo *sacrum* miesza się tu z *profanum*. Te rzeczywistości dosłownie się tutaj przenikają.

- 5,90 euro - rzuca sprzedawca. - Na pewno chce pani tę książkę? - pyta, wysuwając głowę zza szyby oklejonej numerami włoskiego lotto, kartami i liczbami tomboli.

- Dlaczego pan pyta? - spoglądam zaskoczona.

- *Niente, niente*, lepiej nie wiedzieć za dużo o Neapolu, *signora* - odpowiada, wydając mi resztę.

Rozmowę przerywa nam huk trąb i bębnów. To uliczna procesja Niedzieli Palmowej. Jedna z kilkudziesięciu tego dnia w Neapolu, od kilkuset lat wciąż ta sama. W dwóch rzędach dziarskim krokiem przez via dei Tribunali równoległą do Spaccanapoli sunie szpaler dorosłych i dzieci. Może trzydzieści-czterdzieści osób. Kilku tęgich mężczyzn dynamicznie dmucha w trąby i puzony. Pozostali niosą sztandary. Z Madonną z Pompejów, z Loreto, z dzielnicy takiej i takiej. Mieszkańcy przyjmują tę scenę z obojętnością. Tylko ja wybiegam z tabletem, by w pośpiechu uchwycić kadr jak z filmów Felliniego.

Dochodzi 10.30. Za pół godziny otworzą kościół San Paolo Maggiore przy placu San Gaetano. To historyczna część Neapolu, starówka, chociaż trudno tu o wyraźny podział. To jedno z niewielu miejsc miasta, gdzie odór stęchlizny i śmieci przyćmiewa aromat opływających tłuszczem *zeppole di san Giuseppe*. Będąc w Neapolu, obowiązkowo trzeba spróbować tych ciastek smażonych na głębokim tłuszczu, z budyniowym nadzieniem. Szczególnie w czasie uroczystości św. Józefa.

Wchodzę do kościoła. W ciągu ostatnich kilkuset lat chyba niewiele się tu zmieniło. Jedynie w podziemiach pachnie nowością. Jest tu obraz Jezusa Miłosiernego z podpisem „Jezu ufam Tobie" w języku polskim. W prowadzeniu tutejszej parafii pomagają polscy zakonnicy. Obok wizerunek św. Faustyny. Świątynią od przełomu XV i XVI wieku opiekują się teatyni[43]. Założyciel zgromadzenia, św. Kajetan z Thieny (San Gaetano) większość życia spędził w Neapolu i tu zmarł 7 sierpnia 1547 roku. „Chrystus czeka, a nikt się nie ruszy" - to jedno z jego słynnych powiedzeń. Niewykluczone, że Dolindo, choć został tercjarzem franciszkańskim, chłonął duchowość teatynów[44]. I z pewnością poważnie potraktował często przytaczane przez kleryków regularnych słowa jednego z ich świętych: „Godność kapłańska to ogromny ciężar, więc ten, kto chce go posiąść, powinien o tym myśleć, a ten kto już go ma, niech się go boi!"[45]. Fasada San Paolo Maggiore, znacznie nadgryziona zębem czasu, musi pamiętać dzień, kiedy wchodził tu jedenastoletni Dolindo...

Jest rok 1893.

---

43 Teatyni to jeden z czterech zakonów kleryckich obok jezuitów, pijarów i kamilianów; zakonnicy kleryccy noszą czarne sutanny przepasane grubym pasem. Teatyni, inaczej klerycy regularni, popularnie zwani też kajetanami, żyją według reguły św. Augustyna. W założeniach zakon ten ma „podarować Kościołowi gorliwych kapłanów oddanych Królestwu Bożemu". Teatyni są pierwszym tego typu zgromadzeniem w Kościele, uformowanym z kapłanów diecezjalnych, którzy przyjęli regułę i zasady życia zakonnego, choć nie typowo mniszego. To niewielkie zgromadzenie liczy dziś zaledwie dwustu zakonników, w tym ponad stu trzydziestu kapłanów. Mieszkają we Włoszech, Hiszpanii, w USA, Meksyku, Kolumbii, Brazylii i Argentynie oraz w Niemczech i w Polsce. Dom generalny znajduje się w Rzymie.

44 Główne jej rysy to zaufanie Bożej Opatrzności, posłuszeństwo Ojcu Świętemu, ubóstwo, a także gorliwość w kulcie liturgicznym. Teatyni praktykują też nabożeństwo do Matki Bożej Przeczystej, która jest patronką zakonu, oraz do Niebieskiego Szkaplerza Matki Bożej Niepokalanej.

45 Ich autorem jest św. kardynał Józef Maria Tomasi kanonizowany przez Jana Pawła II w 1982 roku, syn księcia Lampedusy, jeden z bardziej znanych teatynów w świecie.

> Przystąpiłem tu po raz pierwszy do Komunii. Źle, właściwie bez porządnego przygotowania, prawie nie rozumiejąc, o co chodzi. Ale Jezus Sakramentalny nie przyszedł do mojego serca na próżno. Odczułem natychmiast błogosławione efekty w moim życiu duchowym. Nic nie mogło mnie już w żaden sposób od Niego oderwać, choć z bólem stwierdzam, że nikt w domu nie prowadził mnie ścieżkami Boga.[46]

Dolindo kilkakrotnie w swoich zapiskach autobiograficznych z nutą goryczy wraca do ostatniego wątku: nikt w domu nie dba o jego relacje z Bogiem. „Nie miałem pojęcia o spotkaniach z Jezusem Sakramentalnym, nie znałem prawie w ogóle Najświętszej Dziewicy, chodziłem do spowiedzi, żałowałem za grzechy, bo zaprowadzano mnie do kościoła. Smutne jest, że nie dba się o to, by otwierać dziecięce serca na miłość Boga, choć to właśnie dzieci są bardziej niż ktokolwiek sądzi zdolne Ją przyjąć"[47].

W wielu miejscach pada ten sam zarzut. Co prawda oboje rodzice Dolindo byli wychowywani w duchu religijności, jednak wszystko zamykało się w ramach tradycji. „Czemu nikt nie nauczył mnie kochać Jezusa?" - pyta z uporem Dolindo.

Do Pierwszej Komunii „wyklepuje katechizm na pamięć jak papuga, nie rozumiejąc z niego ani słowa", Różaniec odmawia mechanicznie. Wszystko to „automatyczna formacja", „bez ducha, serca". Dlatego to, co „powinno być wspomnieniem momentu wielkiej radości - pisze o przygotowaniu do Pierwszej Komunii - jest dla mnie bolesne i wstydliwe". Do tego w domu Dolinda brak „pokoju, miłości i spokoju", a wszyscy „spinają się

---

46 Dolindo Ruotolo, *Fui chiamato Dolindo*, s. 28.

47 Tamże, s. 31.

całymi dniami, by tylko nie dać powodu do krzyku jego biednemu tacie".

Mały Dolindo po przyjęciu Pierwszej Komunii czuje „wielkie umiłowanie pokuty". Po omacku buduje swoje duchowe, religijne życie.

> Nikt nie zorientował się nigdy, jakie umartwienia stosowałem. Były bardzo surowe i wbrew naturze[48]. (Wymienię tu dla przykładu kilka z nich. Ukrywałem się z flakonikiem z chininą[49] w proszku i jadłem ją, by poczuć gorzki smak w ustach. Miałem też inny sposób, ale lepiej o tym nie pisać)[50]. Lubiłem modlić się w wielkim skupieniu, z twarzą przy ziemi, szczypiąc się, albo ciągnąc się za włosy, by podobać się Jezusowi. (Często w maju udeptywałem zwiędłe róże, które rosły przy figurze Matki Bożej, obrywałem je z liści, rozrzucałem je na ziemi tak, że powstawało ogrodzenie. Wydawało mi się, że to moja pustynia).[51]

Jako jedenastoletni chłopak coraz bardziej dojrzale przeżywa swoją wiarę. Choć wcale tak nie uważa. Pokuty, które stosuje, filtruje przez swoją dziecięcą prostotę. Dolindo nosi w sercu pragnienie podobania się Jezusowi. Próbuje to realizować na swój sposób. „Kłułem się, a nawet wymyśliłem sobie,

---

[48] Tamże, s. 28.

[49] Chinina w epoce szalejącej malarii była podstawowym elementem każdej domowej apteczki w Neapolu i nie tylko; białego gorzkiego proszku używano także jako środka przeciwbólowego oraz przeciwgorączkowego, a także jako antidotum na różne procesy zapalne w organizmie.

[50] W nawiasach podaję niepublikowane fragmenty autobiografii ks. Ruotolo, które wydają mi się cenne; pochodzą one z rękopisu przechowywanego w archiwum Casa Mariana Editrice Apostolato Stampa przy Vico Strettola Santa Teresa degli Scalzi 4 w Neapolu. To zdanie skreśliły w trakcie wyboru tekstu córki duchowe o. Dolindo.

[51] Tamże.

by z tablicy ojca zrobić krzyż dla siebie i się na nim umartwiać. Byłem przy tym niedobry i zły, nie zdając sobie z tego sprawy. Jezus pozbawił mnie rozumu w tym czasie, byłem zwykłym głupcem. Idiotą"[52].

Dolindo wraca często do kościoła San Paolo Maggiore. Modli się przy grobie św. Kajetana. Życie teatyna musi mieć wpływ na wybory, jakich dokonuje, tym bardziej że rodzice nigdy nie opowiadają mu o świętych, nie uczą historii. Prawdopodobnie o teatynie słyszy w czasie kazań. Tak jak Gaetano Dolindo głosi potem płomienne kazania, ale też odwiedza chorych, ubogich w przytułkach. W Neapolu co chwila wybucha epidemia cholery, szpitale pękają w szwach od biedoty, ofiar ciągłych ulicznych walk małych gangów złodziei. Wszędzie unosi się fetor ludzkich odchodów, ran, krwi i niemal gnijących ciał. Chorzy leżą oddzieleni parawanami z prześcieradeł na wielkich halach, jęczą z bólu. I nikt z nimi nie rozmawia – nawet pielęgniarki, zakonnice. Pacjent był w tamtym czasie niemym przedmiotem. Taki schemat przełamuje w Neapolu dwóch mężczyzn: Dolindo w czarnej sutannie i profesor Józef Moscati w białym kitlu. Obaj widzą w pacjentach obolałego Chrystusa. Moscati szybko zresztą przez to wywołuje zainteresowanie w świecie medycznym. Jego słynna rozmowa z pacjentem w czasie egzaminu wywoła skandal i oburzenie nie tylko słuchającej go komisji lekarskiej.

---

[52] Do Soboru Watykańskiego II wielu przyszłych świętych umartwia swoje ciało, by bardziej podobać się Jezusowi. Siostra Faustyna Kowalska nosi w latach 30. XX wieku włosiennicę i biczuje się. Nastolatek z Neapolu na przełomie XIX i XX wieku niewiele wie o życiu i praktykach świętych – jest wtedy jeszcze dzieckiem, lekko cofniętym w rozwoju z powodu brutalności ojca. Dolindo ma zaburzoną percepcję, słabo się uczy; dopiero w seminarium, w sposób cudowny i niewytłumaczalny, doznaje światła i zostaje uzdrowiony intelektualnie.

– Papryczki, odpędzają złe moce! – wyrywa mnie z zamyślenia uliczny sprzedawca. Miga mi przed oczami pękiem czerwonych ceramicznych warzyw. W żargonie neapolitańskim to tak zwane *corvo*, czyli róg. Uliczne stragany toną od ich czerwieni. W sklepie z pamiątkami – mimo że właśnie kończy się Wielki Post – na półkach roi się od bożonarodzeniowych szopek. Neapolitańskie Święte Rodziny to głęboka tradycja. Cieszą się taką popularnością na całym Półwyspie Apenińskim jak w Polsce szopki krakowskie. Tu figurki Matki Bożej, św. Józefa i Bambino Gesù robi każdy, kto tylko może, od wytrawnych artystów po amatorów sztuki oraz zwykłych mieszkańców. Okrągły rok Dzieciątko Jezus stoi w neapolitańskich domach. Za czasów Dolindo nawet tutejsza biedota lepiła z gliny święte postaci. Zamożniejsi robili je z muszli lub korala. Święta Rodzina *alla napoletana* ma różne oblicza. Maryja najczęściej nie nosi tradycyjnego białego lub błękitnego welonu, a czerwony skrzący się gwiazdami płaszcz. Lub niebieską przepasaną spódnicę. Ma włosy upięte w kok. Twarz i posturę – Matki Bożej Pompejańskiej z kościoła św. Bartolo Longo z oddalonych o dwadzieścia pięć kilometrów Pompejów. Z Józefem jest rożnie. Najczęściej nosi czarne spodnie i szelki do rozpiętej nonszalancko koszuli, jak to mają w zwyczaju mężczyźni spod Wezuwiusza. Bywa, że figurki mają stroje królewskie i książęce z okresu kiedy przypadał szczyt popularności i kunsztu ich wykonania, czyli z XVIII wieku. Uboga Rodzina w dworskich strojach, ubrana w krynoliny, falbany, atłas wygląda dziwacznie.

– Okrąglutki rok je sprzedaję – rzuca młody sprzedawca jednego z butików pod arkadą naprzeciwko kościoła San Gaetano. – Pani chyba nie jest sama w Neapolu? Odradzałbym... Tu świętość miesza się z diabelskimi oparami.

– Zauważyłam...

Pytam o o. Dolindo.

– Ja mam dwadzieścia cztery lata, nie znałem go – śmieje się neapolitańczyk. – Ale mój ojciec mógłby pamiętać. Sprzedawał tu pamiątki przez pół wieku.

Za rogiem tuż obok sklepiku ukrywa się uliczka wąska na szerokość rozłożonych ramion. Dolindo mieszkał tu przez kilka lat, niecałe dwieście metrów od kościoła, gdzie po raz pierwszy przyjął Komunię. Rodzice przeprowadzili się tu prosto z via Santa Chiara w 1891 roku. Vico Nilo to część dzielnicy San Lorenzo. Z obu stron uliczkę zamykają wąskie i długie przejścia, rodzaj sklepienia łączącego kamienice. Jak w większości zaułków Neapolu z jej obdrapanych ścian wystają pręty, odpadają kawałki murów. Unosi się woń moczu. Nie ma tu już dzisiaj numeru 26. Państwo Routolo mieszkali przy samej bramie, u wylotu ulicy. Jest tu ciemno i ponuro.

Dolindo:

> Wychodziłem z domu wcześnie, o świcie, około czwartej lub piątej, i szedłem do kościoła Purgatorio ad Arco[53], gdzie często służyłem do Mszy i przyjmowałem Komunię. Musiałem robić to z wielką pobożnością, bo pamiętam, jak pewnego ranka jedna z kobiecin przytuliła mnie i ucałowała, mówiąc że wyglądam jak św. Ludwik.[54]

---

[53] Kościół Santa Maria delle Anime del Purgatorio ad Arco (Najświętszej Maryii Panny od Dusz czyśćcowych przy łuku), jedna z barokowych pereł miasta, dedykowany jest duszom czyśćcowym. Jak zdecydowana większość neapolitańskich świątyń, ściśnięty jest murami przylegających do niego kamienic. Stoi dokładnie na skrzyżowaniu ulic Tribunali, via Atri i via Nilo, gdzie mieszka jedenastoletni Dolindo. O tutejszym duszpasterstwie i życiu kulturalnym parafii od dekad piszą gazety (z „Wall Street Journal" na czele).

[54] Dolindo Ruotolo, *Fui chiamato Dolindo*, s. 29.

To właśnie tu chłopak często zastygał na modlitwie z uniesioną ku górze głową.

> Całe to moje duchowe życie, wszystkie doświadczenia, nie były jednak przez nikogo pielęgnowane i podtrzymywane; to były przebłyski czy jak to rozumiem dzisiaj, spontanicznie zasiane kwiaty, które dojrzewały do tego, by Jezus, wieczne słońce, przenikał mnie [posiadał, ogarniał] każdego dnia. Gdyby jednak ktoś czuwał nade mną, prowadził mnie, moja dusza prawdopodobnie otwarłaby się na wielką miłość. Ja jednak od zawsze byłem jednym wielkim skupiskiem nieszczęść, których nie byłem świadom.[55]

W autobiografii - pisanej na wyraźne polecenie spowiednika - ks. Dolindo ocenia swoje dzieciństwo surowo. „Nie byłem dzieckiem, a troglodytą".

Z perspektywy czasu widzi, że wiódł życie „zdziczałego zwierzęcia". Nie ma poczucia grzechu, napięcie psychiczne odreagowuje „brzydkimi rzeczami". Powtarza z lubością mamie zasłyszane na ulicach przekleństwa, ale kiedy dowiaduje się o ich znaczeniu, ucieka z miejsc, gdzie je słychać. Dochodzi do wniosku, że Pan Bóg, pozwalając, by rósł „samopas", pokazuje, że wszystko, co dokona się w Dolindo potem, jest wynikiem Jego ingerencji, nie pracy ludzkich rąk. Bóg „wybrał instrument absolutnie pusty" - pisze o sobie.

Chłopak ma jedenaście lat. Nie zna zasad gramatyki, nie ma pojęcia o geografii, nie potrafi liczyć. Żyje w chaosie. Po przeprowadzce na Vico Nilo starszy brat Dolindo, Elio, idzie do szkoły. „Mnie zostawili jak kretyna, w domu" - notuje kapłan.

---

55 Tamże.

Ale po krótkim czasie Rafaele Ruotolo nagle zmienia decyzję: Dolindo ma dołączyć do Elio. Przerażone tym faktem dziecko całe dnie ślęczy nad książkami, przepisując podręczniki i notatki Elio. Bezmyślnie, nie rozumiejąc z nich ani słowa. Na Piazza del Gesù funkcjonuje wtedy znakomite gimnazjum państwowe Genovesi. Pod naciskiem taty Dolindo podchodzi do egzaminów wstępnych od razu do drugiej klasy. Rezultat jest katastrofą: 2 z włoskiego, 2 z łaciny i zero z geografii. Rafaele jest uparty. Każe dziecku wkuwać na pamięć. W październiku następnego roku (1894) Doli powtarza egzaminy z tym samym rezultatem. Ojciec nie daje za wygraną - prowadzi syna do kolegium jezuitów przy via Atri. Ale i tu się nie udaje. Wreszcie chłopaka przyjmują w Genovesi, po krótkiej rozmowie, jaką ojciec odbywa z dyrektorem placówki. Dolindo trafia do pierwszej klasy gimnazjum, brat Elio zdaje do drugiej.

Szkoła to dla Dolinda pasmo udręk - został rzucony na głęboką wodę. Mimo życzliwości profesora, który szybko orientuje się w sytuacji dziecka i stara się z mocno opóźnionym chłopcem pracować znacznie więcej, niewiele daje się zrobić. Doli szybko staje się popychadłem i obiektem drwin na szkolnych korytarzach. Ojciec posyła go tam w utłuszczonym i wytartym ubraniu, w dziurawych butach. Dziecko nie może chodzić na gimnastykę, bo nie ma odpowiedniego stroju. Jest jednak tak zdeterminowane - marzy, by zagrać z chłopakami w piłkę - że pewnego dnia podkrada ojcu spodnie. Podwija przydługie nogawki, obwiązuje się pasem, ale w czasie gimnastyki dziwaczny strój z niego spada. „Uciekłem stamtąd, płonąc ze wstydu" - pisze.

Rafaele zabrania Dolindo utrzymywania jakichkolwiek relacji z kolegami. „Przyjaźnie były zabronione - notuje kapłan. - Nie wolno mi było z nikim zamienić nawet słowa, nie miałem więc żadnego kolegi". By mieć nad tym kontrolę, pan Ruotolo wypuszcza synów z domu na kilka minut przed rozpoczęciem lekcji. Przybiegają na zajęcia zdyszani. Powrót do domu także jest liczony co do minuty. Rafaele czeka na chłopców w bramie z łodygami kopru w dłoni. Każde spóźnienie kończy się laniem.

Jedyna rzecz, która trzyma Dolindo przy życiu, to nauka języka łacińskiego. Od wczesnego dzieciństwa ma przecież jasno określony cel: chce zostać księdzem, a do tego musi znać łacinę. Na koniec roku nie zdaje egzaminów. Musi powtarzać klasę.

W domu Ruotolich jest coraz biedniej. Trudno w to uwierzyć. Matka odkłada trochę pieniędzy, by wystarczyło na... jałmużnę dla Kościoła i na chleb. Pełne posiłki dostaje tylko Rafaele. Zapija je dobrym winem.

> Dom powoli stawał się piekłem. Niestety tata nie przystępował już do sakramentów jak kiedyś, a tylko raz do roku, na Wielkanoc. Często krzyczał na nas i mamę, przeklinał potwornie. Raz zebrałem się na odwagę, by zwrócić mu uwagę. Ale zaraz potem ze strachu schowałem się pod antresolę [...]. Wieczorem musieliśmy zostawiać na biurku taty nasze zeszyty z zadaniami domowymi. Zaglądał do nich późno, czasem o północy czy nawet o pierwszej, jeśli znajdował w nich błędy czy jego zdaniem koślawo napisane wyrazy, budził nas w środku nocy z łodygami w dłoni, zmuszał nas do robienia wszystkiego od nowa.[56]

Wspomnienie tych nocy – Dolindo nazywa je nocami cierpienia – pozostało w kapłanie do końca życia.

W tamtym czasie, krótko po tym, jak Dolindo przystępuje do Pierwszej Komunii Świętej, natrafia w domowej bibliotece na obszerną książkę *Flos Sanctorum* o życiu niektórych męczenników

---

56 Dolindo Ruotolo, *Fui chiamato Dolindo*, s. 28.

Kościoła. Chłonie ją całymi rozdziałami. Wtedy w chłopcu kiełkuje pragnienie, by umrzeć jako męczennik. „Wyobrażałem sobie, że będę krojony na kawałki z miłości do Boga" - wspomina.

Zainspirowany życiorysami świętych zaczyna częściej się modlić. Już nie tak mechanicznie. Latem, kiedy temperatury w Neapolu przekraczają czterdzieści stopni, Dolindo wychodzi na długie spacery. Tam, gdzie słońce operuje mocno, zwalnia kroku, by się umartwiać. „To robiło mi naprawdę dobrze, czułem pokój na duszy". Wieczorami Dolindo wpatruje się w rozgwieżdżone niebo. „Wyobrażałem sobie, że gwiazdy to małe spirale wiecznego światła i czułem, jakby niebo mnie przyciągało, pragnąłem iść ku górze".

Ucieczka

Concetta Miccione – to nazwisko wywołuje ciarki na plecach Dolindo przez długie lata. Rafaele Ruotolo poznał ją jeszcze jako dziecko. Mieszkała z bratem Mariano Miccione. Ojciec Dolindo odwiedzał ich niemal codziennie w domu. To oni rozbudzili w nim umiłowanie do skąpstwa. Rodzeństwo Miccione wiodło skrajnie oszczędny tryb życia, odmawiając sobie wszystkiego. Concetta miała spory wpływ na Rafaele. Za każdym razem, kiedy wracał do domu, wytykał Silvii błędy, porównywał ją do Concetty i wyrzucał rozrzutność. Ta rysa pogłębiała się przez cały czas trwania małżeństwa Ruotolich.

Tymczasem Miccione, będąc już dość wiekowym rodzeństwem, byli zmuszeni do najęcia pokojówki. Antonietta Bonafede była wcześniej służącą arystokratycznej rodziny w Barii. Znakomicie jednak rozumiała się z nowymi pracodawcami w Neapolu. Oszczędna, skrupulatna, pracowita, a przy okazji piękna. Rafaele Ruotolo od razu się nią zainteresował. I bez pytania o zdanie żony po śmierci Concetty i Mariano zatrudnił Antoniettę w domu.

Przy tak surowym trybie życia wydawanie pieniędzy na pensję dla pomocy domowej było kuriozalnym posunięciem. Silvia od razu zaczęła podejrzewać romans. W domu Ruotolich napięcie sięgnęło zenitu. Silvia czuła się upokorzona do granic możliwości. Niewykluczone, że Rafaele dopuścił się wtedy także przemocy wobec żony, choć to była jedynie kropla, która przelała czarę goryczy. Silvia po konsultacji ze spowiednikiem, ks. Vincenzo Pio Marzano, podjęła decyzję o odejściu od męża. „Ubolewam, że nie znalazł się nikt, kto choć spróbowałby zaprowadzić pokój między moimi rodzicami, nawet jeśli były na to niewielkie szanse" - pisze ks. Dolindo.

W grę wchodziła jedynie ucieczka. „Przygotowania do niej trwały w wielkiej tajemnicy. Mamusia wysłała najpierw do domu swojego brata Aristide pościel i rzeczy, które zdołała spakować. Razem z Elio nosiliśmy część rzeczy na raty, w małych paczkach". Brat Silvii mieszkał niemal na drugim końcu miasta. Od vico Nilo do vico Paradiso a Sette Dolori 55 jest przynajmniej godzina pieszej wędrówki krętymi, miejscami stromymi uliczkami.

Był 17 kwietnia 1896 roku. Z nieba lał się żar. Silvia poczekała na wyjście Rafaele z domu. Tego dnia miał zajęcia w wyższej szkole technicznej. Jak zwykle wyszedł z domu w eleganckim surducie, ze skórzaną czarną teczką pod pachą. Nawet nie przeszło mu przez myśl, że kiedy wróci wieczorem, dom będzie pusty. Zaraz po tym, jak za Rafaele zatrzasnął się zamek w drzwiach, Silvia z dziesięciorgiem dzieci wyruszyła w drogę wąską, wyboistą vico Nilo. Objuczeni tym, czego nie udało się wynieść wcześniej, byli widowiskiem dla sąsiadów, którzy - jak to jest w zwyczaju Włochów - przyglądali się tej scenie z niewzruszonymi minami. Na czele pochodu szła Silvia. Starsze córki pilnowały, by nikt się nie zgubił. Dolindo sunął, trzymając za rączkę najmłodszego braciszka. Ze Spaccanapoli dotarli do Piazza del Gesù i skierowali się dalej na południe miasta.

„Nie jestem w stanie opisać smutku, wzburzenia, tego, co działo się tamtego dnia". Dolindo ma napady duszności, nie lepiej wszystko znosi jego rodzeństwo. Ucieczka do nowego, dla dzieci zupełnie obcego miejsca okazuje się ucieczką z deszczu pod rynnę.

Silvia po dwudziestu trzech latach małżeństwa wnosi sprawę o rozwód. Rafaele próbuje walczyć o małżeństwo, mimo wszystko. Obiecuje, że zwolni służącą, błaga żonę o zmianę decyzji, kobieta jednak boi się powrotu. Jest zdeterminowana. Nie przeraża jej perspektywa braku pracy i środków na utrzymanie rodziny. Od ponad dwóch dekad żyje w ciągłym głodzie, zimnie i strachu. W ciągłej obawie o zdrowie i życie dzieci. I swoje. Sąd przyznaje jej rację. I opiekę nad wszystkimi dziećmi oraz 270 lirów miesięcznych alimentów. „Wpadliśmy przez to w skrajną, jeszcze gorszą nędzę - notuje ks. Dolindo. - Nie było już tylko bicia i krzyków".

Mimo piekła, jakie przeżywał, kiedy rodzice byli razem, kapłan jednoznacznie przyznaje, że ich rozwód okazał się „najboleśniejszym z momentów jego życia".

„Rodzice pochodzili z różnych warstw społecznych i mieli skrajnie różne charaktery, dlatego też dość szybko ich związek musiał stać się źródłem bólu i goryczy" - pisze Dolindo. Paradoksalnie Silvia przecież wyszła za Rafaele „przez wzgląd na jego przykładne życie religijne".

Rozstanie rodziców okazuje się punktem zwrotnym w życiu Dolindo. Mama po rozmowie ze swoim spowiednikiem decyduje się umieścić dwóch synów, Elio i Dolindo, w Szkole Apostolskiej Księży Misjonarzy w Neapolu. Chce, by chłopcy skończyli tamtejszy *college* i zostali księżmi diecezjalnymi. Mimo że Doli przecież od dawna deklaruje, że będzie księdzem, decyzja mamy nie wywołuje w nim entuzjazmu. Szkoła, jak się okazało, kształciła księży, ale z przeznaczeniem na misje. „Nie mieliśmy takiego powołania - pisze Dolindo. - Przyjęliśmy to z wielkim bólem w sercu, ale żaden z nas nie miał odwagi powiedzieć tego mamie".

Nie minął miesiąc od rozstania rodziców i przeprowadzki, jak dwaj chłopcy stanęli na progu potężnego budynku przy via Vergini 51 po drugiej stronie miasta. Dyrektorem był wtedy ks. Antonio Nota, starszy, na wpół sparaliżowany człowiek, któremu Dolindo będzie niedługo później mył nogi. Jego zastępca to z kolei kleryk, Andrea Volpe, postać dość mglista. Stanie się on nie tylko nowym dręczycielem Dolindo, ale to właśnie przez niego, już po święceniach, ks. Dolindo uwikła się w sprawę, która zaważy na całym jego życiu i sprowadzi na niego uwagę Świętego Oficjum.

Jednak pierwsze zderzenie z nowym otoczeniem przynosi - mocno już doświadczonemu życiem dziecku - ulgę. Ksiądz Dolindo pisze:

> Budynek robił wrażenie dość odświętne. W korytarzu na pierwszym piętrze przymknięte okiennice dawały cień i półmrok jakże znany mi z dzieciństwa. W głębi, na końcu korytarza stała wielka figura św. Józefa. Poczułem wielką radość i pokój, jakich nigdy przedtem nie zaznałem.

- Macie tu jeszcze figurę San Giuseppe? - pytam młodych księży na via Vergini 51. Spoglądają zdziwieni.

- Jaką?

- Stała w seminarium przez całe lata - mówię.

- Seminarium? Już go tu nie ma. Może coś w bibliotece pani znajdzie.

Młodzi wikarzy z tej parafii nie słyszeli o Dolindo.

– Nie znamy wszystkich księży, którzy się tu uczyli – tłumaczą życzliwie.

– Ojciec Pio odsyłał ludzi tutaj do ks. Ruotolo. Przed kilku laty wasz kardynał Vincenzo Sepe otwierał jego proces beatyfikacyjny... – wyjaśniam.

Wzruszają tylko ramionami. Przez chwilę waham się – czy to na pewno tutaj? Kościół Santa Maria dei Vergini, przestronny, jasny robi wrażenie świeżo wyremontowanego. Siedemnastowieczne malowidła w nawach bocznych są przysłonięte przez sztalugi z rysunkami dzieci. Widać, że tutejsza parafia żyje, ale odnoszę wrażenie, jakby ktoś wymiótł stąd kawał historii. Przy wyjściu zatrzymuje mnie tabliczka nad chrzcielnicą: „Tutaj chrzest przyjmował św. Alfons Liguori". Więc trafiłam pod właściwy adres. To w tym miejscu Sługa Boży ks. Dolindo – o czym na tabliczce nie ma już ani słowa – 20 sierpnia 1896 roku dokonał pierwszego aktu całkowitego oddania się Bogu. Ksiądz Dolindo pisze: „Skopiowałem wtedy akt oddania z jednego z dzieł św. Alfonsa". Przyszły kapłan prosi w nim o dar cierpienia. Notuje: „Każdego dnia prosiłem Jezusa o dar miłości, cierpienia, pokory, wiary, łagodności, cierpliwości i bym nie był skory do gniewu".

Z kościoła Santa Maria ai Vergini[57] w niedzielne przedpołudnie wylewa się tłum. Rodziny z dziećmi, sporo samotnych mężczyzn. Wszyscy o ciemnej karnacji, umęczonych rysach twarzy, poharatanych szorstkich dłoniach. Wielu z nich zatrzymuje się na schodach. Witają się. Spodnie na szelkach, rozpięte szerokie kołnierzyki i marynarki z lat 50. czy 60. Zupełnie jak kadr z filmów Viscontiego, Rosselliniego czy De Sici. W po-

---

57 Nazywanego też Chiesa della Missione ai Vergini.

Sutanna i płaszcz były pierwszym w życiu nowym odzieniem, które dostał Dolindo. Dotąd biegał bez butów i w za dużych ubraniach po ojcu.

wietrzu unosi się zapach świeżych ryb i owoców morza. Rozłożone na targowisku przed kościołem na stołach lub w starych kontenerach, jakby prosto z rybackich kutrów, rozchodzą się jak świeże bułeczki.

Jest 8 czerwca 1896 roku. Ten sam plac, tylko inni handlarze. Dolindo z mamą i bratem Elio, umęczeni prawie godzinnym marszem przez Neapol, obładowani tobołkami, tym razem wchodząc do Scuola Apostolica przekroczą próg nowego już życia. Dla starszego Elio będzie to pasmo udręki - chłopak wyraźnie nie ma powołania. Dla Dolindo początek drogi krzyżowej i szczęścia zarazem.

Doli tuż po wejściu dostaje nowe ubranie. „Po raz pierwszy w życiu - notuje - włożyłem na siebie koszulę". Chłopak czuje się „dostojnie".

> Wydawało mi się, że śnię, kiedy zostałem sam z tyloma kolegami wokół: było ich ponad trzydziestu i wszyscy starsi ode mnie. Płakałem jednak, bo czułem się zagubiony, i usiłowałem trzymać się blisko mojego brata Elio, dla otuchy. Wyznaczono nam miejsca do nauki i do spania. [...] W domu tym panował wielki ład i porządek. Tamtejsza cisza, spokój bardzo mi się podobały.

Chłopcy żyją wyznaczonym przez modlitwy i naukę rytmem. Ukojeniem są dla Dolindo pieśni Maryjne. „Czułem, jakby dotykały mojej duszy".

W aktach procesu beatyfikacyjnego duchowe córki ks. Dolindo zeznały, że pobyt w domu Ojców Misjonarzy[58] (Padri del-

---

58 Padri della Missione, czyli Zgromadzenie Misjonarzy św. Wincentego à Paulo, tak zwani lazaryści, których w żargonie Neapolu nazywało się „werginistami" z racji lokalizacji ich byłego seminarium przy ulicy ai Vergini (odniesienie do Najświętszej Dziewicy - Vergine Maria).

Ten obrazek z Maryją, niesiony wiatrem, przylepił się do czoła Dolindo w czasie jego modlitwy w kaplicy seminarium. Chłopak, dotąd opóźniony w rozwoju umysłowym, doznał cudownego uzdrowienia.

la Missione) był dla niego „słodkim wspomnieniem" w życiu. Że gdyby nie ten instynktowny ruch i decyzja matki, jego los mógł potoczyć się inaczej. W liście do swojej kuzynki, zakonnicy siostry Marii Ruotolo, kapłan twierdzi, że to tam przez dwanaście lat uczył się „kochać Boga ponad wszystko w świecie". Wspomina tu także o czymś w rodzaju przepowiedni – w kontekście dzieł, jakie wyszły spod pióra ks. Dolindo, czego nie mógł przy stanie swojej ówczesnej wiedzy i umysłu przeczuwać, to było proroctwo. Jego ówczesny wykładowca fizyki, profesor Cancellarlo, pewnego dnia powiedział wtedy już osiemnastolatkowi w cztery oczy: „A jeśli Bóg chce, byś był w apostolstwie wydawniczym dla chwały, ale nie według twojego zamysłu, a Jego? Idź zgodnie z Jego wolą"[59]. Z nauczycielem tym Dolindo chętnie prowadził rozmowy z pogranicza fizyki i metafizyki. „Nasze plany nie zawsze zgodne są z planami Boga – usłyszał od naukowca Dolindo. – Dlatego bądź gotowy przyjąć to, co nie jest po twojej myśli, bądź gotów przyjąć krzyż".

Mija zaledwie tydzień, odkąd Doli z bratem Elio zamieszkali w Scuola Apostolica. Obaj przerabiają program drugiej klasy gimnazjum. O ile dla starszego Ruotolo nauka to mniejszy problem – ma dużo większy kłopot z dostosowaniem się do otoczenia, tęskni za mamą i rodzeństwem – to dla Dolindo jest to poprzeczka nie do przeskoczenia. Ma świadomość ułomności, swojego „kretynizmu"[60]. Niewiele rozumie, przedmioty – od ścisłych, po literaturę czy wprowadzaną już na tym etapie edukacji teologię – to dla niego czarna magia (Doli trzykrotnie powtarzał

---

[59] *Testimonianze preliminari per la introduzione della Causa di Beatificazione del sacerdote Don Dolindo Ruotolo*, quaderno 6.4.1950–4.1.1952, w: Dolindo Ruotolo, *Fui chiamato Dolindo*, s. 36.

[60] Ksiądz Dolindo z uporem używa wobec siebie tego określenia.

pierwszą klasę). Być może to efekt uszkodzenia umysłu, psychicznych zaburzeń powstałych w wyniku bicia go przez ojca przez czternaście lat życia. Chłopak jest świadom, że nie jest w stanie ukończyć żadnej szkoły, więc tym bardziej nie będzie mógł zostać księdzem. W jaki sposób zatem kilka dekad później napisze trzydzieści tomów komentarzy do Pisma Świętego? Tekstów, które w niczym nie ustępują tym pisanym przez najwybitniejszych teologów?

Jest 15 czerwca 1896 roku. W kaplicy Scuola Apostolica trzydziestu młodych neapolitańczyków odmawia Różaniec. Dolindo w stroju kleryka klęczy w jednej z ławek. Wpatruje się w oparty o książkę obrazek z Matką Bożą.

„O, moja słodka Mamo - modli się - jeśli chcesz, bym został księdzem, daj mi rozum i inteligencję, widzisz przecież, że jestem kretynem".

Na klęczkach zapada w krótką drzemkę. Nagle otwiera się okno kaplicy, podmuch wiatru czy też „jakaś specjalna łaska" unosi obrazek. „Dotknął mojego czoła, a ja obudziłem się jakby ze snu z moim ubogim umysłem gotowym i oświeconym"[61].

Od tamtego zdarzenia chłopak jest jakby „inny". Czyta i chłonie wiedzę, zabiera głos w dyskusjach, pisze i komponuje. Wtedy powstają poematy, dramat o Bożym Narodzeniu, szkicuje konferencje o zadaniach i powołaniu księży. Co ciekawe, jasność i sprawność umysłu otrzymuje tylko w kwestiach teologii, tych wszystkich, które dotyczą Boga. „Jeśli chodzi o resztę spraw, nadal pozostawałem autentycznym kretynem" - pisze.

---

[61] Ksiądz Ruotolo opisuje ten moment na odwrocie wspomnianego obrazka, którego oryginał przechowują zakonnice w Apostolato Stampa w Neapolu. Dodaje w autobiografii: „Łaska wzmocniła we mnie swoje działanie w czasie dwóch kolejnych spowiedzi: 5 kwietnia 1898 roku oraz 5 maja 1899 roku". Nie wchodzi jednak w szczegóły.

Za to w przedmiotach, które potrzebne są do tego, by został księdzem, bryluje. Wspomina:

> W szkole zacząłem być aktywny i zgłaszać się jako pierwszy. Mówiłem o filozofii, używając fachowych określeń, mimo że nigdy przedtem nie uczyłem się niczego z tej dziedziny, pisałem całe rozprawy, które nauczyciele czytali ze zdziwieniem. Zaczęto na mnie wołać „encyklopedyk".

To nagłe, cudowne, oświecenie Dolindo wywołuje zazdrość jego kolegów. Niektórzy próbują za wszelką cenę zdyskredytować go w oczach przełożonych. Rzucają oszczerstwa. Ale Dolindo nigdy się nie broni, przyjmuje każde upokorzenie. Ma w tym - jak sam pisze - jakiś rodzaj upodobania. Dużo modli się za tych, którzy mu dokuczają.

Po trzech latach dyrektor szkoły dopuszcza Dolindo do nowicjatu. „Zapewniam was, Ruotolo to prawdziwy święty!" - mówi w czasie uroczystości.

Jako nowicjusz jest odpowiedzialny za światło przy tabernakulum. Lampka przy Najświętszym Sakramencie dość często gaśnie ze względu na słabej jakości olej.

> Poprosiłem więc o pomoc Anioła Stróża, by budził mnie w nocy, ilekroć płomień będzie gasł. Czułem, jakby ktoś mnie budził, czasem kilka razy, zrywałem się i biegłem do kaplicy, płomyk faktycznie przygasał. Pewnej nocy jednak wyraźnie poczułem, że ktoś mocno szturcha mnie w prawe ramię. Usłyszałem wyraźny głos - do dziś wciąż rozbrzmiewa w moich uszach: „Dolindo... lampa!".[62]

---

62 Podobną relację z Aniołem Stróżem ma mama Dolindo; Silvia każdego dnia prosi Anioła o budzenie, by zdążyć przygotować dzieci do szkoły, zrobić mężowi

Nowicjusz spędza coraz więcej czasu blisko tabernakulum. Rozmyśla nad dzieciństwem i Pasją Jezusa. Odmawiając Różaniec, najczęściej rozważa tajemnice bolesne. Jako dziewiętnastolatek zaczytuje się w książkach Carlo Casalicchio, neapolitańskiego jezuity piszącego o ranach Jezusa[63].

Kiedy w kaplicy nie ma Najświętszego Sakramentu, Dolindo biegnie do kościoła. Zgłasza się, by móc przynajmniej asystować przy przenoszeniu Jezusa do kaplicy.

„Byłem jednak wtedy całkowicie oddzielony od świata – notuje. – Z rodziną widywałem się dziesięć minut w ciągu miesiąca, takie były reguły, rosła więc we mnie tęsknota za Rajem, pragnąłem umrzeć".

W tym czasie ważną postacią jest dla niego dyrektor nowicjatu, Bernardo Ruggiero, elegancki, pochodzący z Sorrento poeta. „Bardzo mnie lubił i cenił, ale nie pokazywał mi tego, a wręcz traktował mnie naprawdę oschle". Dolindo pisze o jego wielkoduszności, ale i trudnej do zniesienia nerwowości. „Kiedy orientował się, że przesadził z nerwami, nie miał oporów, by prosić nas o wybaczenie. Klękał wtedy przed nami nowicjuszami na kolanach i przepraszał. Dawał nam tym sposobem solidną lekcję pokory". Dolindo później dosłownie kopiuje tę postawę, choć w sposób heroiczny: klęka i prosi o wybaczenie... swoich oprawców.

Dwa lata formacji w nowicjacie to głównie czas dla ducha. Dolindo krytycznie odnosi się to tego okresu – zamiast ćwiczyć

---

kawę, pobiec do kościoła i przyjąć Komunię.

63 Dolindo chłonie książkę Casalicchia *Gli stimoli al santo amore di Dio e delle santissime piaghe di Gesù* wydaną w 1692 roku. A także inną *Gli stimoli all'amore della Croce e del patire e della frequente Comunione.* Ta ostatnia traktuje o częstym przystępowaniu do Komunii. Z niej czerpie Dolindo prorocze przekonanie, że Kościół powinien dopuścić wiernych do Komunii w Wielki Piątek. Jest za to krytykowany, nikt nie przypuszcza, że staje się on prekursorem reformy liturgicznej Soboru Watykańskiego II.

Dolindo wstąpił do Wspólnoty Misjonarzy, gdzie 1 czerwca 1901 roku złożył śluby ubóstwa i wytrwałości w zgromadzeniu pełniącym posługę ewangelizowania ubogich. W 1906 roku przyjął święcenia kapłańskie.

nowicjuszy w miłości do Boga, w relacji z Nim, cała uwaga jest skierowana na reguły i wszystko to, co porządkuje życie wewnątrz budynku. Surowy tryb życia, pełna kontrola nad czasem nowicjuszy (mogą wychodzić tylko raz na dwa tygodnie na półgodzinny spacer najbardziej zatłoczonymi ulicami miasta) nie przerażają Dolindo tak, jak ograniczenia choćby w przystępowaniu do sakramentów. „Nie wolno było na przykład trzy dni pod rząd iść do Komunii". Przetrwał ten czas dzięki „Komunii duchowej z Jezusem, ciągłej i coraz głębszej" - jak pisze.

Po dwóch latach Dolindo dostaje się na studia. To czas większej swobody, nie trzeba „prosić o pozwolenie na napicie się wody czy na zejście do rozmównicy". Jego przełożony, prefekt studiów, ks. Giovanni Conte, jest przeciwieństwem dyrektora nowicjatu. Ciepły i otwarty, „pozwala się kochać jak ojciec". On nauczy swoich studentów miłości do ubóstwa i ubogich (każdy ze studentów może prosić o potrzebne mu rzeczy, z wyłączeniem nowej sutanny). Dolindo czuje się dobrze na studiach, ma swój pokój - pierwszy raz w życiu. Pełen słońca, tak jak lubi, i świeżego powietrza. I coraz więcej kłopotów z nauką. Prosi o specjalne pozwolenie, by móc wstawać o trzeciej nad ranem i się uczyć. Matematyka, fizyka, historia - Dolindo nie jest w stanie pojąć niczego poza teologią, dla której dostał światło od Matki Bożej. „Kiedy zbliżał się termin egzaminów - wyznaje Dolindo. - Spędzałem coraz więcej czasu w kaplicy przed Najświętszym Sakramentem. Bo pomoc przychodziła tylko od dobrego Jezusa". Przy każdym egzaminie powtarza się ten sam schemat: wykładowca zadaje pytanie i następnie losuje ze skrzynki nazwisko studenta, który na nie odpowie. Nazwisko Ruotolo, dzięki modlitwie, za każdym razem wypada dokładnie wtedy, kiedy zakonnik faktycznie zna odpowiedź na dane pytanie.

W czasie studiów Dolindo jest szanowany, a z racji niskiego wzrostu - ma 163 cm - dostaje przydomek „Papa". Jako autorytet rozstrzyga wszystkie spory. Sam określa ten czas jako okres zbytniego komfortu. Tymczasem przecież „żyje tylko dla Krzyża". „Poza Krzyżem moje życie jest bezproduktywne, ponieważ grzeszę i jestem źródłem nieszczęść". Są to także lata spięć z bratem Elio. Starszy Ruotolo przeżywa poważne kryzysy nerwowe.

1 czerwca 1901 roku, w sobotę, Dolindo składa śluby we Wspólnocie Misjonarzy, śluby ubóstwa, czystości, posłuszeństwa i wytrwałości w zgromadzeniu z obowiązkiem ewangelizowania ubogich na misjach we wsiach. Ceremonia jest prosta: po odczytaniu formuły braterski uścisk i - jak notuje sam Dolindo - eksplozja radości. „Jeden z moich kolegów aż skakał, tak się cieszył, że zostałem przyjęty [do grona Misjonarzy]". Według relacji córek duchowych i świadków życia o. Dolindo zebranych w toku procesu beatyfikacyjnego wynika, że najbardziej angażował się wtedy w ewangelizację ubogich. Nigdy nie przyjmował za głoszenie rekolekcji żadnych pieniędzy, ani w zakonach, ani w parafiach. I tak robił do końca życia. Mimo skrajnego ubóstwa, w jakim żył.

„W 1903 roku poprosiłem o pozwolenie na wyjazd do Chin, na misje" - pisze Dolindo. Jest wówczas zafascynowany św. Giovannim Gabriele Perboyre, francuskim misjonarzem, który także należał do Zgromadzenia Księży Misjonarzy św. Wincentego à Paulo. „Jego historia zapadła głęboko w moje serce od czternastego roku życia, dlatego chciałem być jak on[64]" - wyznaje. I dalej:

---

64 Dolindo Ruotolo, *Amore, Dolindo, Dolore. Pagine autobiografiche del sacerdote Dolindo Ruotolo*, Apostolato Stampa, Casa Mariana Editrice, Napoli 2001, s. 198.

Miałem nadzieję, że zostanę wreszcie męczennikiem krwi[65]. Elio dowiedział się o tym i aż trudno opisać, co wyprawiał przeciwko mnie z tego powodu. Wizytator na moje podanie zareagował tak: [...] Będziesz męczennikiem, ale serca, a nie krwi. Zostajesz tutaj i więcej do sprawy nie wracamy.

To nie jedyna zapowiedź późniejszych wydarzeń w życiu Dolindo. W autobiografii opisuje on także inny szczegół. Choć związany z żartem, okazał się gorzkim proroctwem...

Studiowaliśmy prawo kanoniczne, a szczególnie kwestie dotyczące procesów. W wolnym czasie koledzy zabawili się w Święte Oficjum i oskarżyli mnie o... herezję. Zwołali trybunał, by mnie osądzić. Broniłem się, ale odrzucono moją obronę. Skazali mnie i ekskomunikowali, a karą było wyrzucenie mnie z sali rekreacji.

Choć wszystko to było zabawą, Dolindo w niewytłumaczalny wtedy sposób mocno to przeżywa. Do tego stopnia, że przez kolejnych osiem dni leży z wysoką gorączką... „Kto wtedy mógł przypuszczać, że [...] za kilka lat trafię właśnie przed samo Święte Oficjum!".

---

[65] Ojciec Dolindo tłumaczył to tak: „Kocham i kochałem męczenników Kościoła, ponieważ oddali życie dla Boga i prawdy".

Śmierć ojca

Od kiedy Elio i Dolindo mieszkają i uczą się u Ojców Misjonarzy, matka przyszłych kapłanów przeprowadza się z pozostałą ósemką dzieci z mieszkania brata do Secondigliano, na obrzeża Neapolu. Ojciec wciąż mieszka przy via Nilo 26, w centrum starego miasta. Podobno kilkakrotnie próbuje scalić małżeństwo. Jest już na to zdecydowanie za późno. Silvia, czemu trudno się dziwić, zwyczajnie się boi. Rafaele przeżywa czas autentycznego cierpienia i szybko z tego powodu zapada na chorobę, która – jak pisze Dolindo – „zaprowadzi go do grobu". Przez ostatnie miesiące życia często odwiedza syna u werginistów. Jako już misjonarz Dolindo może często widywać się z rodziną.

„Pewnego razu – notuje w autobiografii – tata uczestniczył we mszy śpiewanej, do której asystowałem jako kleryk. Po Mszy zastałem go w ławce zanoszącego się szlochem". Rafaele przez łzy spojrzał na syna: „Zobaczyłem, że jesteś taki skromny, przykładny i poukładany. Myślisz, że płaczę z radości? Nie, płaczę z obaw, że ta twoja zewnętrzna postawa nie czyni twojej duszy sterylną i pełną cnót".

Pokorny kleryk zapamięta na całe życie także te słowa ojca: „Nie szemraj, nie oceniaj innych, nigdy tak nie rób". To z pewnością jeden z rysów jego świętości: cokolwiek usłyszy od innych, a szczególnie od osób, które wyrządziły mu krzywdę, przyjmuje to za dobrą monetę i jest za to wdzięczny. Dolindo widzi w każdym człowieku, bez wyjątku, odbicie twarzy Boga. Choć przyznaje szczerze, że kosztuje go to czasem wiele wysiłku i wewnętrznej walki. Pisze:

> Moja miłość do rodziców pogłębiła się, od kiedy bardziej pokochałem Boga; miłość, jaką do nich żywiłem przedtem, była wyrazem naturalnej wrażliwości dziecka; kiedy jednak Jezus nauczył mnie, że czcząc rodziców, oddaję cześć także Jemu, pokochałem ich mocniej [...]. Teraz, kiedy całuję mamę, robię to z większym uczuciem, bo czuję, jakbym całował twarz samego Boga.

Relacja z ojcem uporządkuje się tak naprawdę dopiero po śmierci Rafaele, bo wtedy, z czyśćca, poprosi on Dolindo o wybaczenie i pomoc.

Ostatnie dwa lata życia pan Ruotolo jest niemal unieruchomiony. W następstwie nagłego wstrząsu epileptycznego całkowicie traci czucie w prawej części ciała. W tej sytuacji Dolindo próbuje wpłynąć na mamę, by wybaczyła ojcu. Silvia ostatecznie na to przystaje, ale dopiero po ingerencji ks. Volpe, duchowego ojca ks. Dolindo. To właśnie ten człowiek już za chwilę odegra kluczową rolę w życiu Dolindo. Niestety – tragiczną. Teraz jednak udaje mu się doprowadzić do pojednania rodziców Ruotolo. Mama Dolindo opiekuje się w połowie sparaliżowanym mężem w Secondigliano.

Jest 17 lipca 1902 roku. Wczesnym rankiem Rafaele ma duszności i dostaje ostrej biegunki. Jego stan pogarsza się z godziny na godzinę. Elio i Dolindo zdają właśnie egzaminy, kiedy na salę wbiega przełożony, krzycząc: „Szybko! Wasz ojciec umiera".

Chłopcy nie zwlekają.

Nasz widok przyniósł tacie wyraźną ulgę, był bardzo wzruszony. Doskonale zdawał sobie sprawę, w jakim jest stanie, poprzedniego wieczora znakiem krzyża na czole pożegnał się z każdą z naszych sióstr i z mamą. Otrzymał sakramenty, choć nie pamiętam, czy dopuszczono go do Komunii. Mniej więcej w południe zaczęła się agonia. Była bolesna i trwała osiemnaście godzin.

Dolindo razem z bratem Elio oraz księdzem z tamtejszej parafii cały czas czuwają i modlą się przy Rafaele. Kiedy ojciec na chwilę odzyskuje przytomność, Dolindo nalega, by szybko wyszeptał akt oddania się Bogu.

Zapadła głęboka noc... Na ulicy z pianina wydobywał się po raz enty żałobny dźwięk pieśni, który wypełniał moją duszę smutkiem. Niebo było pogodne, a z oddali dochodził do nas świeży podmuch wiatru. Wciąż jeszcze czuję jego smugi. Widziałem ulotność wszystkiego, co ludzkie. Następnego dnia, 18 lipca, około piątej po południu, tata wydał ostatnie tchnienie. Odszedł pogodnie. Nie zapłakałem, a jedynie modliłem się i próbowałem wesprzeć innych, bo wszyscy płakali. Ja szlochałem dopiero później, łzy płyną mi nawet teraz, kiedy to piszę.

Po śmierci o. Dolindo jest nerwowy, niecierpliwy, ale przyznaje też, że odczuwa wewnętrzną ulgę. Przy czym jest świadomy, że byłoby to niebezpieczne uczucie, „gdyby na czas nie zostało zahamowane przez surowe napomnienia, jakie otrzymałem". I dodaje zaraz:

> Jeśli ludzkie serce pozwoli się opanować przez jakiś jeden choćby defekt i na czas nie zostanie on zniweczony, to serce staje się ofiarą tego zła. Zło jest niczym postępujący paraliż, który powoli ogarnia duszę i prowadzi ją ku śmierci.

Niestety z odejściem Rafaele pogarsza się i tak dramatyczny stan finansowy rodziny Dolindo. Silvia nie otrzymuje już alimentów, zostaje jej na życie 40 lirów miesięcznie. „Tym sposobem moja rodzina, uciekając przed krzyżem nerwów taty, popadła w jeszcze większy zamęt. Zawsze się tak dzieje" - kwituje Dolindo.

Prześladowany

Przechodząc obok kaplicy, gdzie wystawiony był Najświętszy Sakrament, czułem, jakbym rozpływał się z miłości i nie potrafiłem ruszyć się z miejsca.

ks. Dolindo

Najdroższa Mamusiu,
Piszę do Ciebie, by oznajmić Ci wspaniałą wiadomość. Nie wiesz, że miałem być wyświęcany 9 lipca; a wtem błogosławiony Jezus odwrócił bieg wydarzeń, tak by w czerwcu, miesiącu dedykowanym Jego Najświętszemu Sercu, do którego Mama wznosiła tyle razy w czasie naszego dzieciństwa modlitwy, dać jej kolejnego Księdza.[66]

---

66 Starszy brat ks. Dolindo, Elio, jest już wyświęcony; cytując list Dolindo, zachowuję wielką literę w wyrazie „ksiądz” - autor stosuje ją konsekwentnie, by okazać szacunek dla kapłanów.

- pisze Dolindo w liście do Silvii Ruotolo[67].

To jeden z setek jego listów do mamy - Dolindo będzie pisał do niej nawet z więzienia Świętego Oficjum w Rzymie - ale jeden z niewielu, przez który zdecydowanie przebija radość, wręcz euforia.

Z racji wieku młody kleryk potrzebuje zgody Rzymu na wcześniejsze święcenia. Dzięki staraniom przełożonych udaje się otrzymać dyspensę maksymalną, a więc osiemnaście dni. Ostatecznie wszystko odbędzie się 24 czerwca, w dzień św. Jana Chrzciciela.

„Jak bardzo jestem szczęśliwy, tylko Ty, mamo, możesz sobie to wyobrazić", pisze w tym samym liście Dolindo. I dodaje:

> Gorąco proszę Cię, najdroższa mamo, i wszystkich w domu, zaczynając od Marii, Cristiny, Bianchi aż po Eucaria, byście polecali mnie mocno dobremu Jezusowi, by dał mi promyk Swojej miłości i odrobinę Swojego boskiego Ducha, abym przezwyciężając wszystkie diabelskie przeszkody, mógł wejść bardziej godny na Jego ołtarz i zwrócić się do Niego, po raz pierwszy trzymając Go w dłoniach, prosząc o pełnię błogosławieństw i łask, które wierzę, że spłyną na mnie, na Ciebie mamo i na wszystkich w domu [...].
>
> Twój kochający syn, diakon Dolindo Ruotolo,
> przyszły kapłan Misji.

W dniu święceń Dolindo modli się, by „nie ulec emocjom i zamętowi". Jest skupiony, by ceremonia przebiegła dokładnie

---

67 List z dnia 9 lipca 1905 roku, w: Dolindo Ruotolo, *Epistolario*, Vol. 3: *Lettere ai familiari*, Apostolato Stampa, Napoli 1995, s. 3. To jeden z setek albo i tysięcy listów, jakie kapłan ten za życia wysyłał do rodziny i córek oraz synów duchowych. Najwięcej jest listów do mamy oraz sióstr.

tak, jak to przewidziano, „by święcenia były ważne". Jest oszczędny w relacji z tego dnia: „Poczułem się innym człowiekiem. Sakrament Kapłaństwa, jego święty charakter odczułem w sposób, którego nie umiem opisać słowami".

25 czerwca, w upalny letni dzień, nad zatoką neapolitańską wisi rozpalone słońce. Za chwilę ks. Dolindo odprawi Mszę prymicyjną. Długo czekał na ten moment. W zakrystii kościoła Santa Maria dei Vergini do ołtarza przygotowuje się też jego starszy brat Elio oraz ich przełożony, ks. Giovanni Morino. Dolindo czeka jeszcze na mamę i rodzeństwo. Przygotowana dla nich ławka wciąż jest pusta. Niestety powóz, który ma ich przywieźć z Secondigliano do Neapolu, spóźnia się.

Msza powoli dobiega końca. Ksiądz Dolindo udziela Komunii Świętej ostatniej osobie. Już ma się odwrócić w stronę ołtarza, kiedy do kościoła wbiega zdyszana Silvia Ruotolo. Idzie prosto do schodów ołtarza, pierwszy raz widzi syna, który zawsze asystował jej przy porannym parzeniu kawy i modlitwie, którego zabierała na Msze do Gesù Nuovo, który wyczekiwał na nią cierpliwie przy konfesjonale, teraz z kielichem z komunikantami w dłoniach. Spoglądają na siebie zaszklonymi oczami. Doli bierze w dłonie hostię. To jakby odwrócenie wydarzeń z dzieciństwa... I tym razem długo czekał na mamę, ale nie musi już wspinać się na paluszki. Teraz to on daje mamie poczuć smak żywego Jezusa.

Pierwszy egzamin, do którego podchodzi jako kapłan, dotyczy spowiedzi – zdaje go publicznie w kurii neapolitańskiej. Szybko też zostaje nominowany wykładowcą śpiewu gregoriańskiego oraz opiekunem kleryków w Szkole Apostolskiej. Wykłada arytmetykę w czwartej i piątej klasie gimnazjum oraz historię, geografię i grekę. Zważywszy na kłopoty, jakie miał w dzieciństwie z nauką i zrozumieniem czegokolwiek, to w jego życiu rewolucja.

Wprowadza też - z własnej inicjatywy - do programu studiów kurs etykiety. Uważa, że ksiądz musi być dobrze wykształcony i ułożony, trzeba od niego wymagać więcej niż od innych.

Na korytarzach seminarium i Szkoły Apostolskiej najczęściej przechadza się z *Boską komedią* Dantego pod pachą, zaczytuje w *Historii Rewolucji Francuskiej* Lamartine'a. Ksiądz Dolindo twierdzi jednak, że wszystko to rozprasza jego duszę. „Pozostawała we mnie miłość do Jezusa Sakramentalnego, ale dusza moja była oblodzona, a w moim sercu panowała zima" - podsumowuje pierwsze miesiące kapłaństwa.

W autobiografii sporo jest głębokich przemyśleń, choć wydaje się, że kapłan pewne rzeczy po prostu wie. „Kiedy dusza kocha Boga, jest na krzyżu; kiedy spoczywa w stanie zamrożenia, jest wtedy łasa na ludzkie sympatie i pozostaje w sterylnym i lodowatym śnie zimowym"[68].

W tym okresie, o czym ks. Dolindo dowiaduje się dużo później, jego nazwisko pojawia się wśród kandydatów na biskupa. Jest lubiany, energiczny, błyskotliwy i wie, jak się bronić. Chwilami bywa też niecierpliwy. To ksiądz, którego wszyscy szanują, liczą się z nim. „Nikt jednak - pisze - nie zwracał mi uwagi, nie napominał mnie. Nie zdawałem sobie sprawy z *de facto* opłakanego stanu mojej duszy".

Wszystko dość szybko się zmieni. Ksiądz Dolindo dostaje stanowisko mistrza śpiewu gregoriańskiego kleru Neapolu. Rośnie zazdrość kilku jego kolegów, którzy skutecznie dyskredytują go wobec przełożonych. Padają absurdalne oskarżenia jakoby bardziej poświęcał się muzyce niż sprawom wiary. „Dziwne. Skoro nominowano mnie jako maestro śpiewu, było rzeczą naturalną, że robiłem wszystko, by jak najlepiej spełniać tę funkcję" - pisze

---

[68] Dolindo Ruotolo, *Fui chiamato Dolindo*, s. 77.

Dolindo. Wie doskonale, że jego głównymi oponentami są księża, którzy od dawna nie mają zadań duszpasterskich. „Tacy w najlepszym wypadku stają się faryzeuszami i wszędzie widzą zło". Ale „Bóg przez ludzką krótkowzroczność niektórych pielęgnuje dusze swoich przyjaciół".

Ksiądz Dolindo próbuje pisać pierwsze utwory. Jeden z jego kolegów odwiedza go w pokoju, zaskoczony widokiem nut i tytułem *Męczennicy* i zazdrosny natychmiast powiadamia o tym przełożonych. Nie wiadomo, co dokładnie im mówi, jednak reakcja wydaje się niewspółmierna do „winy". Ksiądz Dolindo nie tylko dostaje zakaz pisania nut, ale i... nakaz opuszczenia Neapolu. Doświadcza „pustki i pychy ludzkiej". Oraz bezwzględności - najbardziej przeżywają to mama i brat Elio. Plotka głosi bowiem, że młody ks. Dolindo dostał reprymendę i naganę przełożonych z powodu „niesubordynacji". To nie pierwszy absurd w życiu tego świętego kapłana.

Zanim faktycznie opuści Neapol, sprawy nieco się skomplikują.

Jest 3 maja 1906 roku, święto Znalezienia Krzyża[69], dzień kiedy ks. Routolo „odnalazł swój prawdziwy Krzyż". Około ósmej rano ks. Dolindo idzie do kościoła, by odprawić Mszę. Na schodach staje przed nim ks. Volpe. Nie widzieli się od prawie sześciu lat - ostatnio kilkanaście miesięcy przed śmiercią Rafaele Dolindo.

- Widzę, że się zmieniłeś - przyjrzał mu się ks. Volpe. - Nie jesteś już tym samym, co kiedyś.

Następuje krótka wymiana zdań. Słowa ks. Volpego są dla młodego kapłana ostre jak brzytwa. Jak pisze, są „zaproszeniem na krzyż". „Nie pamiętam dokładnie ich brzmienia, ale coś się we mnie na nie głęboko poruszyło" - dodaje Dolindo.

---

69 Przed Soborem Watykańskim II obchodzono dwa święta: Znalezienia Krzyża (3 maja) i Podwyższenia Krzyża (14 września). Po reformie zostawiono tylko to drugie.

> Pan zatrzymał mnie na drodze i ustami Kapłana powiedział mi, że niesie swój krzyż, zaprosił mnie, bym go przytulił, chce mi go dać. Zaprosił mnie też do zmiany życia, tak, bym był bardziej godny nieść ten krzyż. [...] Jezus, powołując apostołów, też zwraca się do nich jednym słowem, tak, że czują w sobie głębokie poruszenie, wewnętrzną zmianę, widzą nowy horyzont.

Pojawienie się o. Volpe jest z ludzkiego punktu widzenia przekleństwem dla młodego księdza, ale jednocześnie także błogosławieństwem. Dokładnie tak widzi to Dolindo. Po 3 maja „łaska zaczyna pracować w jego wnętrzu powoli, ale z dużą siłą". Ojciec Volpe poniża Dolindo. Nakazuje mu milczeć w czasie wolnym. „Jeśli cokolwiek powiedziałem, przerywał mi brutalnie [...]. Traktował mnie nie tylko jako osobę niższą od niego, ale jak robaka". Ksiądz Dolindo znosi to w pokorze. Nie wie jeszcze, że czekają go ze strony ks. Volpe gorsze poniżenia. Kapłan ten przez czas nieobecności w Neapolu był przełożonym Domu Misjonarzy w Katanii na Sycylii. Dyscyplinarnie przeniesiono go z powrotem pod Wezuwiusz. Historia z Katanii za chwilę dotknie i samego ks. Dolindo. Pewnego dnia w czasie spaceru wyludnionymi uliczkami San Martino w Neapolu usłyszy ją po raz pierwszy. Na Sycylii ks. Volpe jest spowiednikiem pewnej kobiety, która utrzymuje, że ma apokaliptyczne wizje: triumfujący grzech, także w Kościele, prześladowania chrześcijan, apostazja wielu narodów, wojny. Przerażona w modlitwie pyta Jezusa, jak to się wszystko skończy. W odpowiedzi słyszy: „Wielkim aktem Mojego Miłosierdzia". Sycylijka widzi aniołów i świętych zanurzonych w ekstazie uwielbienia Boga, widzi, że przygotowuje On wszystko, by odnowić świat w Chrystusie przez zwycięstwo Jego Kościoła. Przedtem jednak Jezus będzie musiał raz jeszcze przeżyć Mękę.

Rewelacje te ks. Dolindo przyjmuje z dużym dystansem. Ksiądz Volpe jest dla niego człowiekiem modlitwy i wielkiego ducha. Mimo iż dopuszcza się poniżania młodszego od siebie księdza, ten jest ciągle w niego wpatrzony. Dolindo w tym momencie życia jest wyraźnie sceptycznie nastawiony do objawień, wizji, ekstaz, a nawet cudownych uzdrowień. Czuje do takich opowieści wyraźną awersję. Ale też nigdy nie osądza, nie neguje ich. Nie filtruje ich przez ludzkie rozumowanie. Pisze: „Od nadzwyczajnych dróg wolę i zawsze wolałem życie zwykłe, proste i we wspólnocie", ale dodaje:

> Wierzę we wszechmoc Boga, błogosławię ją, wzruszam się nią [...]. Światła Boga nie sposób dostrzec przez aroganckie rozumowanie, ale przez świętą pokorę [...]. Bóg nigdy nie objawia swojego światła nadprzyrodzonego tym, którzy gotowi są go osądzić, podważyć.

Niedługo potem ks. Volpe otrzymuje list od kobiety z Katanii, która twierdzi, że w czasie jednej z wizji zobaczyła ks. Dolindo. Kapłan nie przywiązuje do tego wagi. Jednak już wkrótce ks. Volpe wciągnie go w historię podobną do tej, którą opisała kobieta. A to z kolei ściągnie na obu księży zainteresowanie mediów, a potem Kościoła.

Tymczasem obaj na polecenie przełożonych mają pojechać do Taranto, jeszcze bardziej na południe Włoch. Ksiądz Dolindo Ruotolo został mianowany ojcem duchownym tamtejszego seminarium, a ks. Andrea Volpe miał być jego przełożonym.

Seminarium w ruinie

Są rośliny, które wzrastają tylko w czasie burzy, inne jedynie w mule, w stojących wodach; są i takie które rosną tylko w dolinach, inne na wzgórzach... Dusza moja jest jak kwiat Męki: rozkwita tylko w świetle Męki, w niepokoju.

ks. Dolindo

Nastał 3 listopada 1906 roku. To dzień pierwszej mojej podróży i wyjazdu poza Neapol. Przełożony i ja byliśmy jak dwa przeciwieństwa: on energiczny, pełen ognia, praktyczny; ja głupia bidula, poblokowany wewnętrznie, do niczego niezdolny i całkowicie ignorujący życie.

Stacja kolejowa. Zajęliśmy miejsca w pociągu jeden naprzeciw drugiego. Pociąg powoli oddalał się od Neapolu; z zadziwieniem wpatrywałem się w migające przed moimi oczami krajobrazy... Pozdrawiałem Jezusa Sakramentalnego. Przeczuwałem Jego obecność w kościołach, które mijaliśmy, z daleka dostrzegając tylko ich dzwonnice. Z nostalgią myślałem o tych, którzy siedzieli zamknięci w swoich domach na wzgórzach i... nie ruszali się z miejsca. Modliłem się i milczałem. Cóż za smutna monotonia - podróż! Rozmyślałem nad życiem człowieka, egzystencją, gdzie wszystko jest tak tymczasowe, ulotne, szybko mija...

Taranto to urokliwe stare portowe miasto w Apulii, na samym obcasie włoskiego buta. Ważny port wojenny i handlowy Morza Śródziemnego. Od Neapolu dzieli go prawie trzysta pięćdziesiąt kilometrów, dystans, który dziś można pokonać w niecałe trzy godziny samochodem, pociągiem aż do sześciu. Ksiądz Dolindo prawdopodobnie spędził w podróży ponad dziesięć godzin. Z ks. Volpe wjeżdżają do miasta późnym wieczorem. Pierwsze kroki kierują do arcybiskupa Pietro Alfonso Iorio, ówczesnego metropolity diecezji Taranto, który uchodził za otwartego człowieka. Jako jeden z pierwszych we Włoszech wprowadził Akcję Katolicką na terenie swojej diecezji.

Niestety Taranto umiera duchowo, w kościołach wieje pustkami, mało kto przystępuje do sakramentów. Tamtejsze seminarium jest w rozsypce. Trzystu seminarzystów, jak twierdzi arcybiskup Iorio, jest na skraju moralnego upadku. Przed ks. Dolindo i Volpe próbowali zaradzić temu misjonarze z Francji. Uciekli jednak przytłoczeni i zniesmaczeni. Neapolitańczycy wydają się ostatnią deską ratunku[70]. Na powitanie usłyszą w wykonaniu kleryków... *Requiem aeternam*.

Przydzielono mi pokój z widokiem na morze. To było dla mnie coś zupełnie nowego. Niebo lśniło od gwiazd, woda rozbijała się o skały. Byłem sam. Czułem się takim nieudacznikiem i tak maleńki. Modliłem się do Boga przed tym niepojętym spektaklem,

---

[70] Dziś seminarium w Taranto już nie istnieje, zostały tylko ruiny.

jakim były morze i nicość, jaka tliła się w mojej duszy. 3 listopada wkroczyłem jakby w kolejny nowicjat. W nowicjat unicestwienia.

Jako ojcowie duchowni seminarzystów neapolitańczycy mają prowadzić ćwiczenia duchowe. Ksiądz Dolindo ma już za sobą porządną praktykę. Jeszcze w Neapolu był znany z doskonałych, mocnych kazań. Jedno z nich, o Raju, zyskało szczególne uznanie przełożonych.

- Pokaż mi no te swoje słynne kazanka - pewnego wieczoru mówi o. Volpe tonem nieznanym wcześniej ks. Dolindo.

Dolindo posłusznie podaje plik zapisanych kartek.

- Gdzie masz to o raju? - niecierpliwie przerzuca kartki ks. Volpe. - Jest! Czytaj.

Po kilku zdaniach ks. Volpe wyrywa arkusz z rąk ks. Dolindo i gwałtownym ruchem rozrzuca zapiski w powietrze. Skrzętnie poukładane rękopisy opadają na podłogę jak liście.

- Te twoje kazania są nic niewarte, dosłownie nic. Nie możesz ich wygłaszać. Tylko ja będę prowadził ćwiczenia, ty będziesz stał za mną w kaplicy - mówi oschłym i stanowczym tonem ks. Volpe, przydeptując nogą kilka rozsypanych na podłodze stron z notatkami Dolindo.

To był dla mnie bolesny cios i dość mocno go odczułem. Prowadzić ćwiczenia duchowe, nie przepowiadając Słowa... Przecież po to przyjechałem do Taranto. To było poniżenie i unicestwienie mnie przed arcybiskupem i seminarzystami. I trudno uwierzyć, jak wiele poświęcenia mnie to kosztowało. Zamilkłem i wszystko oddałem Panu. [...] Czułem, jak buzują mi nerwy, miałem ochotę krzyczeć, czułem potworną awersję do ks. Volpe.

Ksiądz Dolindo musi stoczyć walkę wewnętrzną. Kiedy ks. Volpe wchodzi do kaplicy, ks. Dolindo służy mu, podając płaszcz, kiedy głosi Słowo – Dolindo siada w ławce z seminarzystami. „W duszy szeptałem: Boże, błogosław Mu, daj mu światło i słowo, niech zasieje dobry owoc". Powtarza tę krótką modlitwę codziennie przez cały czas trwania kazań ks. Volpe. Tylko tak potrafi przetrwać.

> Demon kusił mnie, bym nie schodził do kaplicy, żebym nie podawał płaszcza ks. Volpe, [...] ale z łaską Boga udawało się zwyciężyć. [...] Ten czas był okresem bezruchu i bezczynności zewnętrznej dla ludzi, ale jednocześnie etapem silnej burzy wewnętrznej.

Ksiądz Volpe coraz intensywniej pastwi się nad ks. Dolindo psychicznie. Nakazuje mu milczenie podczas rekreacji po obiedzie, tak jak robił to w Neapolu. Kiedy Dolindo wyrwie się choćby słowo, o. Volpe wrzeszczy i wyrzuca go z sali. Ksiądz Volpe często ucina sobie drzemkę na sali rekreacji. Przykrywa wtedy twarz beretem. „Byłem wówczas jego strażnikiem", wspomina Routolo. Często do późnych godzin nocnych ks. Volpe nie pozwala Dolindo położyć się spać. „Zabronił mi modlić się dłużej niż dziesięć minut przed Najświętszym Sakramentem". Dolindo ma też ograniczenia w wychodzeniu, nie może oddalić się bez pozwolenia nawet do kaplicy.

„Mój system nerwowy był na wyczerpaniu; trudno opisać, jak wiele wysiłku wkładałem wtedy w akty jednoczenia się z Bogiem, by zachować spokój i milczenie". Ksiądz Volpe zadręcza Dolindo psychicznie, ale i wykańcza go fizycznie: nakazuje mycie podłóg w całym seminarium, toalet, czyszczenie i przenoszenie mebli, zmywanie naczyń. W obecność seminarzystów karci go jak psa. Nęka też, powtarzając bez końca: „Trupem, trupem musisz zostać, jeśli chcesz być instrumentem w rękach Boga".

W autobiografii Dolindo opisuje to miejscami z niebywałą pogodą ducha, wdzięczny Bogu za wszystkie te poniżenia. Wierzy, że prowadzi go ręka Boża i tylko dzięki Niej przetrwa. Nie pada tu ani jedno wrogie słowo pod adresem prześladowcy. Ani jedno. Wyłącznie suche fakty. Ksiądz Volpe jest mimo wszystko duchowym przewodnikiem Dolindo z czasów jego formacji w seminarium. „Zawdzięczam mu solidny start w życiu, po Bożemu" - napisze na marginesie innych wydarzeń Dolindo. Dlatego też nawet nie próbuje oceniać zachowania kapłana. Co więcej, kiedy odprawia Mszę Świętą, bez ustanku modli się tak: „Panie daj mi krzyże, które przeznaczyłeś dla mojego Przełożonego i dla innych: weź mnie w ofierze, posiądź mnie, Panie, bez reszty". Po takiej modlitwie Dolindo czuje się jak „kawałek szlifowanego drewna, które nagle zaczyna przybierać kształt".

Całe życie ks. Dolindo robi notatki, stąd precyzja i detale w opisach tak wielu wydarzeń. Ujmuje je w autobiografię już jako dojrzały człowiek, w geście „ślepego posłuszeństwa" swojemu spowiednikowi. Często więc podkreśla niektóre elementy.

> Proszę zwrócić baczną uwagę na to, co teraz napiszę. Sądzę, że nigdy nie miałem mistycznych uniesień [...], ale Pan dał mi chwilami doświadczyć przez ulotne doznanie, czym mogą one być. I tak na przykład czułem nagłe wewnętrzne przytulenie, które zanurzało mnie w głębokiej ciszy i pozwalało mi skosztować tak wielkiej miłości Boga, że nawet jeśli stąpałem po ziemi, niemal nie odczuwałem mojego ciała.

Analogiczne doświadczenie duchowe ks. Dolindo przeżywa za każdym razem, kiedy poniewiera go ks. Volpe. „W wielu chwilach jedności z Bogiem czułem się jak dziecko, które odpoczywa przy sercu matki". Z czasem przeżycia te nasilą się w innych okolicznościach, a wewnętrzne światło, jakie otrzyma ks. Dolindo, stopniowo przerodzi się w głos samego Jezusa. Rzecz będzie na tyle poważna, że opinię o tym będzie musiał później wyrazić sam papież Pius x.

Tymczasem sytuacja w seminarium pogarsza się. Ksiądz Dolindo nie wdaje się w szczegóły, a jedynie ogranicza do lakonicznego stwierdzenia: dochodzi do „naprawdę poważnych uchybień" wewnątrz i na zewnątrz. Można jedynie snuć domysły. Niestety metropolita Taranto, zdaniem Dolindo, wykazuje się „zbytnią dobrocią zamiast stanowczością, co prowadzi do sytuacji absurdalnych". Ojciec Volpe decyduje się na ingerencję. Razem z ks. Ruotolą idą do rektora na gorzką rozmowę, ten jednak odrzuca krytykę, co negatywnie wpływa na dalszy bieg wydarzeń.

Ojciec Dolindo całymi dniami spowiada seminarzystów. Ale trzystu młodzieniaszków coraz trudniej okiełznać. Prowodyr całego zamętu szybko się ujawnia. Jest na tyle bezczelny, że nie tylko utrudnia spowiadanie ks. Dolindo, ale kiedy ten go upomni, rzuca się na ojca duchownego z pięściami. Tego było za wiele. Ksiądz Ruotolo wkracza do akcji z takim impetem, że jego słynne przemówienie w Taranto odbije się echem w samym Neapolu.

> Jak śmiecie tak dewastować winnicę Pana?! Gdzież jest odwaga tych, którzy ubolewają nad złem, jakie tu się rozgrywa, którzy milczą jak tchórze z lęku przed konsekwencjami. Mówię wam w Imię Boga: życie, które tu prowadzicie, jest nędzniejsze od tego, jakie wiodą poganie! Kiedy wrócicie do waszych domów jako Księża, musicie zrzucić z waszych serc błoto i brud, jakim zarosło w tym seminarium...

Na sali zalega głęboka cisza. Następnego dnia rektor powiadamia o „buńczucznym" przemówieniu ks. Dolindo jego przełożonych w Neapolu. Zapada decyzja: ks. Dolindo i ks. Volpe muszą wyjechać, co okazuje się początkiem ostatecznego upadku seminarium w Taranto[71]. Decyzją Stolicy Apostolskiej zostaje ono zamknięte zaledwie kilka lat później.

Drogi ks. Ruotolo i ks. Volpe na chwilę się rozchodzą. Pierwszy z księży trafia do pracy w seminarium w nadmorskiej Molfettcie, w prowincji Bari. Drugi do słynnej „Florencji baroku południa", czyli Lecce, nieco dalej na południu Apulii.

Portowa urokliwa Molfetta, dokąd po krótkim postoju w Barii trafia ks. Dolindo, jest jednym z najbardziej skąpanych w słońcu miast regionu oliwnych gajów. Spiekota tej przypominającej bardziej greckie niż włoskie klimaty miejscowości to tutaj chleb powszedni. Molfetta boryka się wówczas z poważnym problemem zanieczyszczenia wody. W centrum pojawiają się murowane baseny, z których mieszkańcy mogą zaczerpnąć czystą wodę. Niestety, nie dla wszystkich jej starcza.

Tutejsze seminarium to chluba regionu - wzniesione rękami i z datków tutejszej ludności. Kiedy jego próg przekracza neapolitański kapłan, seminarium wciąż powstaje. W 1908 roku Pius X oficjalnie nada mu rangę Papieskiego Seminarium Regionu Apulia. Rok wcześniej do kapłaństwa przygotowuje się tu trzystu pięćdziesięciu kleryków. Witają ks. Ruotolo z otwartymi ramionami. Dostaje pokój naprzeciw kaplicy seminarium.

> To była moja duchowa uczta, nocą mogłem wstawać i odwiedzać Jezusa Sakramentalnego. Dzięki temu w ciągu dnia czułem, że jestem tak blisko Niego, żywego i prawdziwego [...]. Tego

---

71 Ksiądz Dolindo przebywa w Taranto od 3 listopada 1906 do 27 kwietnia 1907 roku.

pragnąłem przez całe życie. To Jezus Sakramentalny podtrzymywał moje duchowe życie w Molfettcie. Spędzałem przed Nim godziny, prosząc, by to On sam sterował tym seminarium. Czułem się niezdolny do tego zadania.

Czas spędzony w Molfettcie jest zdecydowanie okresem duchowej głębi.

> Im bardziej Pan staje się nam bliższy, tym bardziej dusza nasza czuje swoją małość i dostrzega w sobie kłęby nędzy, których przedtem zobaczyć nie mogła. Światło Boga jest bowiem niczym promień słońca, który przebijając się do pokoju, rozświetla dotąd niewidoczne kłęby kurzu

- notuje w tym czasie ks. Dolindo.

Neapolitańczyk oprócz przenikliwych kazań[72] - głosi je także dla Zgromadzenia Sióstr Miłosierdzia św. Wincentego à Paulo w sąsiadującym z Molfettą Giovinazzo oraz w kilku kościołach parafialnych - imponujących wykładów z archeologii i sztuki sakralnej, daje przykład swoją postawą. Odwiedza regularnie tamtejszy zakład karny. Więźniowie płaczą w czasie jego homilii. Po Mszy ks. Dolindo odwiedza w celach skazanych, rozmawia, przytula i pociesza. Więzienni strażnicy są poruszeni tymi scenami. Wielu z nich się nawraca.

„Moim sekretem był Jezus Sakramentalny" - komentuje krótko ks. Dolindo. Prostota, uniżenie - wszędzie wchodzi ostatni, zajmuje miejsce w tylnych rzędach, ale i sam myje podłogi czy

---

[72] W sumie ks. Dolindo wygłosił w tamtym czasie ponad dziesięć tysięcy kazań. Spora ich część w formie wciąż niewydanych manuskryptów zachowała się w archiwum Apostolatury Wydawniczej w Neapolu.

sprząta. Jest ojcem duchownym i wszystko to bardzo ujmuje kleryków. Cieszy się takim szacunkiem, że wystarcza jedno jego spojrzenie, by uciszyć kilkudziesięciu z nich. Tamtejszy ordynariusz, biskup Picone, nie waha się powiedzieć: „Dolindo, zreformował mi ksiądz seminarium!".

Niestety ta sytuacja dosyć szybko całkowicie się zmienia. Ten sam biskup za chwilę obrzuci ks. Dolindo błotem. Właśnie tu powraca wspomniana wcześniej sprawa kobiety z Katanii. Bezgraniczne posłuszeństwo spowiednikowi, ale co gorsza nieporozumienie i zła wola ludzi uruchomią lawinę zdarzeń, których konsekwencje ks. Ruotolo będzie odczuwał do końca życia. Jak się później okazało, sprawa miała powracać jeszcze przez wiele lat po jego śmierci.

Serafina, Boskie znaki czy kuszenie diabła?

Zasłużyłem sobie na kolejne krzyże. [...] *A najpiękniejszym był ten, który nosiłem przez całe lata prześladowań.*

ks. Dolindo

Sierpień 1907 roku. Na czas wakacji ks. Dolindo wraca na krótko do rodzinnego Neapolu. Tu spotyka się powtórnie z ks. Andreą Volpe. Ten zaś przedstawia Ruotolo Serafinę Gentile, rzekomo „widzącą" pielęgniarkę z Sycylii. Kobieta przez kilka lat spowiadała się u ks. Volpe - w 1901 roku w czasie rekolekcji, które prowadził w katedrze w Katanii, poprosiła go o kierownictwo duchowe. Nie wiadomo dokładnie, czy przyjechała do Neapolu na jego zaproszenie. Bardziej istotny jest fakt, że ta dość tęgiej postury, mało atrakcyjna, słabo wykształcona (ukończyła zaledwie trzy klasy szkoły podstawowej) Sycylijka w średnim wieku, pojawiła się tu z małym chłopcem, jak twierdziła - siostrzeńcem. Kobieta nazywa go *Amore* i utrzymuje, że w dziecku objawia się sam Duch Święty. Więcej – że tak, jak nad brzegami Jordanu ukazał się pod postacią gołębicy, tak teraz pojawił się jako chłopczyk. Mówi o „inkarnacji Ducha Świętego". Dolindo:

> Miałem wątpliwości i lęki wobec tej kobiety, obawiałem się, że albo chodzi tu o oszustwo, albo o diaboliczną sugestię. Kiedy jednak po raz pierwszy ją wyspowiadałem, poczułem się uspokojony i miałem wrażenie, że prowadzi ją Duch Boży.

To ważny i delikatny moment. Ksiądz Ruotolo nigdy nie powtarzał i nie uznawał, jakoby Duch Święty faktycznie wcielił się w dziecko. Doskonale wiedział, że byłaby to teologiczna bujda. Ale właśnie to mu zarzucano, przypisując rozpowszechnianie herezji. Może dlatego, że kapłan na początku nie uważał, że Serafina była opętana. Widział w kobiecie dobro. Tymczasem fakt, że jej nie potępił, uznano za akt wsparcia dla jej wizji.

> Duch Boży jest pełen pokoju i uniżenia, namaszczenia; kłamstwo czy gorzej – diabelska mistyfikacja, nie niosą prawdziwego pokoju, ale fałszywe uniesienie, które dotyka jedynie zmysłów. Można je pomylić z pokojem Bożym, jeśli nie jest się w tej materii ekspertem. Obecność Serafiny [...] wyzwalała we mnie Boży pokój, pchała mnie do dobra i do umiłowania Boga.

Ksiądz Dolindo wyklucza zatem na drodze rozeznania, jakoby kobieta była osobą perwersyjną, podstępną czy też mistyfikatorką. „Nie twierdzę jednak, że to co się w niej działo, pochodziło od Boga. Bowiem nie wystarcza sam fakt zjawiska czy rzeczy nadprzyrodzonej, by stwierdzić, że jest w nich Bóg, demon też jest zdolny do spraw ponadludzkich".

Z „widzącą" jest spory kłopot, ponieważ oprócz fantasmagoryjnej idei rzekomego wcielenia Ducha Świętego kobieta żyje podobno w stanie ciągłych wizji, w ogóle nie zdając sobie z tego sprawy. Serafina ponoć rozmawiała z niektórymi świętymi. Z relacji różnych osób wynika, że miała dar bilokacji, a czasami nagle stawała się niewidzialna. Prawie nic nie jadła, czasami piła szklankę wody. Sycylijka przewiduje sporo wydarzeń, jak choćby ustawę o *laïcité* we Francji z 1905 roku czy pierwszą wojnę światową. I zdumiewająco dużo pisze: setki stron z zakresu teologii, filozofii. Jakby pod czyjeś dyktando. I choć wszystkie te nadprzyrodzone zjawiska mogą mieć diaboliczny rys - czego obawia się ks. Ruotolo - to bez wątpienia przynajmniej jedna z jej zdolności wydaje się to wykluczać. Serafina bowiem wyczuwa obecność Jezusa Sakramentalnego i zapach kwiatów, jaki unosi się z Najświętszego Sakramentu. Pokornie klęka wtedy na kolana.

Jeden z zakonników w Katanii, o. Riotta, by sprawdzić jej wiarygodność w tej kwestii, pewnego dnia wynosi z nawy głównej kościoła Najświętszy Sakrament, ukrywa go w jednej z kaplic bocznych, nie paląc jednak przy Nim światełka. W ukryciu czeka na przyjście Serafiny, która modli się tu o stałej porze. I kiedy kobieta wreszcie przychodzi do kościoła, zbliża się do tabernakulum, gdzie dla niepoznaki nadal świeci się lampka. Ale Serafina nie klęka, odwraca się i idzie do kaplicy bocznej. Klęka w miejscu, gdzie jezuita ukrył Jezusa. Wtedy zakonnik ujawnia się: „Serafino, dlaczego tu podeszłaś?", pyta. Kobieta odpowiedziała: „Ojcze, stąd płynie tak intensywny zapach kwiatów, że nie sposób się pomylić".

Serafina powtarza też, że centrum życia jest Eucharystia i że przez nią i ręce kapłanów Bóg daje nowe życie. Jedną z jej ciekawszych „przepowiedni" jest narracja o zaangażowaniu kobiet w życie Kościoła. Serafina twierdzi, że Pan „powoła armię kobiet, które przygotują drogę kapłanom, będą dla wielu w różnych miejscach ich podporą, prawą ręką". I faktycznie przepowiednia staje się historycznym faktem. Kilka lat po niej w Mediolanie rodzi się katolicki ruch feministyczny[73], a jeśli przyjrzeć się historii wielu kapłanów - liderów ruchów kościelnych, także w Polsce, za każdym razem towarzyszy im grono kobiet. Ta przepowiednia sprawdziła się także w przypadku ks. Dolindo. Kapłan jednak dystansuje się od niej.

Kościół nie lekceważy historii Serafiny. Najpierw kobieta jest pod obserwacją szarytek niedaleko Molfetty, księży, a wreszcie zajmuje się nią samo Święte Oficjum. Po kilku latach była Inkwizycja stwierdza, że sprawa Serafiny „nie ma nadprzyrodzonego pochodzenia". Zanim jednak to nastąpi, Kościół, od zwierzchników Dolindo po władze w Rzymie, zainteresuje się także księżmi, którzy pojawiają się w orbicie kobiety. Kiedy 29 października 1907 roku ks. Dolindo dostaje pilne wezwanie do Neapolu - do Molfetty wrócił po wakacjach - a wieści o jego znajomości z Serafiną rozchodzą się w całym seminarium, rektor i biskup nie tylko ozięble żegnają Ruotolo, ale wręcz „obrzucają go błotem". Od razu pojawia się sugestia, jakoby ks. Dolindo, tak przez wszystkich tu poważany i uznany za niemal świętego, wspierał kobietę z Katanii i jej herezję o wcieleniu Ducha Świętego w chłopczyka. To krzywdzące podejrzenie, przefiltrowane przez ułomną ludzką skłonność do osądu i niesprawiedliwych, opartych na domysłach opinii, przylgnie do neapolitańczyka na dobre.

Następnego dnia w Neapolu ks. Dolindo staje przed przełożonym, który nie czekając na wyjaśnienia podopiecznego,

---

[73] Jako część Akcji Katolickiej we Włoszech zostaje szybko zatwierdzony papieskim dekretem jako Gioventu Femminile Cattolica.

nakazuje mu całkowite odcięcie się od sprawy Serafiny. Młody kapłan po raz pierwszy i ostatni stawia się:

- Nie ma ojciec takiego prawa i władzy, by mi tego zakazać - mówi spokojnym, ale stanowczym tonem.

- Mam większą władzę nad tobą, ks. Dolindo - przełożony wstaje, zbliża się do kapłana i poirytowany cedzi przez zęby. - Od dzisiaj wobec tego zawieszam cię w odprawianiu Eucharystii do czasu wyjaśnienia sprawy.

Ksiądz Dolindo przyjmuje ten pierwszy wyrok z bólem, ale i z pewnego rodzaju zadowoleniem, ponieważ jest przekonany, że zachował się słusznie, nawet za cenę własnego unicestwienia. Po latach jednak, wracając do tej sceny, napisze:

> Powinniśmy byli wtedy bezdyskusyjnie być posłuszni. Uważaliśmy jednak [ks. Volpe wezwany z Lecce także został zawieszony w odprawianiu Mszy], że w historii Serafiny kryła się wola Boża i że tak jak Apostołowie, którzy postawili się w Synagodze, tak i my chcieliśmy bardziej słuchać Boga.

Ksiądz Dolindo ma jeszcze jeden argument, który komplikuje te wydarzenia: ks. Volpe do historii Serafiny podchodzi z większą ufnością. I jest spowiednikiem Dolindo. „Będąc jemu posłusznym, wierzyłem, że jestem posłuszny Bogu", pisze.

Sprawa szybko rozchodzi się po Neapolu. „Starszy misjonarz, o. Piazzola, który najpierw tak bardzo mnie szanował, teraz na mój widok odwracał twarz do muru i żegnał się, jakby zobaczył diabła". W domu wszyscy uciekają przed Dolindo, jakby był ekskomunikowany. To jednak dopiero zapowiedzi późniejszych, dużo bardziej bolesnych dla kapłana wydarzeń.

Kiedy temat trafia do Rzymu, ks. Dolindo całkowicie, świadomie ucina kontakt z Serafiną. Obawia się, że historia ta może mieć rys diaboliczny.

> Demon usiłował skierować nasze dusze i uwagę na symbole, zwodząc nas i każąc wierzyć, że pochodzą one od Boga. To było oszustwo i nasz błąd, bez którego jednak nie byłoby dalszych wymierzonych w nas prześladowań ani też, w konsekwencji, naszego oczyszczenia. Bóg dopuścił do tego zamieszania, by wszystko to wykorzystać do realizacji dalszych planów.

Tymczasem przełożeni obu kapłanów zamieszanych w pewnym sensie w sprawę Serafiny w liście z 20 listopada 1907 roku potępiają swoich podopiecznych. Ksiądz Volpe otrzymuje list po łacinie, do ks. Ruotolo dociera list w języku francuskim. Prawdopodobnie ich kopie od razu wysłano do Rzymu. Dokładnie nie wiadomo, w jaki sposób sprawa dociera przed Święte Oficjum. Po krótkim czasie do Neapolu przychodzi wezwanie dla obu kapłanów do stawienia się w trybie pilnym przed najwyższą instancją Kościoła. Dla ks. Dolindo to pierwsze wezwanie, ale nie ostatnie.

Przed Inkwizycją po raz pierwszy

Bóg, wzywając kogoś na nową drogę łask, doświadcza go. Powiedziałbym, że nawet popycha w stronę, która naszej pysznej naturze wydaje się nierozsądna. Potrzeba wówczas zaprzeć się samego siebie, zrezygnować z siebie. Jeśli zamkniesz wtedy oczy i pójdziesz tą drogą, przezwyciężysz siebie, to przeskoczysz martwy punkt i wzniesiesz się wyżej.

ks. Dolindo

– Czy wasz przełożony ma głowę na karku? Wytyczne przecież były jasne! – Generał Zgromadzenia Misjonarzy, ks. Agostino Veneziani, nie jest zachwycony widokiem dwóch księży z Neapolu na Stazione Termini w Rzymie. Volpe i Ruotolo mieli przyjechać osobno. W Neapolu, mimo zaleceń Świętego Oficjum, przełożeni zdecydowali inaczej.

Jest 4 grudnia 1907 roku, godzina 14.30. Jeszcze tylko przez pół godziny tutejsze trattorie będą serwować gorące *tortellini con carne* czy typowe nad Tybrem *saltimbocca alla Romana*, smażone i duszone kotleciki cielęce z szynką parmeńską i listkiem szałwii. Ksiądz Agostino lituje się nad zziębniętymi i nieco przestraszonymi współbraćmi - z Neapolu nie zabrali ze sobą nic, nawet torby; szczuplutki i wymizerowany ks. Dolindo ma w kieszeni jedynie kilka monet. „Pewnie jesteście głodni! Idziemy!".

Wieczne Miasto w grudniowe popołudnie robi na ks. Ruotolo raczej przygnębiające wrażenie. Rzym wydaje mu się „martwy, toporny, nazbyt surowy". Ksiądz Agostino

> poprowadził nas przez Plac Wenecki, minęliśmy forum i kolumnę Trajana, a potem wspinaliśmy się po schodkach Magnanapoli. Nie wiem, jaką ulicą dotarliśmy do trattorii przy Piazza Pietra. Kiedy zjedliśmy, ks. Agostino zapłacił, wyszło po 5 lirów za każdego z nas, i powiedział: „A teraz idziemy zobaczyć San Pietro".

Generał Misjonarzy nie mówi od razu, że prowadzi ich w stronę Świętej Inkwizycji. W tamtym czasie przywodzi ona na myśl jedynie czarne scenariusze i wywołuje paniczny strach. Księża Dolindo i Andrea będą jednymi z ostatnich przesłuchanych przez Inkwizycję. Za kilka tygodni nazwa ta zostanie zamieniona na łagodniejszy odpowiednik: Święte Oficjum.

Dolindo:

> Pałac Świętego Oficjum to gigantyczny budynek, który wyrasta przy ulicy o tej samej nazwie; jest ponury, a z jednej strony wygląda jak zamczysko. Pozostały jeszcze wąskie okratowane okna więzienia, gdzie przetrzymywani byli zakonnicy i księża.

Budynki kryją się za lewym skrzydłem kolumnady Berniniego (gdy stoi się twarzą do frontu Bazyliki św. Piotra), obecnie nadal swoje biura ma tutaj przekształcona ze Świętego Oficjum przez Pawła VI w 1965 roku najpilniejsza strażniczka doktryny, najpierw Święta Kongregacja Nauki Wiary, a za pontyfikatu Jana Pawła II - Kongregacja Nauki Wiary. Przed główne wejście potężnego gmaszyska podjeżdżają tu dziś limuzyny z najwyżej postawionymi osobistościami Kościoła. Budynek jest pilnie strzeżony przez *polizia municipale*. Żandarmeria spaceruje aż do maleńkich, niepozornych drzwi na końcu potężnego gmachu. Dwa razy w ciągu dnia ustawia się do nich długa kolejka rzymskich kloszardów. W ulicznym zgiełku, barwnie gestykulując rękami, pokornie czekają na miskę ciepłych *ravioli* i kubek gorącej kawy. Siostry z Kalkuty uwijają się przy nich jak mrówki.

„Wewnątrz pałacu, w głębi przestronnego korytarza, marmurowa fontanna nieprzerwanie wypluwa z siebie wodę... Grobowa cisza! Jedynie ten szum strumienia wody" - notuje ks. Dolindo.

Na początku przepytywany jest tylko ks. Volpe. Inkwizycja ma już w zasadzie uformowany negatywny osąd. Niemniej po osobistej interwencji u sekretarza Piusa X i przy wsparciu swojego Generała ks. Dolindo otrzymuje zgodę na odprawienie Mszy 6 grudnia, po trzydziestu sześciu dniach od zawieszenia. Inkwizycja decyduje o rozdzieleniu ks. Volpe od ks. Ruotolo. Ten drugi nocuje w domu na wzgórzu Montecitorio, w samym centrum Rzymu, w miejscu, gdzie dziś ma swoją siedzibę włoski Parlament.

11 grudnia 1907 roku. Pierwsze przesłuchanie przed Świętym Oficjum jest krótkie. Na następne ks. Dolindo musi czekać do 28 stycznia. Przez półtora miesiąca jest pod nadzorem ks. Venezianiego, który „by nie gorszyć innych", nie pozwala Dolindo przystępować do Komunii w domu macierzystym Misjonarzy.

Przed kolejnym przesłuchaniem ks. Dolindo modli się w Bazylice św. Piotra: „Panie, [...] pragnę tylko Twojej woli". Przebieg przesłuchania z tego dnia, jak potem skomentują to córki duchowe ks. Ruotolo, chwilami do złudzenia przypomina wydarzenia przed Sanhedrynem sprzed dwóch tysięcy lat.

Komisarz, ks. Granello, wita nieco spłoszonego kapłana, marszcząc surowo brwi, i surowym tonem rzuca:

- Kościół jest dręczony przez wielu wrogów, brakowało jeszcze tylko księdza, żeby do nich dołączył! Musi ksiądz zaprzeczyć wszystkiemu, co widział i słyszał.

- Jestem gotów to zrobić, jeśli eminencja zapewni mnie, że przeczytał i zbadał wszystko i potępia wydarzenia po wnikliwym przestudiowaniu ich dokumentacji - odpowiada ze spokojem ks. Dolindo.

- A cóż według księdza powinienem badać? Przeczytałem kilka listów tej kobiety [Serafiny] przed Najświętszym Sakramentem i nie widzę w nich niczego wzniosłego. Musi ksiądz podpisać dokument, w którym oświadczy, że kobieta ta jest zła i przewrotna - komisarz podsuwa przesłuchiwanemu plik dokumentów.

- Eminencjo, listy tej kobiety nie są dziełem Bożym, ale może nim być działanie Boga przez nią. Jeśli musiałby ksiądz stwierdzić, czy dana góra jest z gliny czy granitu, nie wystarczyłoby spojrzeć na kamyczki u jej stóp, ale trzeba by dostać się do wnętrza. Nie mogę podpisać, że ta kobieta jest osobą złą i przewrotną, to byłoby niezgodne z moim sumieniem - odpowiada ks. Dolindo.

Komisarz obrzuca neapolitańczyka gniewnym spojrzeniem.

- W takim razie zawieszam księdza w odprawianiu Mszy, odcinam od wszystkich Sakramentów, od wszystkiego! - denerwuje się komisarz. Ksiądz Dolindo pokornie schyla głowę:

- Przyjmuję karę, bo nie sprzeciwiam się złożeniu takiego podpisu, by się buntować, ale dlatego, że to, co jest tu napisane, nie jest prawdą.

– Jest ksiądz uparty, skończyłem i żegnam. – Komisarz energicznie zamyka teczkę z dokumentami, odsuwa krzesło i nie zwracając już uwagi na kapłana, kieruje się do wyjścia z sali przesłuchań.

Ksiądz Ruotolo pada wtedy na kolana, usiłuje go zatrzymać:

– Ekscelencjo, proszę nie wychodzić: Bóg powierzył księdzu misję ratowania ludzkich dusz, a nie zatracania ich. Jeśli jestem na złej drodze, musi mi ksiądz to powiedzieć, wskazać błędy, poprawić i pomóc mi wejść na właściwą ścieżkę. Przysięgam na Serce Jezusa, że mam czyste intencje; nie jestem uparty, ale wykonuję swoją powinność.

Komisarz zatrzymuje się, wyraźnie waha, jest pod wrażeniem słów ks. Ruotoli. Wraca na miejsce:

– No dobrze, to niech ksiądz mi opowie coś więcej na temat tego, co wie i co się wydarzyło – mówi już dużo łagodniejszym tonem.

Na zakończenie przesłuchania prosi, by wszystko to przedstawić Świętemu Oficjum na piśmie. Nie cofa jednak swojej decyzji o zawieszeniu we wszystkich czynnościach kapłańskich, nawet zakazu przystępowania do Komunii. Po powrocie na Montecitorio, ks. Ruotolo spędza długie godziny na adoracji. Tego nikt nie może mu zabrać.

9 i 10 lutego ks. Dolindo dostarcza opis wydarzeń związanych z Serafiną Świętemu Oficjum, a trzy dni potem otrzymuje pozwolenie na przystąpienie do spowiedzi i Komunii Świętej.

Neapolitańczyk pisze natychmiast do komisarza Oficjum krótką notę: „Albo jestem winny, albo nie. Jeśli jestem winny, czemu zwalnia mnie ksiądz z części kary, jeśli niewinny, czemu nadal jestem zawieszony w odprawianiu Mszy?”. W odpowiedzi przychodzi nakaz natychmiastowego skierowania kapłana na badania psychiatryczne. Doktor De Sanctis stwierdza całkowitą jasność umysłu ks. Dolindo i pełne zdrowie psychiczne. Przy wyjściu z gabinetu - a wizyta ta jest dość poniżająca dla kapłana - ks. Dolindo zwraca się do ks. Venezianiego: „Prawdę mówiąc, jestem zadowolony, że potraktowaliście mnie jak szaleńca i niespełna rozumu, tak jak potraktowano Jezusa; to przynosi mi ulgę". Ksiądz Veneziani wścieka się, próbuje zmusić ks. Dolindo do powrotu do gabinetu. I nalega na kolejne badania: „Ty jesteś wariatem" - zwraca się do Ruotoli. Kapłan odwraca się i pewnym krokiem wychodzi na ulicę. Jeszcze tego samego dnia długo rozmawia ze spowiednikiem, a po tej konsultacji ks. Ruotolo szybko orientuje się, w czym rzecz. Chodzi o to, by zamknąć go na jakiś czas w szpitalu psychiatrycznym, co ostatecznie potwierdzi sam lekarz - takie dostał sugestie[74].

W kwietniu 1908 roku ks. Dolindo nakazem przełożonych wraca do Neapolu, gdzie słyszy, że Święte Oficjum nakazuje „wydalić go ze wspólnoty". „Odsyłamy wam ks. Ruotolo - czytamy w piśmie skierowanym z Rzymu do przełożonych misjonarzy w Neapolu - macie własne prawo i reguły, sami go osądźcie".

„Nie napisano, że macie mnie wyrzucić - próbuje się bronić kapłan - a sami rozeznać i osądzić". Zderza się jednak z murem. Ksiądz Dolindo chce być posłuszny złożonym ślubom. Decyzja przełożonych nie ma żadnego uzasadnienia. Ksiądz Ruotolo tłumaczy:

> Przed posłuszeństwem księdzu jestem posłuszny Bogu. Święty Tomasz z Akwinu mówił, by najpierw być posłusznym Bogu, a nie człowiekowi [...]. Złożyłem śluby wieczyste i nie mogę ich

---

[74] Zawieszony jest też ks. Andrea Volpe. Jednak w jego przypadku sprawa się komplikuje, ponieważ lekarz uznał go za „religijnego paranoika".

złamać; muszę być posłuszny Bogu za cenę śmierci i pozostać wiernym ślubom, także za taką cenę.

„To ja księdza głodem wyrzucę!" grozi przełożony. Sytuacja staje się napięta. Ksiądz Dolindo jest zamknięty w pokoju, nie wolno mu schodzić na stołówkę. Przynoszą mu posiłek jedynie raz dziennie, w południe trochę zupy z ziół i kawałek chleba. Nie dostaje łyżki. Pewnego dnia jeden z kolegów przemyca po cichu dla o. Dolindo coś więcej i dodatkowo szklaneczkę wina. Dowiedziawszy się o tym, przełożony nakłada na młodego księdza karę, a od tego dnia osobiście asystuje ks. Dolindo przy jedzeniu. „Patrzył, jak pochylam się nad miską jak pies", zapisuje. Po miesiącu przełożony grozi ks. Ruotolo, iż wyprowadzi go siłą z pomocą karabinierów. Ksiądz Dolindo ulega, nie chce skandalu.

„Chciałbym, by nigdy nie wydarzył się 11 maja 1908 roku" – pisze o dniu, kiedy musi opuścić dom misjonarzy. W zasadzie bez przyczyny. Bez zasadniczego oskarżenia. W tamtym czasie już sam fakt wezwań na przesłuchanie w Świętym Oficjum, a co dopiero decyzja o zawieszeniu, oznaczają całkowity niebyt społeczny i ostracyzm w Kościele. Ksiądz Ruotolo wraca do domu przy Largo dei Miracoli 20. Mieszka tu jego mama i dwie siostry.

Tam traktowali mnie jak potępieńca. Kiedy na przykład zostawiłem na talerzu kawałek chleba, nie odkładano go z powrotem, a wyrzucano do śmieci, jak chleb ekskomunikowanego [...]. Moja siostra często zostawiała mi na łóżku narysowaną na kartce ściętą głowę z podpisem: nawróć się!

W domu nie wolno było mu odzywać się do nikogo, nie dostaje też świeżych ubrań ani koca do przykrycia. „Nie mamy na kołdrę dla ciebie, jak chcesz, to sobie na nią zarób", słyszy od rodzeństwa. Marznie więc nocami, nie dojada. Stan finansowy rodziny jest rzeczywiście opłakany. Bywa, że na stole zamiast obiadu jest tylko miska pomidorów.

Chodzi w jednej sutannie. Jeśli się ubrudzi i po praniu nie wyschnie, zakłada na siebie wilgotną. W tym wszystkim ani na chwilę nie traci jednak pokoju i pogody ducha. To budzi tym większe zdziwienie wśród domowników. „Albo jesteś święty, albo opętany. Ale święty nie może być wyrzucony z Kościoła, nosisz więc w sobie diabła" - słyszy Dolindo od najbliższych.

Awersja do niego jest w domu na tyle silna, że 24 czerwca rankiem zbiera się tam niemal cała rodzina, bracia matki z żonami, rodzeństwo oraz ks. prałat Andrulli, kurialny egzorcysta, jedna z przyjaciółek rodziny przynosi ze sobą butlę wody święconej, a ks. Dolindo musi tego ranka znieść obelgi i krzyki, inwektywy - jest jak w ogniu oskarżeń, musi się tłumaczyć. Trauma trwa blisko dwie godziny. Butla ze święconą wodą ląduje w końcu na jego głowie.

Duchowny, który biernie przygląda się tym scenom, dopiero po dłuższym czasie zabiera głos:

- Przyszedłem, by księdza egzorcyzmować; jest obawa, że ma ksiądz w sobie diabła; ale ten księdza spokój w ogniu tej agresji oznacza, że ma ksiądz wyjątkowe wsparcie; i nie jest ono rzeczą ludzką. Jeśli nie pochodzi od Boga, to od diabła. Co ksiądz na to? Podda się egzorcyzmowi?

- Księże prałacie, dla mnie to wielka radość móc poddać się błogosławieństwu Kościoła. [...] Cieszę się, że jako przedstawiciel Kościoła wykona ksiądz nade mną egzorcyzm. Jednakże musi ksiądz wykonać go sam, a nie z pomocą mojej matki, która jest kobietą, czy pozostałych, którzy powinni opuścić ten pokój.

Prałat Andrulli przystaje na to. Zostają sami. Ksiądz Ruotolo klęka, a prałat odmawia nad nim modlitwy, czyta fragment

Ewangelii św. Jana. „Czułem w duszy jak ogarnia mnie wielki pokój i namaszczenie; usłyszałem jak Pan mówił do mnie: «Ja Jestem, nie bój się, idź dalej, aż do końca»". Na koniec ks. Dolindo zwraca się do egzorcysty:

- Gdybym był opętany demonem, nie odczuwałbym takiego pokoju. Ma więc ksiądz dylemat: albo to Bóg działa we mnie, albo ksiądz nie potrafi wyrzucić ze mnie demona.

Egzorcysta spogląda na ks. Dolindo i mówi:

- Synu mój, Bóg jest w tobie, idź dalej, a Pan da ci siły!

Epidemia apostazji

Świat współczesny nie wierzy w diabła, ale boleśnie jest z nim w ciągłym kontakcie i stał się jego niewolnikiem.

ks. Dolindo

Kiedy wszyscy opuścili dom Ruotolich, Dolindo podszedł do matki i powiedział: „Dziękuję ci za to wszystko, bo takiego argumentu brakowało mi, by dowieść, że to początek dzieła Boga". Niestety argument ten nie trafia do rodziny Dolindo. Matka będzie dalej ściągać do domu księży, by nawrócili jej syna. „Zrobię wszystko, by Rzym skazał cię oficjalnie, wtedy może wreszcie się poddasz" – mówi do syna. Wydaje się, że dotrzyma obietnicy, nakręcając tym samym spiralę kolejnych tragicznych i absurdalnych wydarzeń.

Silvia jest przekonana, że jej syn razem z ks. Volpe oraz Serafiną tworzą sektę. Bez oporów więc zgłasza na policję fakt istnienia rzekomej nielegalnej organizacji, do której należy jej Dolindo. 24 września 1908 roku nad ranem do domu Ruotolich puka kilku przedstawicieli ówczesnej służby bezpieczeństwa publicznego.

Dolindo tym razem będzie przesłuchiwany w prefekturze policji. Pojawia się tam też ks. Andrea Volpe. Duchowni odmawiają jednak udzielenia odpowiedzi na pytania, które „należą jedynie do Kościoła" i wykorzystują okazję do... ewangelizowania.

O ks. Dolindo zrobi się jednak głośno, podobnie zresztą, jak stało się to w przypadku o. Pio, za sprawą prasy[75].

Za drzwiami komisariatu czekają na ks. Dolindo dziennikarze. Matka i jej bracia uprzedzają dzień wcześniej neapolitański dziennik „Don Marzio". Historia o przesłuchaniu księży w sprawie nadprzyrodzonych zjawisk i sekty to dla gazety łakomy kąsek. W wydaniu na 25 i 26 września pojawia się sensacyjny tytuł *Duch Święty wcielił się w kobietę*, co - nietrudno się domyślić - jeszcze pogarsza i tak już pogmatwaną sytuację obu kapłanów. Następnego dnia razem z ks. Volpe Ruotolo wkracza do redakcji pisma. Dziennik zamieszcza sprostowanie księży, gdzie czytamy, że „Duch Święty zstąpił w postaci gołębicy na Jezusa, a na Apostołów jako ogniste języki [...]. Jesteśmy zobowiązani bronić tylko tej Prawdy".

Jednak sprostowanie nie zamyka sprawy. Do ks. Ruotolo zgłasza się kilku innych dziennikarzy, między innymi korespondent mediolańskiego „Corriere della sera" oraz dziennika „Roma" znad Tybru.

---

75 Pierwszy artykuł o kapucynie pojawia się bowiem na łamach „Il Giornale d'Italia" 9 maja 1919 roku. W tekście *Cuda brata kapucyna z San Giovanni Rotondo* dziennikarz pisze o stygmatach i „nadzwyczajnych wydarzeniach" oraz o masowym napływie ludzi do San Giovanni Rotondo. 1 czerwca z kolei w tekście *Cud świętego* opisuje pierwszy przypadek uzdrowienia żołnierza przez stygmatyka. Już sam tytuł obudził czujność Kościoła. Szybko rozpętała się też wojna prasowa i walka o sensacyjne materiały o cudach na Gargano. A w jej następstwie do małego, nikomu nieznanego klasztoru na południu półwyspu zaczynają napływać tłumy. Wśród nich pewnego dnia pojawią się i watykańscy wysłannicy. Dwa tygodnie po czerwcowej publikacji do Rzymu przychodzi pierwszy donos na o. Pio. Jest to anonimowy list napisany przez wiernych z San Giovanni Rotondo.

Oryginał wywiadu, jakiego 28 września 1908 roku udzielił neapolitańskiemu „Don Marzo" ks. Dolindo, znajduję między jego rękopisami. Pod naklejonym na kartki papieru starannie wykrojonym wycinkiem gazety, kapłan odręcznie notuje: „W powyższym wywiadzie w miarę wiernie oddano moją myśl i fakty, do których się odnosiłem. Artykuł napisał profesor Armando Pappalardo". Jak ważny musi być ten wywiad dla ks. Dolindo, skoro przechowuje go aż do śmierci. W zapiskach autobiograficznych kapłan w kilku miejscach przypisuje prasie winę za szerzenie w świecie „epidemii apostazji". Tymczasem jak widać, to prasa okazuje się jedynym miejscem - mimo publikacji tekstów, które zaszkodziły i nadały ton sensacji wydarzeniom wokół kapłanów i Serafiny Gentile - gdzie ks. Dolindo może jasno nakreślić ramy całej sytuacji, wyjaśnić, w czym tak naprawdę tkwi problem. Ani przed przełożonymi, ani przed Świętym Oficjum nie dostaje niestety szansy, by wyjaśnić krążące na jego temat pomówienia i oszczerstwa. Tym bardziej że przypisuje mu się głoszenie herezji. Wywiad w „Don Marzo" i komentarze oraz pióro dziennikarza w pewnym sensie są jak mowa obronna niesłusznie skazanego na społeczny i kościelny niebyt kapłana. Niestety także i ta publikacja obróci się przeciw Ruotolo. „Czy ksiądz musiał koniecznie tłumaczyć się w prasie?" - usłyszy niedługo potem wyrzut od biskupa Rossano, u którego będzie pracować jako sekretarz. „Czemu ksiądz zastanawia się nad inkarnacją Ducha Świętego w dziecku? To herezja!" - biskup denerwuje się tytułem artykułu (gazeta, jak się okaże, zrobiła „furorę" w środowisku, a „życzliwe" ks. Dolindo osoby w odpowiednim czasie podsuną ją na odpowiednie biurka). Nie pomaga tłumaczenie ks. Dolindo, że wywiad nie jest autoryzowany, że spisano go na gorąco. Dziennikarz miejscami może sprawę upraszczać.

Na czterech kolumnach przytacza obszerne wypowiedzi ks. Ruotolo, ale i opisuje całą sprawę, co ciekawe - także postać samego kapłana, który musi robić na nim spore wrażenie.

> To dwudziestosiedmioletni młodzieniec, drobny i szczupły, silny i energiczny z żywym spojrzeniem, które błyszczy zza jego okularów; to misjonarz, znakomity mówca, o ciepłym i profetycznym tonie, który świadczy o jego wysokiej kulturze oraz ponadprzeciętnej znajomości teologii. Na pierwszy rzut oka widać w nim zdecydowanego ascetę, pobożną i dobrą duszę kapłana. Trudności i prześladowania, jakie przechodzi, zamiast ostudzić, jedynie wzmacniają jego wiarę w Chrystusa.

Dziennikarz z przesadą porównuje ks. Ruotolo do męczennika i bohatera wiary, Hieronima Savonaroli[76], i dodaje, że gdyby Kościół odpowiednio się nim posłużył, ks. Ruotolo byłby „potężną bronią".

> W obecnych wydarzeniach ten misjonarz widzi rękę Boga i Jego wolę. [...] Jednym słowem przebywanie w obecności ks. Dolindo Ruotolo i słuchanie go jest prawdziwie budujące także dla świadomości głęboko katolickiej.

W tym tekście widać bardzo wyraźnie, jak trudnej sprawie musiał stawić czoło ks. Dolindo. Prawdę mówiąc, musiał się z tym także zmierzyć Kościół. Misjonarz podkreśla najpierw, że bez względu na wszystko Serafina w jego opinii „jest osobą

---

[76] Dominikanin i reformator w XV wieku we Florencji, nie bał się głosić między innymi kazań o zepsuciu Kościoła, mówiąc o groźbie Apokalipsy, jeśli ten się nie nawróci na Chrystusowe ubóstwo.

świętą, a jej życie jest na tyle przykładne, że mogłoby być wzorem dla niejednego najbardziej gorliwego katolika. Od sześciu lat kobieta ta nie je niczego poza Komunią[77].

- Jak ojciec może być tego pewien? - przerywa mu dziennikarz.

- Ponieważ razem z kilkoma księżmi poddaliśmy ją dłuższej i pilnej obserwacji - odpowiada ks. Dolindo. - Jej organizm nie podlega żadnym prawom natury. Zaspokaja pragnienie wodą, która pozostaje w niej, nie jest w żaden sposób wydalana. Serafina żyje w Najświętszym Sercu Jezusa, z którym komunikuje się w momentach ekstazy, wtedy też prorokuje. Teraźniejszość, przeszłość i przyszłość nie istnieją dla niej. W trwających godzinami ekstazach, ta prosta kobieta mówi najbardziej zawiłym językiem teologów, którzy na jej widok wychodzą głęboko zdumieni.

- A co powie ksiądz o dziecku, które towarzyszy Serafinie i w które wcielił się Duch Święty? - dopytuje dziennikarz.

- To jest absolutna herezja, której nigdy nie pozwoliłem sobie powiedzieć - odpowiada zdecydowanie ks. Dolindo. - Duch Święty może przez to dziecko działać, co jest zupełnie inną sprawą, objawić się tak, jak to się stało nad Jezusem, w formie Gołębicy.

---

[77] W historii Kościoła takich przypadków jest sporo - chodzi o tak zwany post eucharystyczny, którego doświadczają wybrane przez Boga osoby. Przez lata nic nie jedzą i nie piją, bo ich organizm naturalnie odrzuca nawet wodę; przyjmują jedynie Komunię Świętą. Jedną z pierwszych osób, która doświadczyła postu eucharystycznego, jest wieśniaczka Alpais, która żyła na początku XIII wieku we Francji. Nie jadła nic oprócz Jezusa Sakramentalnego; to było także doświadczeniem św. Katarzyny ze Sieny. Znana jest też postać św. Mikołaja z Flüe w Szwajcarii (koniec XV wieku). Współcześnie najgłośniejsze są przypadki francuskiej mistyczki Marty Robin (1902-1991), portugalskiej dziewczynki Alexandriny da Costa i Teresy Neuman. Sprawą Serafiny Gentile przez długie lata zajmowało się także Święte Oficjum. Co ostatecznie ustaliło - można znaleźć w watykańskich archiwach. W autobiografii neapolitańczyk nie pisze o dalszym losie kobiety, ponieważ w pewnym momencie całkowicie odciął się od jej sprawy.

Chłopczyk, który towarzyszy Serafinie - wieśniaczka dostaje go pod opiekę, jak twierdzi, od kobiety, która przedstawia się jako „Carita", „Miłość" - istotnie jest zjawiskiem niewytłumaczalnym i musi mieć pozaziemską misję. Mimo swoich sześciu lat pozostaje na poziomie czteroletniego dziecka, nie je i nie pije jak Serafina. Gdziekolwiek się pojawi, tam rozchodzi się piękny zapach kwiatów, a ludzie doznają pocieszenia. Chłopczyk ponoć przemawia jak siedmioletni Jezus w świątyni[78]. Kiedy rozkazuje ptakom, zatrzymują się. Czasami znika na długie godziny czy dni i pojawia się w nieoczekiwanym momencie. Kilka osób próbuje sfotografować dziecko, jednak na wszystkich negatywach wychodzi biała plama.

Zapytany przez dziennikarza, co to wszystko może oznaczać, ks. Dolindo odpowiada, że nie do niego należy ocena tych wydarzeń, ale „Pan Bóg może działać na różne sposoby i być może to jakaś nowa droga, że chce zreformować *ab imis* pełną pychy i grzechu ludzkość".

Dziennikarz dopytuje się także o inny przypadek, z którym ma do czynienia ks. Ruotolo. Chodzi o historię małej Margherity Spezzy z Taranto, wokół której także dzieją się nadnaturalne zjawiska. W jej przypadku - jak twierdzi ks. Dolindo - po kilku przesłuchaniach w Rzymie Święte Oficjum wypowiada się pozytywnie.

Na kolejne pytanie, czy jednak w przypadku Serafiny nie można mówić o tak zwanym medium spirytystycznym czy

---

[78] Bardzo podobny przypadek wydarzył się całkiem niedawno w życiu Sługi Bożej zwanej Natuzzą z Kalabrii; ta prosta kobieta nosiła rany Chrystusa, nazywana jest we Włoszech o. Pio w spódnicy. Tysiące osób nawracało się przy niej na życie sakramentami; kiedy była mała i błąkała się po ulicach z rodzeństwem, bezdomna i niedożywiona, zjawił się chłopczyk, który bawił się z nią i towarzyszył jej w trudnych momentach życia; chłopczykiem tym był sam Jezus; Kościół stwierdził heroiczność cnót kobiety, jej proces beatyfikacyjny jest w toku. W Kalabrii powstało sanktuarium, a także jest budowany gigantyczny szpital jej imienia.

autosugestii, ks. Ruotolo odpowiada ze znakomitą znajomością psychologii, ale także teologii. Wyklucza autosugestię, gdyż Serafina wpada w stan ekstazy przed Najświętszym Sakramentem oraz na przywołanie imienia Boga. Nie jest wcześniej poddana ani hipnozie, ani w jej następstwie katalepsji.

Dopytywany o przebieg przesłuchań przed Świętym Oficjum ks. Dolindo ogranicza się do stwierdzenia, że „trudno sobie wyobrazić, jaką moralną walkę trzeba tam stoczyć między posłuszeństwem doktrynie a ludzkim sumieniem".

- Co zatem dalej? - dopytuje dziennikarz.

- We wszystkim ostateczny osąd wyda Kościół i Ojciec Święty Pius X - odpowiada ks. Dolindo.

Rok później na łamach „Don Marzio" oraz „Corriere d'Italia" ukaże się oświadczenie ks. Ruotolo, w którym kapłan napisze między innymi:

> Teraz, kiedy Kościół Święty ma już w rękach wszystkie dokumenty dotyczące tej sprawy [Serafiny Gentile], całkowicie oddaję się w jego ręce [...], poddając się bezgranicznie jego woli i osądowi [...]. Przypominając, że od półtora roku jestem zawieszony *a divinis* i wyrzucony poza Wspólnotę, całkowicie oddaję się do dyspozycji [Kościoła], [...] wyznaję moją szczerą wiarę w Katolicki, Apostolski, Rzymski Kościół [...] i posłuszeństwo.

Podpis: „ubogi sługa ks. Dolindo Ruotolo, kapłan Misji"[79].

Sytuacja kapłana tak naprawdę cały czas jest niejasna. Nie ma bowiem oczywistej decyzji Świętego Oficjum, które długo nie wraca do sprawy, cedując jej rozstrzygnięcie na bezpośrednich przełożonych ks. Dolindo w Neapolu. Jedna osoba, pewnie

---

[79] Wydanie „Don Marzio" z 4 i 5 lipca 1909 roku.

bardziej kierując się strachem przed reakcją społeczną niż rozsądkiem, decyduje o odebraniu duchownemu szans na wyjaśnienia. W zapiskach autobiograficznych widać, jak ks. Dolindo, który nie widzi życia poza kapłaństwem, cierpi. Przyjmuje wydarzenia jako wolę Bożą, ale wydaje się po ludzku zdezorientowany. Nie ma w nim jednak rysu buntownika. Jest poniewierany przez najbliższych w domu, chodzi niedożywiony i zmarznięty. Dużo się modli i każdy trud oddaje Bogu.

Przez kilka miesięcy mieszka i pracuje u dość dobrze sytuowanego kuzyna w Neapolu, producenta rękawiczek. Najpierw w zamian za talerz spaghetti ksiądz uczy kuzyna śpiewu. Po pewnym czasie, widząc w Dolindo potencjalne źródło zysku, kuzyn wywiera na niego nacisk, by napisał kilka muzycznych partytur, które kuzyn może sprzedać za dobrą cenę. Początkowo niechętny takiej transakcji Dolindo daje się przekonać, mając nadzieję, że tym samym pomoże matce wybrnąć z pogarszającej się dramatycznie sytuacji finansowej. Wszystko jednak kończy się fiaskiem, a ks. Dolindo musi odpracować zainwestowane przez kuzyna w druk pieniądze. Sprząta więc jego dom. „Stałem się jego niewolnikiem - pisze. - Kto w życiu ucieka przed jednym krzyżem, natrafia zawsze na kolejny, tym razem dużo cięższy".

Ten wątek tylko z pozoru wydaje się nieistotny. W domu kuzyna cyklicznie odbywają się seanse spirytystyczne. Wywoływanie duchów, wtedy niezakazane czy też raczej - nierozsądzone przez Kościół, jest w wielu miejscach czymś zwyczajnym. Zakaz uczestniczenia kapłanów w takich seansach podpisze dopiero kilka lat później, dokładnie 26 kwietnia 1917 roku, papież Benedykt XV.

Ksiądz Ruotolo, widząc, co się dzieje, stawia temu wyraźny opór. Chcąc nie chcąc, i tak jest świadkiem tych praktyk, więc robi wszystko, by udowodnić zgromadzonym, że stoi za nimi sam diabeł. Modli się, kiedy pozostali wywołują nad okrągłym stolikiem duchy. W pomieszczeniu ma miejsce manifestacja złego ducha, który reaguje gwałtownie na słowa: „Jako kapłan Jezusa Chrystusa, przeklinam cię, zły duchu. Niech będzie błogosławione imię Boga w tym domu".

Po tym wydarzeniu ks. Dolindo intensywnie modli się o wyzwolenie rodziny i osób zamieszanych w praktyki spirytystyczne. „Panie, poślij Ducha Swego, Ducha błogosławionego, który nauczy nas Cię kochać". I tu pojawia się ciekawy, proroczy dla życia ks. Dolindo wątek skrupulatnie potem analizowany przez Święte Oficjum. Księdza Ruotolo nawiedza Gemma Galgani. Ta włoska mistyczka i stygmatyczka nie żyła od 1903 roku. Za dwie dekady miała zostać ogłoszona błogosławioną Kościoła i szybko potem świętą (jest pierwszą świętą zmarłą i kanonizowaną w XX wieku). Od dwunastego roku życia, po śmierci mamy, opiekowała się siedmiorgiem swojego rodzeństwa. Za życia prowadziła rozmowy z Jezusem o niezawinionym cierpieniu, świadomie, w milczeniu przyjmowała fizyczny ból, stygmaty i trudności.

Ksiądz Ruotolo wkrótce po tym wydarzeniu spotka się ze spowiednikiem mistyczki w Rzymie, o. Germano, który nie będzie zaskoczony „pojawieniem się" Gemmy w życiu neapolitańczyka. Spowiednik wyjawi mu, że przyszła święta w czasie pobytu w Wiecznym Mieście, dowiedziała się, że Jezus zainterweniuje w Kościele, posługując się pewnym kapłanem. „Będzie to droga do światła, wcześniej jednak naznaczona cierpieniem i wieloma trudnymi wydarzeniami". Czy tym kapłanem jest ks. Ruotolo? Jaką misję wyznacza mu Jezus?

Anioły i Jezus, pierwsze spotkania i bilokacje

Będę sam do ciebie mówił, ponieważ chcę wiele powiedzieć ludzkości; przemienię to wszystko na chwałę Boga, ale potrzebuję, byś był gotowy, byś całkowicie oddał się tylko Mnie i stał się narzędziem Moim. Przygotuję cię na to.

Jezus do ks. Dolindo

Od czasu przymusowego odejścia z domu Misjonarzy w życiu ks. Dolindo nasila się zjawisko przeczuwania różnych sytuacji. Na kilka dni przed jakimś przykrym i trudnym zdarzeniem czuje ból i cierpienie, choć nie wie dokładnie, co się wydarzy. Trwa to zwykle około kwadransa i dzieje się w jego sercu.

Zdarzało się też, że kiedy tylko spojrzał na książkę, potrafił ocenić, bez czytania, jakie skutki może przynieść jej lektura. Nie przywiązywał jednak wagi do tych fenomenów i wszystko oddawał Bogu na modlitwie. Dar rozeznania duchowego będzie się w nim rozwijał tak bardzo, że kilka dekad później otrzyma dar prorokowania i widzenia przyszłości oraz - tak jak o. Pio - czytania w ludzkich duszach. W tym właśnie czasie kapłan doświadcza też pierwszej bilokacji.

> Po powrocie do domu często w ubraniu rzucałem się wyczerpany na łóżko i budziłem się późno w nocy, żeby się modlić[80]. Moja dusza łaknęła duchowej ulgi, ale nie mogłem jej doświadczyć: byłem pozbawiony wszystkiego, ale mogłem ofiarować Bogu moje bóle... Jednego z tych pełnych duchowej walki dni przez chwilę poczułem się bardzo blisko Boga. W tym samym okresie przydarzyło mi się coś takiego: wieczorem modliłem się, przechadzając się po pokoju. Byłem w pełni świadomy i wypoczęty, kiedy poczułem przymus położenia się na łóżku. Zrobiłem to i zapadłem w nagłą drzemkę, choć nie był to w żaden sposób sen. Wydawało mi się, że jestem w Ameryce, nad jakimś jeziorem, gdzie umierał człowiek, który był niegdyś moim przewodnikiem czy, jak to mawialiśmy we Wspólnocie, aniołem stróżem, prowadził mnie do nowicjatu. Wyciągnąłem go z wody i po tym, jak przekazałem jego duszę w ręce Boga, natychmiast tak, jak zasnąłem, obudziłem się całkowicie świeżutki. Przeszył mnie dreszcz zimna, bo wszystko to nie wydawało mi się normalne.

Ta scena dotyczyła Federica Santaniello, który po złożeniu apostazji wyjechał z Neapolu do Ameryki. Ksiądz Dolindo modlił się za niego przez wiele lat, prosząc o łaskę, aby przed śmiercią mógł w jakiś sposób „ocalić jego duszę i oddać ją w ręce Boga".

Wkrótce po tym doświadczeniu - ks. Dolindo w zapiskach nie nazywa tego bilokacją - dowiaduje się o śmierci kolegi, a po

---

80 Do końca życia ks. Dolindo będzie budził się o 2.30, by o 3.00 rano odmówić pierwszą modlitwę.

kilku miesiącach spotka w Rossano jednego z kolegów Federica, który cieszy się z ponownego spotkania z Dolindo w tak krótkim czasie po zobaczeniu się z nim w Ameryce.

> Zapewniał, że widział mnie przy Federico. Ale ja przecież nigdy nie pojechałem do Ameryki. Nie mogę jednak z przekonaniem powiedzieć, że to Pan przeniósł mnie w tamto miejsce, by ocalić duszę.

Kilka dekad później ks. Ruotolo będzie widziany jednocześnie w Izraelu, w czasie konfliktu zbrojnego, oraz we Florencji w czasie wielkiej powodzi. W tym samym czasie będzie przebywał w domu przy Salvator Rosa w Neapolu.

Kapłan każdego ranka zanim dotrze do pracy do kuzyna, który wykorzystuje Dolindo do najcięższych fizycznych robót, biegnie do kościoła. Spędza choć kilka chwil przed Najświętszym Sakramentem.

> Pamiętam dobrze, że kiedy pewnego dnia przyjąłem Komunię Świętą, usłyszałem wyraźny wewnętrzny głos Jezusa: „Będę sam do ciebie mówił, ponieważ chcę wiele powiedzieć ludzkości; przemienię to wszystko na chwałę Boga, ale potrzebuję byś był gotowy, byś całkowicie oddał się tylko Mnie i stał się narzędziem Moim. Przygotuję cię na to".

Wkrótce ks. Ruotolo nawiedzą Anioły. W autobiografii zanotuje: „Powiedziały mi, że mam przydzielonych dwóch aniołów - jeden z chóru Cherubinów, a drugi z Serafinów". Oraz: „Przychodziły, by przygotować moją duszę, by stała się, jak chce Jezus, narzędziem w Jego rękach". Anioły będą odwiedzać kapłana do ostatnich dni jego życia. A on będzie często mówił kazania o ich posłannictwie, nigdy jednak nie epatując swoimi wizjami.

25 marca (trudno o piękniejsza symbolikę, w tym dniu Kościół wspomina dzień Zwiastowania) 1909 roku po raz pierwszy przychodzi do ks. Dolindo Jezus. „Poczułem wtedy wewnętrzny pokój, wielki płomień miłości zapłonął w moim sercu, jakaś nowa siła, która całego mnie jakby brała w posiadanie i po raz pierwszy napisałem wtedy: «Ja Jestem, Jezus»". Ksiądz Dolindo siedzi wtedy przy stole, mówi o przedziwnym przynagleniu do pisania, jakie czuje. Nanosi na papier słowa, które nie pochodzą od niego.

„Nie pamiętam dokładnie tych zdań, ale Jezus «napisał» wtedy długi list do papieża, w którym mówił o powinnościach i o grzechach w Kościele i wzywał go do zaradzenia temu" - notuje ks. Ruotolo. List faktycznie trafia do rąk samego Piusa x, który musiał być pod sporym wrażeniem tekstu, skoro po krótkim czasie do Neapolu dociera drogą oficjalną, przez ręce papieskiego wysłannika, o. Antonia Di Costy, informacja zwrotna: „Ojciec Święty prosi o wyjaśnienie, w jaki sposób ksiądz otrzymał ten list od Jezusa".

Jednocześnie kapłan ciągle wysyła prośby do Świętego Oficjum o rozstrzygnięcie jego sprawy. Wstawiają się za nim księża z Neapolu. W liście do o. Adolfa Mozzarellego z oratorium w Neapolu Rzym odpisuje, że sprawa była analizowana i nie da się tu już nic zrobić.

Ojciec Benedetto Wirth, spowiednik ks. Dolindo, doradza mu, by w takiej sytuacji osobiście udał się do Rzymu. Ponieważ nie ma pieniędzy na bilet, prosi o wsparcie kilka osób. 25 września 1909 roku ks. Ruotolo ponownie wysiada na Stazione Termini w Rzymie. W kieszeni ma rekomendacje od zaprzyjaźnionego ks. Orazio Mazzelliego, arcybiskupa Rossano Calabro, którą ten poleca ks. Dolindo wręczyć bezpośrednio kardynałowi Casimirowi Gennariemu. Ówczesny prefekt Świętej Kongregacji Soboru Trydenckiego, a za chwilę także kamerling Kolegium Kardynalskiego, osobiście zainteresuje się sprawą ks. Ruotolo. Jego wizyta w Świętym Oficjum budzi niemałe zdziwienie. Niestety nawet on nie może nic tu zdziałać. Po 23 dniach pobytu nad Tybrem neapolitańczyk opuszcza miasto z pustymi rękoma. Watykan kieruje go do diecezji Rossano, pod skrzydła arcybiskupa Mazzelliego. Ale kapłan nadal nie może odprawiać Mszy Świętej.

„Arcybiskup przyjął mnie z wielką serdecznością - notuje ks. Ruotolo. - Dobrze mnie nakarmił i przydzielił mi pokój obok swojego". Ksiądz Dolindo jest wychudzony. Przez ostatnie trzy tygodnie żywi się tylko kawałkami chleba i wodą, bo na więcej nie było go stać. Arcybiskup Mazzella mianuje ks. Dolindo swoim sekretarzem i robi wszystko, by mógł znowu sprawować Eucharystię. Obaj duchowni doskonale się rozumieją. Mazzella jest wytrawnym teologiem i znakomitym mówcą. Ale także człowiekiem bliskim ludziom. Początkowo budzi sprzeciw wielu księży w Calabrii, gani ich za zbytnie wygody i naciska, by więcej uwagi i miłości okazywali ludziom z peryferii, małych wiosek, chorym i żebrakom na ulicy. Sam daje tego przykład. Żyje skromnie i czuwa przy łóżkach umierających w szpitalach. Bardzo angażuje się w pomoc, kiedy region dotyka tragiczne w skutkach trzęsienie ziemi.

„Po okresie zawirowań wydawało mi się, że jestem jak ptaszyna, która znalazła swoje gniazdo", pisze o pobycie w Calabrii.

Niestety także tu dopadną ks. Dolindo koszmary przeszłości. Ktoś podsunie arcybiskupowi Mazzelli wydrukowane teksty prasowe na temat ks. Ruotolo. Do kurii kalabryjskiej dotrą też listy protestacyjne wobec nominacji na sekretarza kapłana odsuniętego od Mszy, który rzekomo wspiera głośną sprawę widzącej Serafiny Gentile. Wszystko to sieje niepokój w myślach arcybiskupa Rossano. Tym razem to purpurat prosi, by jego sekretarz opublikował oświadczenie w tej sprawie. Także i ono dociera do Świętego Oficjum i nie budzi zadowolenia. Spirala kolejnych nieporozumień i przypisywane kapłanowi nieprawdziwe słowa i działania coraz bardziej ciążą mu na duszy. Ksiądz Dolindo pisze:

> Moje dni były tak gorzkie, ale jednocześnie tak mocno zanurzone w Bogu. Czułem tak wielką bliskość Jezusa. Pan nie tylko pozwalał mi przeżywać Jego Obecność w duszy, ale rozpoznawałem Go jako Osobę, która stoi obok mnie, po lewej stronie.
>
> Raz kiedy odmawialiśmy brewiarz z arcybiskupem Mazzellą, doznałem uniesienia [*raccoglimento*], choć nie widziałem Jezusa oczyma, to doświadczyłem Go w sposób tak oczywisty, że oparłem głowę na Jego Sercu i poczułem miękkość i ciepło Jego piersi, spłynął na mnie pokój, jakiego nie da się ująć w żadne słowa.

Podobne doświadczenie powtarza się kilkakrotnie.

> Nocą, kiedy arcybiskup kładł się spać, przemykałem do Katedry, by być z Jezusem. Klękałem przy samym tabernakulum, opierając o niego głowę i modliłem się tak do późnych godzin. [...] Kiedy miałem napisać coś ważnego na chwałę Bożą, robiłem to przed Jezusem, przy ołtarzu z Najświętszym Sakramentem.

Pobyt w Rossano jest ważnym momentem w życiu ks. Dolindo. To czas, kiedy nie tylko dużo się modli, ale i milczy. Tutejsza cisza - Rossano jest bardzo spokojnym miasteczkiem - z pewnością temu sprzyja.

„Po obiedzie odprawialiśmy Drogę Krzyżową z arcybiskupem Mazellą, ale w milczeniu; Droga Krzyżowa dawała mi ukojenie". Ksiądz Ruotolo towarzyszy biskupowi w wizytacjach okolicznych wiosek i parafii. Jest jego prawą ręką.

To tu, w Rossano, powoli klaruje się misja ks. Ruotolo. Misja, jaką powierza mu sam Jezus, a której adresatem stają się kapłani. Ksiądz Ruotolo notuje:

> Dzieło Jezusa, co pokazały kolejne wydarzenia, dotyczyło nade wszystko kapłaństwa i Eucharystii. Słowa Jezusa przechodziły przez jego kapłana, jednak nie jako jakaś nowa prawda czy nowa Ewangelia, ale niczym woda ożywcza i niosąca uzdrowienie, która miała ożywić Wiarę, chrześcijańskie życie Kościoła.[81]

Co ciekawe, w XX wieku niemal wszystkie objawienia i orędzia maryjne dotykają kwestii nawrócenia kapłanów (nie zawsze element ten jest eksponowany przez interpretatorów)[82]. Takie wezwanie pojawia się także w słowach, które z krzyża wypowiedział Jezus do o. Pio. Jest w słowach do św. Faustyny Kowalskiej i św. Gemmy Galgani. Jest także i u Sługi Bożego ks. Dolindo Ruotolo. I, o ile Jezus prosi o. Pio o udział w Jego Męce za grzechy kapłanów i w intencji ich nawrócenia[83], tak do

---

81 Słowa te ks. Dolindo pisze już z pewnej perspektywy czasu, bo w 1923 roku.

82 O nawrócenie kapłanów Matka Boża szczególnie intensywnie prosi we współczesnych orędziach w Medjugorie, ale także w Fatimie. Samemu ks. Dolindo powtórzy to przesłanie kilkakrotnie, kapłan zapisze je w książce o Niepokalanej *Cosi ho visto l'Immacolata*.

83 Ujawniły to dopiero co odtajnione akta archiwum Watykanu. Por. Francesco Castelli, *Przesłuchanie Ojca Pio. Odtajnione akta Watykanu*, Wydawnictwo Serafin, Kraków 2009.

Rękopis ks. Dolindo Ruotolo. Tu zapisał jedne z najpiękniejszych rozważań o kapłaństwie *Kapłani są moją wielką miłością...*, 30 grudnia 1937 roku.

ks. Dolindo zwraca się o ofiarę za świętokradztwo w czasie odprawiana Mszy Świętej przez wielu z nich. I jest to pilne i niezwykle mocne wezwanie.

Ksiądz Ruotolo od dziecka odnosi się do kapłanów z godnym podziwu szacunkiem. Od początku widzi jedyny wzór kapłańskiego życia w „Wiecznym Kapłanie", jakim jest Chrystus. Na swojej drodze spotyka wielu duchownych, którym daleko do takiego wzoru, którzy go krzywdzą, ale także takich, którzy czują się kapłaństwem znużeni, zniechęceni. To do nich Jezus mówi przez ks. Dolindo. To chyba jedna z najbardziej zaskakujących współcześnie kwestii - kapłan, który w sumie przez prawie dwadzieścia lat będzie odsunięty od sprawowania sakramentów - nie przestanie Kościoła kochać, szanować i nie odejdzie z niego, staje się narzędziem, przez które Jezus mówi właśnie do kapłanów.

W czasie pobytu w Rossano misja ks. Ruotolo zaczyna nabierać kształtów. I w tym miejscu tkwi klucz do jej odczytania. Na całość ogromny wpływ będą miały trzy wydarzenia.

Jezus mówi do kapłanów

Niech Eucharystia będzie szczytem waszych pragnień. Zostałem z wami w Eucharystii, nie tylko by z wami być, ale by w was działać.

Jezus do ks. Dolindo 22 grudnia 1909 roku, Rossano

Jak drewno, poddając się całkowicie pod dłutem, zdolne jest dać z siebie szlachetniejszą formę, tak i wy, poddając się Mi, możecie nosić w sobie Moje żywe odbicie [...]. *Jeśli czujecie apatię, stojąc przede Mną Sakramentalnym, przezwyciężajcie sami siebie; każda chwila więcej jest niczym korona, jest przygotowaniem się na nowe łaski i miłosierdzie.*

Jezus do kapłanów, 20 grudnia 1909 roku, Rossano

Do kurii w Rossano na zaproszenie metropolity przyjeżdża ks. Francesco Cantelmo, były wikariusz generalny w Taranto. Ksiądz Dolindo opisuje go jako niezwykle inteligentnego, błyskotliwego, doskonałego organizatora i bystrego obserwatora. Przez długi czas Cantelmo ma nadzieję na nominację biskupią, ale ta nie dochodzi do skutku. Cantelmo przeżywa wielki kryzys kapłaństwa. Nie odmawia brewiarza, jest zgorzkniały i zniechęcony, traci zaufanie do Boga. Arcybiskup Mazzella, obawiając się, że w takiej sytuacji jako duszpasterz może szkodzić, proponuje mu posadę w kurii, gdzie ma przede wszystkim zajmować się archiwum.

Jest 20 grudnia 1909 roku. Ksiądz Dolindo modli się w swoim pokoju, ks. Cantelmo pracuje przy biurku w kurii. Do Dolindo ponownie przychodzi późniejsza święta, Gemma Galgani. Nalega, by kapłan przyprowadził ks. Cantelmo, ponieważ chce mu przekazać słowa Jezusa. Dolindo jest nieco zakłopotany. O swoich przeżyciach duchowych, wizjach i o tym, co czuje i słyszy, nikomu dotąd nie mówił. Jak zatem ma iść do kapłana, który w dodatku od dawna jest sceptykiem i w tego rodzaju nadprzyrodzone zjawiska nie wierzy? Jak ma mu przedstawić swoje dotychczasowe doświadczenie z Neapolu i to, co dzieje się teraz w Rossano?

Po kilku chwilach obaj są już za zamkniętymi drzwiami pokoju. Ksiądz Cantelmo uważnie słucha opowieści Dolindo. Musiała zrobić na nim ogromne wrażenie, ponieważ klęka, robi znak krzyża i czeka na „przekaz".

Opisując to zdarzenie, neapolitański duchowny wspomina słowa błogosławionej Katarzyny Emmerich, której Jezus wyjawił szczegóły Pasji, i wyjaśnia, że zawsze kiedy Pan mówi do jednej osoby, tak naprawdę kieruje słowa do całej grupy, której dany wybraniec jest reprezentantem. Mówiąc zatem do ks. Cantelmy, zwraca się do wszystkich pogrążonych w podobnym stanie apatii kapłanów. Dolindo uogólnia: „Jezus, mówiąc do niego, mówił do Księży".

Cantelmo słyszy więc od Gemmy – a słowa te notuje ks. Ruotolo – że jest „drogi sercu Jezusa". „Spójrz na Jezusa! To jest twój

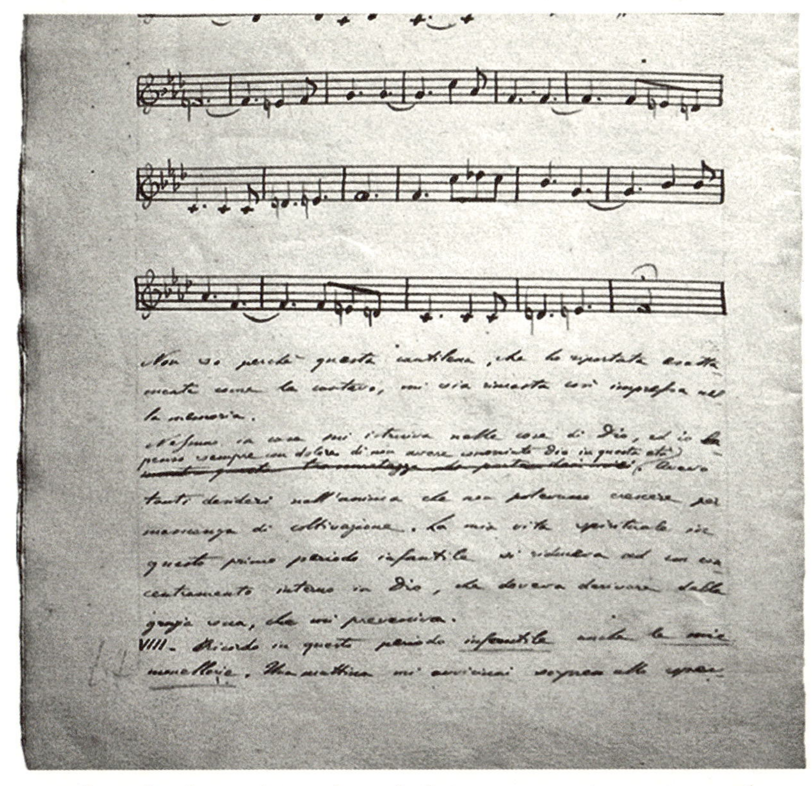

Ksiądz Dolindo nigdy nie kształcił się muzycznie, a mimo to komponował przepiękne melodie. Grał w kościołach i śpiewał.

wzór! Naśladuj Go! Jego Boska misja opiera się na trzech filarach: uniżenie, cierpienie, bierna ofiara”.

Dalej sam Jezus w czasie lokucji odnosi się najpierw do unicestwienia:

> Jesteś perłą Mojego Serca. Ja czuwam nad tobą. Postaw pierwszy fundament w twojej posłudze i zrzuć na Mnie twoją wolność, twoje jestestwo, życie, zdrowie, twoją inteligencję [mądrość], to, co masz i kim jesteś.
>
> Tak, mój ukochany synu, oddając Mi siebie samego, w sposób całkowity i niekończony, pozwalasz, by działało w tobie moje dzieło miłosierdzia. Jam jest Bóg i na Mnie samego daję ci słowo, że wleję w twoje serce obfitość mojego miłosierdzia. I gdy poddasz wszystko tylko Mnie i pozwolisz Mi zdewastować twoje serce Moją nieskończoną Miłością, Ja poddam ci się Sam wraz z Moimi nieskończonymi łaskami.
>
> Podoba ci się taka wymiana?
>
> O tak, tak, widzicie świat, który gna i popada w zgubę, i mówicie: Bóg nie chroni swojego stworzenia. Nie, synowie moi, jestem Opatrznością, chronię was; ale czuję, jak z tego świata emanuje negatywne działanie, które paraliżuje wolność Mojego działania. W jakim celu dałem wam wolność? Czyż po to, byście zdali się na siebie samych? Nie, po to, byście bezgranicznie oddali się Bogu.
>
> Tak więc w oddaniu się Bogu tkwi tajemnica unicestwienia siebie i waszej wolności.
>
> Jakże mam działać w sercu ludzkim, skoro odmawia Mi ono wolności do takich działań?

Cierpienie to drugi filar apostolstwa. Tu Jezus mówi do kapłanów między innymi, że „potrzeba zrezygnować z samego siebie we wszystkim [...], całkowicie zrezygnować ze świata". Używa tu obrazowego porównania:

> Jak drewno, poddając się całkowicie pod dłutem, zdolne jest dać z siebie szlachetniejszą formę, tak i wy, poddając się Mi, możecie nosić w sobie Moje żywe odbicie. [...] Jeśli kropla wody wpadnie do oceanu, z dumą będzie chciała się wyróżnić z masy wód, pozostanie mizerną kroplą, która przez ciepło wyparuje, a w ziemię wsiąknie. W pojedynkę nie ma siły, napędu, do niczego nie jest użyteczna... To jedynie drobna kropelka. Jeśli jednak zaprze się siebie, zrezygnuje z siebie i zanurzy się w oceanie, będzie częścią jego potęgi, weźmie udział w jego ruchu, jego wielkości.

Dalej Jezus mówi o grzechach wysoko postawionych kapłanów oraz że pewnego dnia zniweczy On każdy przejaw ich próżności. I dodaje:

> Pamiętajcie o moim rozgromieniu w świątyni. Bądźcie zawsze gotowi w Moich rękach i przygotowani na apostolstwo, do którego was posyłam. Przyodziewajcie się w szaty ubóstwa i uniżenia, przygotowujcie się we Mnie na modlitwie, na rozważaniu Moich prawd z miłością do Mnie.

Oraz: „Jeśli czujecie apatię, stojąc przede Mną Sakramentalnym, przezwyciężajcie sami siebie; każda chwila więcej jest niczym korona, jest przygotowaniem się na nowe łaski i miłosierdzie".

Ksiądz Cantelmo po tych wydarzeniach biegnie do spowiedzi. Od długiego czasu nie potrafił tego zrobić. W zaledwie jeden wieczór jego życie zmienia się całkowicie.

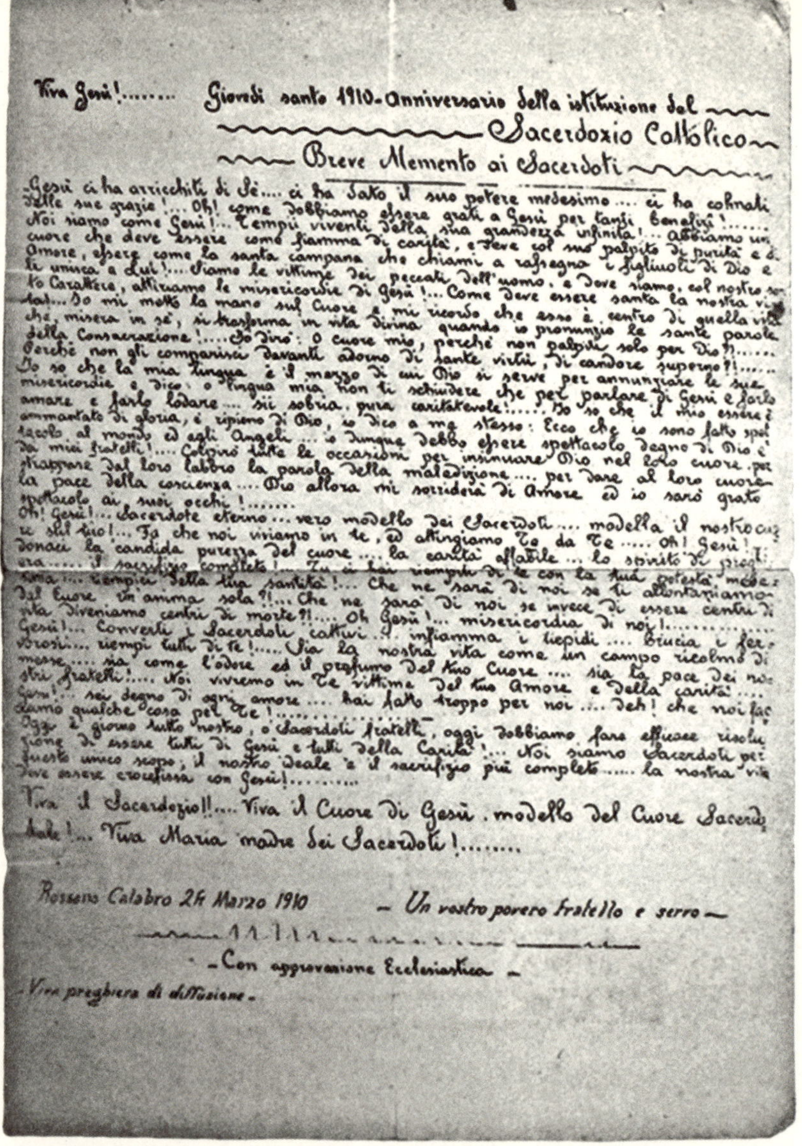

Viva Gesù!........ Giovedì santo 1910 - Anniversario della istituzione del
Sacerdozio Cattolico
Breve Memento ai Sacerdoti

Gesù ci ha arricchiti di Sè.... ci ha dato il suo potere medesimo.... ci ha colmati
delle sue grazie!.... Oh! come dobbiamo essere grati a Gesù per tanti benefizi!
Noi siamo come Gesù!... Tempii viventi della sua grandezza infinita!... Abbiamo un
cuore che deve essere come fiamma di carità, e deve col suo palpito di purità e di
amore, essere come la santa campana che chiami a rassegna i figliuoli di Dio e
li unisca a Lui!... Siamo le vittime dei peccati dell'uomo, e dove siamo, col nostro sa-
cro Carattere, attiriamo le misericordie di Gesù!... Come deve essere santa la nostra vita!... Io mi metto la mano sul Cuore e mi ricordo che esso è centro di quella vita
che, misera in sè, si trasforma in vita divina quando io pronunzio le sante parole
della Consacrazione!.... Io dirò: o cuore mio, perchè non palpiti solo per Dio?!......
Perchè non gli comparisci davanti adorno di sante virtù, di candore superno?!......
Io so che la mia lingua è il mezzo di cui Dio si serve per annunziare le sue
misericordie e dico: o lingua mia non ti schiudere che per parlare di Gesù e farlo
amare e farlo lodare.... sii sobria, pura, caritatevole!..... Io so che il mio essere è
ammantato di gloria, è ripieno di Dio, io dico a me stesso: Ecco che io sono fatto spettacolo al mondo ed agli Angeli.... e dunque debbo essere spettacolo degno di Dio e
dei miei fratelli!.... Coglierò tutte le occasioni per insinuare Dio nel loro cuore, per
strappare dal loro labbro la parola della maledizione.... per dare al loro cuore
la pace della coscienza.... Dio allora mi sorriderà di Amore ed io sarò grato
spettacolo ai suoi occhi!........
Oh! Gesù!... Sacerdote eterno... vero modello dei Sacerdoti.... modella il nostro cuore sul tuo!... Fa che noi viviamo in te, ed attingiamo Te da Te..... Oh! Gesù! [illegible]
donaci la candida purezza del cuore.... la carità affabile... lo spirito di preghiera...... il sacrifizio completo!... Tu ci hai riempito di te con la tua potestà, riempici ora... riempici della tua santità!... Che ne sarà di noi se ti allontaniamo
dal Cuore un'anima sola?!... Che ne sarà di noi se invece di essere centri di
vita diveniamo centri di morte?!.... Oh Gesù!... misericordia di noi!..............
Gesù!... Converti i Sacerdoti cattivi... infiamma i tiepidi.... brucia i fer-
vorosi... riempi tutti di te!..... Sia la nostra vita come un campo ricolmo di
messe.... sia come l'odore ed il profumo del tuo Cuore.... sia la pace dei no-
stri fratelli!..... Noi vivremo in Te vittima del tuo Amore e della carità....
Gesù!... sei degno di ogni amore.... hai fatto troppo per noi.... deh! che noi fac-
ciamo qualche cosa per Te!...................
Oggi è giorno tutto nostro, o Sacerdoti fratelli, oggi dobbiamo fare efficace risolu-
zione di essere tutti di Gesù e tutti della Carità!... Noi siamo Sacerdoti per
questo unico scopo; il nostro ideale è il sacrifizio più completo...... la nostra vita
deve essere crocefissa con Gesù!.........

Viva il Sacerdozio!!.... Viva il Cuore di Gesù, modello del Cuore Sacerdotale!... Viva Maria madre dei Sacerdoti!........

Rossano Calabro 24 Marzo 1910 — Un vostro povero fratello e servo —

— Con approvazione Ecclesiastica —

— Viva preghiera di diffusione —

24 marca 1910 roku na polecenie arcybiskupa Mazzelli, biskupa Rossano, ks. Dolindo pisze rozważanie na Wielki Czwartek. Przypomina w nim kapłanom, że „jesteśmy jak Jezus!".

Dwa dni później, 22 grudnia 1909 roku, Jezus mówi do ks. Dolindo o Eucharystii: „Niech Eucharystia będzie szczytem waszych pragnień, waszych religijnych praktyk. Niech to będzie jedyna meta wszystkich waszych poczynań. Zostałem z wami w Eucharystii, nie tylko by z wami być, ale by w was działać". Dalej Jezus mówi o oporze, jaki stawiają ludzie.

> Powiecie pewnie: czyż żelazo pod wpływem ognia nie porani się? Będzie mniej lub bardziej stawiać opór, ale w końcu ulegnie [...]. Ja Jestem prawdziwym ogniem, ogniem żywym, który pali i wznieca do życia wszystko. Ja Jestem wszędzie, ale w Eucharystii jestem waszym ogniem, rozpalam się, kiedy chcecie, działam, kiedy pozwolicie.

Jezus mówi też do kapłanów, którzy dopuszczają się profanacji i sprowadzają Jezusa w Eucharystii wyłącznie do korzyści materialnych.

Spotkania z Jezusem ks. Dolindo są coraz intensywniejsze, a na biurku rośnie stos zapisanych kartek. W Wielki Czwartek 1910 roku ks. Dolindo na prośbę arcybiskupa pisze Memento do kapłanów.

> Jezus dał nam swoją moc... [...] Jesteśmy jak On! [...] Żywe świątynie Jego nieskończonej wielkości! Dostaliśmy serca, które mają płonąć jak ogień miłości. Wybijając rytm czystości i miłości mają być jak święty dzwon, który wzywa dzieci Boga do nawrócenia i które je z Nim łączy! Jesteśmy ofiarami grzechu ludzkiego [...]. Jakże święte powinno być nasze życie!... Kładąc dłoń na sercu, uświadamiam sobie, że tu jest centrum mojego nędznego życia, które przemienia się w Boskie w chwili, gdy wymawiam słowa Konsekracji na ołtarzu!

Kilka miesięcy później, dokładnie 9 czerwca 1910 roku, ks. Ruotolo złoży przed Jezusem akt dobrowolnego i całkowitego poddania się Mu we wszystkim. Jezus chce, by Dolindo wziął udział w cierpieniu i Jego bólu. „Modlę się bez ustanku, by Jezus [...] zanurzył mnie w Swojej Najświętszej Męce [...]. Czuję w sobie taki ogień, że nie mogę już dłużej go tłamsić" - pisze do ks. Andrei Volpe[84].

Jezus - jak notuje ks. Ruotolo - prosi kapłana o szczególną ofiarę.

> Chodziło o uroczysty akt zadośćuczynienia za wszystkie świętokradztwa, które dzieją się w czasie celebrowania Eucharystii. Ofiara ta była jedną z najbardziej radosnych w moim życiu, ale przysporzyła mi wiele bólu, gdyż nie została dobrze zrozumiana i wywołała co najmniej zdziwienie

- notuje w autobiografii. Ofiara, o którą prosi Jezus, ma być złożona uroczyście, a więc przed Najświętszym Sakramentem, w obecności zwierzchników ks. Ruotolo.

19 czerwca 1910 roku. Wczesny ranek. W kaplicy przylegającej do słynnej katedry w Rossano - tu przechowywany jest do dziś tak zwany czerwony rękopis Ewangelii z Rossano - zgromadzonych jest kilku księży, pracownicy kurii i kilka innych osób. Ksiądz Dolindo Ruotolo służy do odprawianej przez arcybiskupa Mazzellę Mszy. Przed Komunią odczyta na głos podyktowany mu przez Jezusa akt ofiarowania:

> Jezu mój, oddając hołd Twojemu Kapłaństwu, w akcie ekspiacji za świętokradztwa i zniewagi wobec Ciebie Sakramentalnego; by

---

[84] List z 1 czerwca 1910 roku, Dolindo Ruotolo, *Fui chiamato Dolindo.*

bezwarunkowo oddać się Tobie w najpełniejszym i najdoskonalszym akcie zawierzenia, by zamknąć się bardziej jeszcze w Twoim Sercu, w łasce Twojego miłosierdzia, składam Ci nieustającą i bezwarunkową ofiarę, odprawiania Mszy Świętej, kiedy będę już mógł ją sprawować, zgodnie z Twoimi intencjami i bez jakiegokolwiek materialnego zysku [pobierania jałmużny]. Oddaję się Tobie jako ofiara zadośćuczynienia i miłości, całkowicie oddaję się w Twoje ręce. Nie należę już do siebie, Jezu mój, a w pełni do Ciebie!

Napełnij mnie goryczą, daj mi surowe życie, bym mógł przysporzyć Ci radości jako zadośćuczynienie za tak wiele aktów zniewagi, jakich doświadczasz od tylu kapłanów, którzy Cię nie kochają.

Zatwierdź Krwią Twoją ten akt oddania i ofiarę i udziel mi Swojego miłosierdzia. Amen[85]!

Jezu mój, przypieczętuj ten mój akt Twoim Najświętszym Ciałem, chcę, by pozostał niezmazywalny, cokolwiek się wydarzy.

Twój ubogi i niegodny syn: Dolindo Ruotolo, Ofiara Twojego Serca i Twoich Kapłanów. Amen.[86]

W kaplicy zalega przenikliwa cisza. Ksiądz Ruotolo wyciera zapłakane oczy chusteczką. Kilka stojących obok niego osób robi to samo.

Dwa miesiące później arcybiskup Mazzella wręczy ks. Ruotolo pismo ze Świętego Oficjum znoszące zakaz odprawiania Mszy Świętej przez neapolitańczyka.

9 sierpnia 1910 roku po raz pierwszy od „dwóch lat, sześciu miesięcy i jedenastu dni" ks. Dolindo odprawia Mszę Świętą. Mimo przepełniającej go radości zanotuje:

---

85 List z 1 czerwca 1910 roku, Dolindo Ruotolo, *Fui chiamato Dolindo.*

86 Tamże, s. 209.

Cieszyłem się, że mogę odprawiać Mszę Świętą, a jednocześnie ubolewałem, że tracę najcięższy mój krzyż. Teraz, pisząc te słowa [1923 rok], chcę płakać na myśl o tym, że znowu od dwóch lat nie mogę celebrować mszy, a ponieważ tak skomplikowały się sprawy w Rzymie, nie ma najmniejszej nadziei na zmianę tej sytuacji; a to jest jeszcze cięższym krzyżem i niech Bóg będzie błogosławiony! [...] O, jak piękna jest Msza Święta bez jałmużny!

Jest grudzień 1910 roku. W Neapolu wybucha epidemia cholery. Choroba dziesiątkuje miasto jeszcze przez następnych kilka miesięcy. Ksiądz Ruotolo prosi arcybiskupa Rossano o pozwolenie na pobyt w rodzinnym mieście. Każdego dnia na ulicach umiera tam blisko sto pięćdziesiąt osób. Choć nie ma na to dowodu, jest wysoce prawdopodobne, że w tym czasie ks. Dolindo spotyka doktora Józefa Moscatiego, który wkrótce po tym zostanie profesorem, a później świętym. Trzydziestojednoletni wówczas lekarz jest jednym z najbardziej znanych medyków pod Wezuwiuszem. Jest szalenie zdolny i ma opinię świętego. Od biednych pacjentów nie tylko nie bierze zapłaty, ale sam, z własnej pensji kupuje im lekarstwa i żywność. Nie boi się nocą odwiedzać umierających na cholerę mieszkańców ciemnych i pogrążonych w skrajnej nędzy zaułków Neapolu. Niewykluczone, że właśnie tam i w neapolitańskich szpitalach spojrzy w oczy ks. Dolindo.

Jednocześnie w Rzymie Święte Oficjum oficjalnie zamyka sprawę ks. Ruotolo. Zostaje w pełni zrehabilitowany. Niestety trwa to tylko przez krótką chwilę. Ksiądz Dolindo do tej pory ukrywał przed światem swoje niemal mistyczne doświadczenia. O wszystkim wie jedynie nawrócony ks. Cantelmo oraz spowiednik neapolitańczyka, kanonik katedr ks. Mariano Renzo, wybitny profesor teologii. Kiedy czyta spisywane przez swojego penitenta słowa, jest silnie poruszony. „Płacząc, stwierdził, że tylko Bóg może mówić takie rzeczy". Wreszcie o doświadczeniach ks. Dolindo dowiaduje się arcybiskup Mazzella. Przypadkiem, przy kolacji, w czasie rozmowy ze swoim sekretarzem. Zanim wyda ostateczny osąd o wszystkim i powiadomi o tym papieża Piusa X, jak zanotuje ks. Dolindo, jego życie wyraźnie się zmienia. Jest bardziej radosny, z większym namaszczeniem i celebracją odprawia Eucharystię. Ale kiedy sekretarz mówi o tym jak o Dziele, którego głównym adresatem są kapłani, oraz przekazuje mu słowa Jezusa na jego temat, że „jest bliski Sercu Jezusa, ale kocha Go miłością nieśmiałą i pełną lęków", purpurat rozsieje wątpliwości dotyczące źródła inspiracji Dolindo. „Pojawiło się więc i we mnie wahanie nad autentycznością słowa przekazywanego przez Jezusa [...]. Czy jestem ofiarą autosugestii lub iluzji?".

Jezus w tym czasie mówi Dolindo, by pokazał Mazzelli spisane dotąd słowa, by pozwolił mu je przeczytać. Zastrzega jednak: „Nie broń się, to należy do Mnie, obronę przygotuję Ja sam". Mazzella chłonie zapiski całymi nocami. Jest tego ponad dwa tysiące dwieście stron. Purpurat jest pod ogromnym wrażeniem. „To, co się wokół księdza dzieje, zdecydowanie pochodzi od Boga - mówi do sekretarza. - Wiele z tych słów jest bezpośrednio pisanych pod wpływem szczególnej łaski, a zatem są to przekazy nadprzyrodzone". Mazzella, znakomity teolog, nie znajduje w tym, co pisze ks. Ruotolo, żadnej sprzeczności z wiarą, Pismem Świętym. Ani żadnej diabolicznej nuty, choć nie wyklucza, że demon będzie próbował przedostać się i tutaj. Arcybiskup prosi każdego dnia o kolejne zapiski. Interesuje się tym coraz głębiej. Pewnego dnia powie:

> Są tu rzeczy znakomicie powiedziane i ujęte, wzniosłe i piękne, ale w kwestiach doktryny trochę się gubię, bo zauważam tu rzeczy nowe... Ale nic nie sprzeciwia się wierze i Objawieniu [...].

Pewne jest, że pójdzie ksiądz do raju za ogromny wysiłek, jaki wkłada w pisanie tego wszystkiego z taką świadomością i intencją oddania czci i chwały Jezusowi.... Oby rzeczy te okazały się prawdziwym dziełem Boga!

Sprawa nabiera takiej intensywności, że już wkrótce trafia do samego Piusa x.

11 stycznia 1911 roku ks. Cantelmo, po wielu staraniach o audiencję u papieża, mówi Ojcu Świętemu o stronach zapisanych przez ks. Dolindo z inspiracji Jezusa. W telegramie z tą samą datą napisze do Ruotolo: „Przygotuj się do wyjazdu. Ojciec Święty chce się z tobą widzieć".

12 stycznia 1911 roku ks. Dolindo wsiada w wieczorny pociąg do Rzymu. Nad ranem następnego dnia melduje się w tanim hotelu Albergo del Paradiso nieopodal Piazza di Trevi ze słynną fontanną. Ma ze sobą torbę pełną zapisków, które przekaże papieżowi. Z ks. Cantelmo spędzą kilka zimnych tygodni w Wiecznym Mieście w oczekiwaniu na datę audiencji. Kapłani chwilami przymierają głodem, ale nie opuszcza ich poczucie humoru. W liście do ks. Volpe, z którym Dolindo pozostaje w stałym kontakcie, Cantelmo dla rozładowania trudnej sytuacji komponuje codzienne menu obu kapłanów. „Grand Restaurant de la sfasulation[87] - Roma" serwuje między innymi „omlet z litanii", „scagliozzi[88] na gorąco ze świętego entuzjazmu" czy „słodkości z boskiej słodyczy".

Sporo czasu kapłani spędzają na adoracji w pobliskim kościele San Claudio. 17 lutego arcybiskup Mazzella wysyła list

87 W dialekcie neapolitańskim słowo to oznacza biedotę.
88 Neapolitański przysmak, smażone na głębokim oleju kawałki ciasta z polenty, mąki z jajkami i przyprawami.

do Piusa x w sprawie ks. Dolindo. Pisze go w kaplicy, przed Najświętszym Sakramentem. Papież odpowiada osobiście, że niestety nie przyjmie księży na audiencji, ale prosi, by zapiski ks. Ruotolo przekazać przez jego majordomusa w Pałacu Apostolskim.

W takiej sytuacji ks. Dolindo sam pisze do Piusa x kilka słów. „Ojcze Przenajświętszy, mijają już dwa lata, odkąd doświadczam zjawiska, którego nie potrafię określić. Modląc się do Jezusa, przez akty oddania i miłości czuję się Nim cały pochłonięty i przynaglony do pisania". Dodaje też, że duchowni kierownicy wykluczają diaboliczny rys tych zjawisk. „Jezus mówi (jeśli to On), że wybiera ten nowy sposób komunikacji ze światem, by przez Swoje święte słowa wszystko zanurzyć w swoim Najświętszym Sercu. On prosi, by przekazać, że pragnie rozmawiać z Waszą Świątobliwością". Jezus - według ks. Dolindo - podkreśla, że jedynie Jego Wikariusz jest jedynym autorytetem w Kościele[89].

Jest sobotni poranek 25 lutego 1911 roku. Księża Ruotolo i Cantelmo po odprawionej Mszy idą równym krokiem w stronę Watykanu z paczką pod pachą. Przed wejściem do Pałacu Apostolskiego wstępują do Bazyliki św. Piotra, by pochylić głowy przed Najświętszym Sakramentem i przed ołtarzem z Matką Bożą. W przedsionku papieskich apartamentów czeka na ich już ks. Bressan, majordomus Ojca Świętego. Odbiera od kapłanów paczkę z zapiskami oraz list.

- Wszystko natychmiast położę na biurku Ojca Świętego - zapewnia z życzliwym uśmiechem.

Kapłani opuszczają Watykan z entuzjazmem. Choć do osobistego spotkania z Piusem x teraz nie dochodzi, za kilka

---

89 List do Piusa x zajmuje kilka stron; niestety znajduje się w archiwach procesu beatyfikacyjnego, do których obecnie nie ma dostępu.

miesięcy ks. Dolindo spojrzy mu w oczy w zupełnie nieoczekiwanych okolicznościach.

Tymczasem duchowni kierują się w stronę hotelu. Po drodze odmówią jeszcze litanię do Najświętszego Serca w kościele San Claudio. Ksiądz Ruotolo w czasie adoracji po raz pierwszy poczuje nagle palący go aż od wewnątrz płomień. Określa go „ogniem miłości". Pisze, iż palił go „do tego stopnia, że musiał przerwać rozmowę z Jezusem, bo nie był w stanie fizycznie znieść pełni tego płomienia"[90]. Tego dnia ks. Dolindo napisze hymn *Gloria*, którego tekst zrobi spore wrażenie na arcybiskupie Rossano. Podobnie jak jego hymn ku czci Trójcy Przenajświętszej.

Zanim ks. Ruotolo wróci do Rossano, spędzi jeszcze kilka dni w Neapolu. Epizod ten odnotuje w autobiografii. Dzięki jednemu ze swoich kuzynów (Umberto, ojciec Grazii Ruotolo) pozna słynnego wówczas nie tylko we Włoszech rzeźbiarza, Vincezno Gemito. Ten pod wpływem krótkiej rozmowy z duchownym nawróci się i radykalnie zmieni swoje życie.

Do niecodziennej sytuacji dochodzi też w pociągu. Zaatakowany przez grupę osiłków ksiądz prosi o pomoc Jezusa i pod wpływem natchnienia zaczyna ewangelizować. Kilku z nich wyspowiada się u niego jeszcze w czasie podróży.

25 marca (Zwiastowanie) 1911 roku do ks. Dolindo przychodzi Matka Boża.

> Jestem Maryja Niepokalana, która do ciebie mówi. Czy zechcesz posłuchać mojego głosu?
>
> Dzieci moje drogie, moim głosem jest mój boski Syn. Amen. Poczęty w moim łonie siłą Boskiej miłości i łaską udzieloną mi

---

[90] Dolindo Ruotolo, *Fui chiamato Dolindo*, s. 242.

przez Boga, On jest moim głosem i moją chwałą. Amen. A ja, dzieci moje, błogosławię was, przytulam do Serca mojego i mówię wam: oddajcie się Jezusowi, by życie wasze było wielkim głoszeniem Jezusa. Oddajcie się Jezusowi, by On był waszym głosem i by w was działał. Amen[91].

Prawdopodobnie to nie było pierwsze spotkanie z Maryją. Nie wiadomo dokładnie, czy ks. Dolindo widzi Ją czy też, podobnie jak z Jezusem, czuje i zapisuje Jej słowa niesiony nadprzyrodzoną siłą w czasie lokucji.

Po powrocie z Rzymu, w Rossano arcybiskup Mazzella przydziela ks. Ruotolo nowe obowiązki: od teraz kapłan spowiada dzieci i głosi kazania oraz rekolekcje w różnych parafiach. W tym czasie otrzymuje też dar rozeznania ludzkich grzechów i czytania w duszach. Wiele osób jest mocno dotkniętych odbytą u niego spowiedzią, mówią o zmianie w życiu. Do konfesjonału ks. Ruotolo niemal od samego początku, tuż za dziećmi, ustawiają się coraz dłuższe kolejki dorosłych. Niektórzy od lat nie przekroczyli progu kościoła. W Rossano mówi się, że ks. Dolindo spowiada „w białych szatach". Bywa, że z konfesjonału bije światło. Fenomen ten będzie stale powtarzał się w życiu kapłana. Świadkowie jego życia w Neapolu kilka dekad później to potwierdzą.

Ksiądz Dolindo spędza większą część dnia w konfesjonale w katedrze w Rossano. Wszyscy wiedzą, że siedzi naprzeciw

---

91 Przytaczane w tej książce słowa przypisane Matce Bożej i Jezusowi tłumaczę z zapisków ks. Dolindo Ruotolo. Kościół jednak jeszcze nie wypowiedział się w tej sprawie, choć wszystkie książki kapłana, gdzie cytuje on słowa Jezusa i Maryi zyskały *imprimatur* Kościoła. Z pism kapłana najbardziej znany jest akt zawierzenia *Jezu, Ty się tym zajmij*. Słowa Matki Bożej spisane przez kapłana bardzo przypominają obecne orędzia z Medjugorje; także i w tej sprawie Kościół nie wydał ostatecznego werdyktu.

kaplicy Najświętszego Serca Jezusa. Punkt ten staje się celem pielgrzymek z całego regionu.

W liście z 9 kwietnia 1911 roku do ks. Volpe Ruotolo pisze:

> Ależ wielkim sakramentem jest spowiedź! Moje serce rozszerza się w tym momencie; czuję się ojcem[92] i jestem gotów na każdy rodzaj poświęcenia dla duszy, która klęczy przy mnie! Jakaż to radość, o Jezu, móc w jednej chwili zmienić duszę, która przychodzi rozdarta, w hymn pokory, miłości i żalu za grzechy! [...] Gdyby świat zrozumiał wielkość i znaczenie spowiedzi, zasypałby kapłanów.

W tym czasie notuje sporo myśli o kapłaństwie. „Nie ma większego błędu niż zawieszenie kapłana w jego czynnościach. Trzeba raczej zrobić wszystko, by poczuł wielkość i godność tego sakramentu".

Niestety nad tak zwaną sprawą Ruotolo w Rzymie wiszą czarne chmury. Kapłan nie spodziewa się aż tak dramatycznej zmiany ani tego, że wkrótce znów zostanie odsunięty od sprawowania sakramentów.

---

92 W autobiografii podkreśla, że nigdy nie czerpie osobistej satysfakcji z pełnienia funkcji kapłańskich, a radość z tego, że to Jezus przez niego działa. Z uporem powtarza: „Jestem ubogi, nic nie znaczę".

Ostatni więzień Macao

Krzyż przyjęty z rezygnacją, jest prawdziwym lekarstwem, które uzdrawia duszę, pozwala jej się unieść, uzdalnia ją do rzeczy wielkich. To może wydawać się absurdalne, ale jest prawdą: krzyż to skarb, wydaje owoce, sieje ziarna, pomaga wzrastać temu, kto go przyjmie.

Krzyż przyjęty i niesiony na poły zasługuje na kolejny, który da więcej i obficiej, i wzniesie duszę wyżej. [...] *Zasłużyłem sobie na kolejne krzyże.* [...] *A najpiękniejszy był ten, który nosiłem przez całe lata prześladowań.*

ks. Dolindo

Źródło moich wewnętrznych cierpień tkwiło w miłości, jaką miałem dla Kościoła, która w tyglu przeciwności rosła zamiast słabnąć.

ks. Dolindo

Ogromna fala nawróceń, spowiedzi, ale i coraz wyraźniejsza misja skoncentrowana na sakramencie kapłaństwa powodują, że działalność ks. Dolindo Ruotolo bywa oceniana jako efekt... demonicznej ingerencji. Trudno osądzić, dlaczego tak się dzieje.

Arcybiskup Mazella nominowany na Apostolskiego Wizytatora Seminariów w Toskanii coraz częściej jest wzywany do Rzymu. 13 maja 1911 rozmawia z Piusem x o ks. Dolindo Ruotolo. W dobrej wierze sporo o Dolindo opowiada. Spotyka się nawet z kardynałem Gaetano de Laim, sekretarzem Świętej Kongregacji Konsystorialnej (dziś Biskupów). Purpurat jest jednym z głównych oponentów w sprawie ks. Dolindo. To na jego biurko trafiają w tamtym czasie raporty wszystkich ordynariuszy dotyczące pracy i problemów danych diecezji. Mówi się, że to „jedna z najbardziej bezlitosnych kurialnych maszyn do usuwania wszystkiego, co trąciło modernizmem, także tym domniemanym". *Dossier* Dolindo Ruotolo żywo go interesuje, choć kapłan nie reprezentuje modernistów[93], których myśl potępił Pius x w encyklice *Pascendi Domini Gregis.*

W tym samym okresie w Rzymie pojawia się też ks. Volpe i „przypadkiem" dowiaduje się o kolejnym zawieszeniu ks. Dolindo w czynnościach kapłańskich. Święte Oficjum tym razem posuwa się znacznie dalej - wydaje dokument, w którym zakazuje ks. Volpe i Ruotolo kontaktów z wiernymi, spowiedzi, głoszenia kazań oraz sprawowania Mszy Świętej. „Zabrania się także pod wszelkimi rygorami i w sposób absolutnie kategoryczny kontaktów między [Volpe i Ruotolo], nawet pisemnych" oraz

---

93 Moderniści to przedstawiciele kierunku myślenia, rozwijającego się od początku xx wieku, usiłujący wyjaśniać prawdy objawione za pomocą osiągnięć egzegezy biblijnej, nauk historycznych, psychologii religii, odkryć innych nauk empirycznych. Zależało im na „unowocześnieniu" teologii, tak, by wiarę dostosować do zapotrzebowań i kulturowego paradygmatu czasów nowożytnych. W efekcie tego nieraz doprowadzali do zanegowania obiektywnej wartości dogmatów na korzyść subiektywnego, przeżyciowego i niestety wybiórczego podejścia do orędzia chrześcijańskiego (por. „Modernizm", *Leksykon teologii fundamentalnej*, Wydawnictwo M, Lublin-Kraków 2002, s. 809-812).

z „kobietami, o których mowa w dokumentach". Chodzi o Serafinę Gentile i Margheritę.

Święte Oficjum podpisuje ten dokument 15 marca 1911 roku. Ksiądz Andrea Volpe dostaje go oficjalnie w sierpniu, zaś ks. Dolindo Ruotolo - pod koniec grudnia. Trudno dziś zrozumieć, skąd ta rozbieżność w datach, ale jeszcze trudniej pojąć, dlaczego po raz kolejny tak bezwzględnie potraktowano obu kapłanów, kolejny raz pozbawiając ich szansy wyjaśnienia sprawy i obrony. Kto przypomniał w Rzymie *dossier* związane z Serafiną Gentile i ks. Ruotolo? Zważywszy na dobro i owoce, jakie przynosiło duszpasterstwo ks. Ruotolo, na jego duchowość, pokorę i ewangeliczne ubóstwo, w jakim żyje, wziąwszy pod uwagę opinie spowiedników i ogromną przychylność przełożonego, trudno o większy absurd.

Dla ks. Dolindo to kolejna ciężka próba. Pisze: „W upokorzeniu, które człowieka niszczy, ludzka dusza albo popada w otępienie, albo się buntuje. Jedynym środkiem jest wtedy spokój, posłuszeństwo, zachowanie świętej godności, którą może dać tylko Pan". W liście do ks. Volpe mówi: „Teraz potrzeba tylko odwagi i modlitwy, nie lamentujmy [...]. Kochajmy Boga! Kochajmy Boga! To nasz przewodnik i nasza broń!".

Toczy jednak walkę duchową. „Dusza moja z jednej strony poddawała się Kościołowi niesiona żywą wiarą, a jednocześnie odczuwałem siłę, by sprzeciwić się temu, co przecież nie pokrywało się z prawdą i było niesprawiedliwe".

W tym czasie ks. Dolindo pisze kilkadziesiąt stron kazań o bólu, a szczególnie o cierpieniu Maryi. Dzieli się nimi z ks. Volpe, który wykorzysta je, głosząc rekolekcje w domu pasjonistów. Ci z kolei, pod wielkim wrażeniem kazań, wstawią się za ks. Volpe w Kurii Rzymskiej. Dzięki temu w niedługim czasie złoży tak zwaną abjurację[94] i zostanie całkowicie zrehabilitowany.

> W tym czasie walki w moim sercu był pokój, ale było ono całe ukoronowane cierniami, ponieważ widziałem, więcej - żyłem wielkością Kościoła, a jednocześnie dostrzegałem, jak jest sparaliżowany przez ludzkie poglądy tylu swoich członków. Źródło moich wewnętrznych cierpień tkwiło w miłości, jaką miałem dla Kościoła, która w tyglu przeciwności rosła zamiast słabnąć [...]. Chciałem działać, ale czułem się bezsilny.

Tymczasem z wielu miejsc we Włoszech napływają do kurii w Rossano prośby, by to ks. Ruotolo głosił rekolekcje - zarówno w zakonach, jak i w parafiach. Uparcie proszą o to klaryski. Arcybiskup Mazzella, uznając to za wolę Bożą, wydaje ks. Dolindo pozwolenie na głoszenie rekolekcji. Kapłan ma już przygotowane kazania, ale w ostatniej chwili przełożona prosi go, by mówił do sióstr o miłości Boga. Zaskoczony idzie do kaplicy i prosi Jezusa o pomoc. Natchnienie jest tak wielkie, że kiedy później mówi, wszystkie mniszki płaczą. Spisane kazania ks. Ruotolo o miłości Boga trafią w 1987 roku do wszystkich klasztorów klarysek na Półwyspie Apenińskim.

Jednak sytuacja ks. Ruotolo cały czas, mimo starań arcybiskupa Mazzelli, nie zmienia się. Purpurat bardzo wyraźnie widzi niedorzeczność tej sytuacji. Biskup Rossano zdobywa się nawet na dość ostrą polemikę z ówczesnym Komisarzem Świętego Oficjum, ks. Pasqualigo. Pokłosiem tego wydarzenia będzie

---

94 Wyrzeczenie się błędów.

oddalenie i zakaz kontaktowania się ks. Dolindo z arcybiskupem, „by nie miał on zgubnego wpływu na biskupa"[95].

Była Inkwizycja cały czas utrzymywała, że ks. Ruotolo ma zdolności sugestii i wpływania na psychikę innych oraz przekonuje ich do swojej świętości. Identyczne zarzuty instytucja ta stawia stygmatykowi z San Giovanni Rotondo. Także o. Pio zdaniem Świętego Oficjum propaguje własną świętość i obnosi się z nią. Z perspektywy czasu trudno dać temu wiarę.

Sprawę komplikuje też inny drobny szczegół. Święte Oficjum w liście do arcybiskupa Mazzellego załącza tekst abjuracji dla ks. Dolindo, w którym znajdują się między innymi nakaz odcięcia się od Serafiny i jej wizji oraz całkowita negacja spirytyzmu. Zupełnie niejasne jest to, w jaki sposób w Rzymie ktoś dowiedział się o tym całkowicie przypadkowym udziale Dolindo w seansie spirytystycznym. Inną rzeczą jest to, że w czasie seansu kapłan dla dobra dusz, wypędza demona. Podpis pod dokumentem abjuracyjnym mógłby zakończyć sprawę. Jednak biskup, wyjmując list z koperty, nie zauważa go i niechcący odsyła z kolejną swoją odpowiedzią niepodpisany. Dawna Inkwizycja przyjmuje to jako śmiały sprzeciw i brak pokory ks. Ruotolo. Potwierdza więc raz jeszcze odsunięcie go od kapłańskich czynności. Arcybiskup Mazzella proponuje Dolindo dwa rozwiązania – albo zostaje w Rossano i rezygnuje z kapłańskich „przywilejów", albo próbuje walczyć. Neapolitańczyk wybiera tę drugą możliwość, mimo że będzie ona związana z całkowitym opuszczeniem tak

---

95 Kilka dekad później, kilku duchownych, w tym kardynałowie, którzy będą bronić ks. Dolindo przed Świętym Oficjum, będą narażeni na szykany w Kościele; biskup Sanna, który udzielił *imprimatur* do trzynastu tomów komentarzy biblijnych ks. Ruotolo nie tylko będzie prześladowany i atakowany, ale także zmuszony do opuszczenia szeregów episkopatu Włoch.

drogiego mu miejsca. Arcybiskup radzi, by kapłan prosił o pomoc Rzym, bo w Rossano nie ma już dla niego miejsca.

Wkrótce po tych wydarzeniach ks. Ruotolo pisze do Świętego Oficjum list, w którym odcina się od Serafiny Gentile i całkowicie poddaje Kościołowi. Wspomina też o fenomenach, jakich doświadcza, i o tym, co już przekazał w swoich zapiskach Ojcu Świętemu 28 lutego 1911 roku. Niestety list nie podoba się Świętemu Oficjum i ks. Dolindo decyduje się na podpisanie przygotowanej wcześniej przez arcybiskupa Mazzellę abjuracji. Odcina się w niej od wszelkich wizji i objawień Serafiny Gentile, całkowicie neguje spirytyzm, a nawet posłusznie zrywa kontakty z ks. Volpe i deklaruje bezwzględne posłuszeństwo Świętemu Oficjum i Kościołowi.

Tekst abjuracji robi spore wrażenie. „To pierwszy poważny i pewny symptom, że to, co dzieje się w księdzu, jest dziełem Boga" - skomentował to zdarzenie arcybiskup Mazzella.

W odpowiedzi na abjurację arcybiskup otrzymuje nakaz natychmiastowego wydalenia ks. Ruotolo z diecezji. O czym ma świadczyć taki ruch Świętego Oficjum?

Na niemal błagalny i pełen pokory kolejny list kapłana do Świętego Oficjum kardynałowie tej kongregacji odpowiadają krótko: prosimy osobiście stawić się w Rzymie.

Jest 2 stycznia 1912 roku. Kardynał Domenico Maria Pasqualigo - postawny, wysoki mężczyzna, w kontaktach dość oschły i utrzymujący dystans - w czasie spotkania zwraca się do wystraszonego ks. Dolindo Ruotolo szorstkim tonem:

- Kardynałowie stwierdzili, że byłoby lepiej, gdyby ksiądz opuścił Rossano. W Neapolu ksiądz zostać nie może, a zatem poczeka ksiądz w Rzymie. Dam księdzu list uwierzytelniający do bractwa kapłańskiego w San Martino w Macao. Zamieszka tam ksiądz dopóty, dopóki kardynałowie nie zdecydują inaczej, i będzie ksiądz czekał na kolejne dyspozycje Świętego Oficjum. Może też ksiądz odprawiać Msze.

San Martino al Macao to więzienie dla księży przesłuchiwanych przez Święte Oficjum. Nad głównym wejściem znajduje się tabliczka z zaczerpniętym z Ewangelii pytaniem, które Jezus kieruje do Piotra: *Amas me?* („Czy mnie kochasz?").

Ksiądz Dolindo dostaje przydział do celi numer 24, przy samych toaletach, skąd dochodzi go mało przyjemny zapach. „Jestem zamknięty, o Jezu, ale odnoszę wrażenie, że znajduję się w miejscu, które nie należy do Ciebie".

Dyrektor więzienia, Eligio Foy, wręcza neapolitańskiemu kapłanowi rozkład dnia i reguły rządzące tym miejscem. Można wychodzić tylko raz w tygodniu w asyście dwóch strażników. Nie wolno schodzić do kościoła na adorację. „Czułem się, jakbym był hańbą i brudem, który może zakazić Kościół" - pisze Dolindo.

Nie wolno z nikim rozmawiać, a w czasie rekreacji jest nakaz grania w bilard. W ciągu dnia każdy ma do wykonania określone fizyczne prace: czyszczenie łazienek, mycie korytarzy, krat i okien. Więźniowie, a więc w większości księża, są tu pod stałą obserwacją, pomiatani, traktowani bezwzględnie i przedmiotowo. Do cel co jakiś czas niespodziewanie i gwałtownie wpada strażnik. Dyrektor więzienia każdego dnia wysyła do Świętego Oficjum dokładny raport.

„Nie trzeba mówić, że w tym wyzutym z ducha miejscu, księża jedynie bardziej się pogrążali...".

Kto przekracza próg Macao, niemal automatycznie zostaje zawieszony w czynnościach kapłańskich. Ksiądz Dolindo jest wyjątkiem. Dyrektor więzienia z każdym dniem traktuje neapolitańczyka z coraz większym szacunkiem. Podobnie zresztą jak pozostali współwięźniowie i strażnicy. Po kilku tygodniach Dolindo dostaje zgodę na grę na pianinie w sali rekreacyjnej, a potem będzie mógł nawet schodzić do kaplicy. Od tego czasu większą część dnia ks. Ruotolo spędza przy Jezusie Sakramentalnym.

„Coraz silniej czułem Go w mojej duszy, tak, że kurczyłem się i chowałem w Jego obecności i zastygałem, kiedy czułem, jak mnie głaszcze".

Tu, w Macao, ks. Dolindo otrzymuje proroctwo, że wróci do Świętego Oficjum dziewięć lat później, w 1921 roku. I wtedy sprawy przybiorą jeszcze bardziej dramatyczny obrót.

Tymczasem największym zmartwieniem kapłana są „dusze, które zostawił bez opieki w Rossano". Pisze: „Jezus jednak obiecał, że to On pootwiera drzwi [...]. I obietnicy dotrzymał". Ksiądz Dolindo nie może z Macao prowadzić korespondencji ani z nikim się widywać. Takie są zasady. Ku jego zdziwieniu pewnego dnia do celi wchodzi pewien jezuita. Ojciec Cipolla będzie odwiedzał kapłana codziennie, spowiadał go i przemycał listy do Rossano, gdzie ks. Ruotolo ma już wtedy spory krąg duchowych córek. Wszystko będzie odbywać się niemal niezauważalnie. Za każdym razem kiedy jezuita wchodzi do więzienia, w niewytłumaczalny sposób znajduje otwartą portiernię, a strażnicy, których mija, nie zauważają go. Z tego czasu pochodzą niezwykle przejmujące listy o cierpieniu i krzyżu Chrystusa, miłości Boga i pokorze oraz o wypełnianiu w historii Zbawienia Bożych obietnic.

Ksiądz Dolindo próbuje też pomagać współwięźniom. Wielu kapłanów przeżywa tu - jak widać w zapiskach ks. Ruotolo - ciężkie załamanie, a nawet głęboką depresję. Dzięki ingerencji ks. Dolindo dwóch Irlandczyków otrzymuje pozwolenie na przyjmowanie komunii.

Jest 25 stycznia 1912 roku, późny wieczór. Święte Oficjum milczy od trzech tygodni. Do celi ks. Ruotolo wchodzi o. Cipolla:

„Czy chciałbyś zobaczyć się z Ojcem Świętym?" - pyta. Na odpowiedź nie musi czekać ani chwili.

„Poradzono mi, bym milczał i nie zwracał się do Ojca Świętego ani słowem, a jedynie ucałował jego dłoń. Cały powierzyłem się Jezusowi".

Ksiądz Ruotolo wychodzi z Macao w towarzystwie dwóch jezuitów. Po krótkiej wizycie w Grotach Watykańskich kierują się do Sali tronowej. Pius x zaraz po wejściu zatrzymuje się przed Dolindo. Bacznie mu się przygląda.

- Ojcze Święty, proszę o specjalne błogosławieństwo dla arcybiskupa Mazzelli - wyrywa się neapolitańczykowi.

- Błogosławię - odpowiada papież.

- Jestem ks. Dolindo Ruotolo, od dwudziestu pięciu dni więzień w Macao.

Pius x wpatruje się chwilę dłużej w twarz kapłana. Ksiądz Dolindo nie pamięta dokładnie, co jeszcze wtedy powiedział, ale papież uśmiechnął się i ciepłym tonem odparł: „Zatem niech ksiądz wytrwa w Macao i robi wszystko, by być posłusznym".

Kiedy papież oddala się od ks. Ruotoli, dwukrotnie odwraca się jeszcze i patrzy w jego kierunku. „Gdy wypowiadał słowa błogosławieństwa dla wszystkich, cały czas wpatrywał się we mnie" - notuje ks. Dolindo.

Przed drzwiami wejściowymi do Macao więzień zatrzymuje się i spogląda na towarzyszących mu braci: „Jestem tu, by zniszczyć to miejsce".

Po systematycznym uwalnianiu wszystkich przetrzymywanych tu w tamtym czasie kapłanów, papież zdecyduje, by więzienie zamknąć[96].

---

96 Na ten temat jest niewiele wzmianek. Święte Oficjum miało więzienia w wielu miastach Włoch (w niektórych budynkach dziś mieszczą się hotele), jest to

Elio Ruotolo, brat ks. Dolindo.

W sprawie ks. Ruotolo cały czas interweniuje także jego rodzina. Starszy brat Elio w liście do Świętego Oficjum nie tylko prosi, by odesłać Dolindo do domu, ale także by anulować przysięgę, jaką złożył Jezusowi, iż będzie odprawiał Msze bez ofiary pieniężnej. 31 stycznia 1912 roku zapada decyzja o uwolnieniu ks. Dolindo i jego powrocie do Neapolu.

Trudno zrozumieć, z jakiego powodu Pius x przychyla się do prośby Elia, by zakazać Dolindo odprawiania Mszy bez zapłaty. Z niewielkiej książeczki autorstwa postulatora procesu beatyfikacyjnego ks. Ruotolo wynika, iż Pius x był wręcz „poirytowany" takim wyrzeczeniem kapłana. Stąd tak jednoznaczna decyzja *de plenitudine potestatis*, czyli pełnią swojej władzy, by anulować złożony uroczyście akt w Rossano. Kapłan jest właśnie tym dotknięty najbardziej. Próbuje tłumaczyć, że *votum* jest złożone z miłości do Jezusa, ale wie też, że z tego samego powodu musi okazać posłuszeństwo Ojcu Świętemu.

Dossier Dolindo jest na ten moment zamknięte. Sprawa Serafiny przez kilka lat nie będzie miała swojego dalszego ciągu. Jednak dziewięć lat później kapłan znowu stanie w ogniu strzałów Świętego Oficjum, ale już z zupełnie innej przyczyny. Sąd, który się nad nim odbędzie, a także proces, który przeprowadzono, chwilami do złudzenia będzie przypominał po raz kolejny ten sprzed dwóch tysięcy lat, kiedy przed Sanhedrynem oskarżano Jezusa.

---

faktem dość wstydliwym. O istnieniu Macao w bezpośrednim sąsiedztwie Bazyliki św. Piotra współcześnie nie wspomina niemal nikt.

Apostolat parasola

Widziałem w kapłanie drugiego Chrystusa, arkę wypełnioną błogosławieństwami, źródło, które wytryska dla ludu Bożego, spichlerz pełen życiodajnego pokarmu dla duszy, ojca, przyjaciela, dobrodzieja, wsparcie w ziemskim pielgrzymowaniu, coś nieskończenie wielkiego. O, gdyby świat zrozumiał, kim są dla niego kapłani!

ks. Dolindo

W kwietniu 1912 roku świat żyje dramatem, jaki wydarzył się na Atlantyku, gdzie po zderzeniu się niezatapialnego brytyjskiego transatlantyku Titanic z górą lodową zginęło półtora tysiąca pasażerów. Na pierwszych stronach gazet nie pojawia się nic innego. Tragedia z wielu ambon jest opisywana jako kara Boża za ludzką pychę i częste przypadki apostazji w tamtym czasie. Do Watykanu trafiają informacje o bohaterskiej postawie jednego z księży. Ojciec Thomas Byles w chwili, kiedy Titanic zanurza się coraz bardziej, biega między kajutami i spowiada, udziela ostatecznego rozgrzeszenia wielu pasażerom.

Akta procesu beatyfikacyjnego angielskiego kapłana szybko trafią do Rzymu.

Za chwilę również wybuchnie I wojna światowa, która zdziesiątkuje ludność Europy. Włochy są wtedy monarchią pod panowaniem króla Wiktora Emanuela II. Benito Mussolini, wówczas eksponent Włoskiej Partii Socjalistycznej, zakłada gazetę „Popolo d'Italia", która szybko stanie się tubą faszystów. W sercu wojny w portugalskiej Fatimie od maja do października 1917 roku trwają objawienia. Rok później kapucyn - znany jako brat Pio z Pietrelciny - otrzyma stygmaty, a kilka lat po tym Jezus przyjdzie z orędziem do polskiej zakonnicy, Faustyny Kowalskiej. Jakie znaczenie na tym tle ma apostolat ubogiego kapłana z Neapolu?

Według jego zapisków wewnętrzne lokucje trwają cały czas. Jezus dyktuje mu coraz więcej. Dolindo rozmawia też z Matką Bożą. W Neapolu ma co prawda początkowo niejasny status, ale jego brat Elio zabiega o to, by Święte Oficjum przydzieliło Dolindo do archidiecezji w Neapolu. Sam kapłan, choć nie ma dla niego już miejsca ani u misjonarzy, ani w kurii w Rossano, dokąd próbuje wrócić, jest przeciwny działaniom brata. Z czasem od ks. Dolindo odsuną się ks. Volpe, który przeżyje głęboki kryzys wiary, jak i ks. Cantelmo, którego Dolindo tak bardzo wcześniej wspierał.

Dzięki poparciu ówczesnego metropolity Neapolu, kardynała Giuseppe Prisco, Święte Oficjum przywraca ks. Ruotolo niemal pełnię kapłańskiej posługi - poza Mszą Świętą może ponownie głosić kazania i rekolekcje. Ale wciąż nie ma jeszcze pozwolenia na spowiadanie innych.

W maju 1912 roku przyjmuje zaproszenie do parafii San Domenico Soriano w Neapolu. Kiedy pyta o swoje zadania, słyszy od proboszcza: „Będzie ksiądz asystował biedakom i ludziom z niższych warstw społecznych. O zamożnych pomyślimy my". Dolindo miał pełnić funkcję kapłana-asystenta, który towarzyszy parafianom w godzinie ich śmierci. W tamtym czasie neapolitański kler uważał, iż jest to najpodlejsze zadanie. Kapłan-asystent jest popychadłem społeczeństwa. Nie trudno wyobrazić sobie, co wtedy czuje ks. Dolindo. Mimo to jedynym jego zmartwieniem jest to, „czy ludzie będą chcieli otworzyć się i spowiadać przed kapłanem odrzucanym przez resztę kleru?".

„Nominację", rzecz jasna, źle przyjmuje rodzina ks. Ruotolo. - Do tej czarnej roboty najmowani są księża ze wsi, z Kalabrii, Sycylii i Pugli - słyszy w domu. A od Jezusa: „Będziesz pasterzem wielu dusz". I to go trzyma.

Ksiądz Ruotolo szybko jednak stanie się rozpoznawalny w całym Neapolu. Zaczyna głosić kazania i rekolekcje w różnych parafiach. Za każdym razem przed wyjściem na ambonę modli się intensywnie. Wszystko, co powie, tak naprawdę nie jest owocem jego umysłu, a żywą inspiracją płynącą od Jezusa. Notuje:

> Owoce w ludzkich duszach były nieopisane, ponieważ żywe słowo Jezusa, budziło zachwyt prostotą, głębią, było przeszywające. [...] Gdyby każdy kapłan w pełni zdał się na Jezusa i pozwolił się Mu prowadzić, Pan działałby w ludzkich duszach w ten sam sposób, skoro przeze mnie, środek bardzo ubogi, tak właśnie się działo.

Notuje też, że demon śmieje się z tak zwanych świętych mówców, oratorów, którzy głosząc Słowo, zdają się tylko na swój intelekt i siły ludzkie. Demon nie musi wchodzić im już w paradę. Oraz że każdy kapłan może stać się prawdziwym kanałem, przez który będzie mówił sam Jezus. Jedyny warunek - zdać się tylko na Niego i uniżyć się.

Pewnego dnia w kościele San Gennariello w dzielnicy Mater Dei kazanie ks. Dolindo wywoła tak silne poruszenie księży, że wieść natychmiast dojdzie aż do kurii.

> Zanim wszedłem na ambonę pomodliłem się przed Jezusem Sakramentalnym, by dał mi takie słowa, które trafią do najbardziej potrzebujących w tym kościele dusz, które będą mnie słuchać. Poczułem w sposób oczywisty Jezusa, Tego samego, który posługuje się mną do pisania. Całkowicie zmienił mi temat wcześniej przygotowanej homilii. I tak zwróciłem się do grupki stojących tam kapłanów.

W ich sercach Dolindo widzi oschłość i zatwardziałość. W czasie kazania ludzie obracają się, bo z miejsca, gdzie stoją kapłani, rozlega się głośny szloch. Kilku pada na kolana.

1 lutego 1913 roku ks. Dolindo przekracza próg szpitala Ospedale dei Pellegrini. „Nie należę do osób, które łatwo się wzruszają czy emocjonują, [...] ale w rozłożonych bezwiednie na łóżkach chorych zobaczyłem Jezusa tak samo przygniecionego bólem, jak i oni" - identyczne niemal słowa, w tym samym czasie, notuje profesor Józef Moscati.

Sala oddziału dla osób ciężko rannych w bijatykach i ofiar wypadków zajmuje niemal całe piętro budynku. Pacjenci leżą jeden obok drugiego. Ksiądz Dolindo podchodzi do każdego z osobna, głaszcze, przytula i pociesza. Wielu z nich przytacza przypowieści z Ewangelii. Przynosi chorym też codziennie różańce, modlitwy, niewielkie książeczki.

Pewnej niedzieli czuje, że powinien powiedzieć coś o Bogu w ciężkim doświadczeniu człowieka. Notuje:

Miałem głosić homilię w odniesieniu do Ewangelii. Ale kiedy mówiłem, miałem wrażenie, że wszystko to jest skierowane do jednego chorego. W trakcie kazania ktoś mi przerwał i zawołał z głębi sali. To jeden z wieśniaków, który niedawno spadł z drzewa, połamał sobie kręgosłup i w konsekwencji był sparaliżowany na resztę życia. Ów biedny człowiek zwrócił się do mnie: „Ojcze, proszę, czy możesz mi podać Krzyż, bo chciałbym go ucałować". Po czym, kiedy mu go wręczyłem, modlił się tak: „Panie dziękuję Ci za to trudne doświadczenie. Bardzo cierpię, ale dziękuję Ci, bo wiem, że jesteś dobry... Jeśli chcesz, zabierz mnie ze sobą; jeśli nie, jestem szczęśliwy, że mogę trwać w tym cierpieniu i dziękuję Ci". Wzruszony ucałowałem go w usta, które wypowiedziały tak piękny akt miłości...

Podobnych wydarzeń jest coraz więcej. Ksiądz Ruotolo chodzi także do innych szpitali, wybiera pracę przy chorych, a jednocześnie odrzuca „te, które przyniosłyby mu ulgę i honor", jak na przykład posadę dyrygenta chórku Gerolamini w Neapolu.

W Ospedale degli Incurabili przy via Maria Longo, w pobliżu Piazza Cavour, pracuje wówczas przyszły święty lekarz, wspominany już tutaj doktor Józef Moscati. Muszą się mijać na korytarzach, a na pewno spotykać przy łóżkach cierpiących. Moscati traktuje pacjentów z podobną czułością.

Kapłan ewangelizuje też w mieście. Tę działalność nazywa - z właściwym sobie poczuciem humoru - „apostolstwem parasola". Kiedy pada deszcz, wychodzi na ulice. Dołącza się do uciekających przed zmoknięciem przechodniów. Po drodze pod swoim parasolem nawiązuje rozmowę. Choć jest z natury skromny i - jak pisze - kosztuje go to niemało stresu, to ewidentnie ma dar rozmowy. Ludzie szybko się przed nim otwierają.

Jeden z setek, a może tysięcy wykonanych przez ks. Dolindo różańców.

Wieczorami chodzi też po ciemnych i niebezpiecznych zaułkach miasta. To okazja, by opowiedzieć o Bogu i wysłuchać ludzi z tak zwanego marginesu: drobnych złodziejaszków, a bywa, że i niebezpiecznych przestępców. „Bałem się - pisze - ale zaraz przyzywałem Pana i strach mijał".

W styczniu 1914 roku głosi kazania w niewielkim kościółku Santissimo Nome di Gesù. Słucha go kilka osób, ale kapłan mówi z takim samym zapałem jak przed wypełnioną po brzegi świątynią. Następnego dnia przychodzą kolejni słuchacze, a po tygodniu kościół jest tak pełen, że sporo osób stoi na zewnątrz w styczniowym chłodzie.

> Pomyślałem pod koniec miesiąca, że, by owoc tych kazań był trwalszy, podaruję tym ludziom coś na piśmie. Kupiłem zatem małe obrazki, każdy z innym wizerunkiem, i na odwrocie, wypełniając je całe, napisałem wskazówki, napomnienia. Zanim to zrobiłem, prosiłem Jezusa, by to On z osobna zwrócił się do każdej z tych osób, których nie znałem.

To początek wielkiej posługi ks. Dolindo, tak zwane *immaginette*. Od tej pory po każdej Mszy i kazaniu, w każdym kościele, kapłan ten będzie rozdawał obrazki. „Jezus do duszy" - zaczyna się każdy z nich. Wtedy jeszcze są anonimowe, choć ks. Dolindo miesza je i prosi Jezusa, by odpowiednie trafiły do właściwych osób. Pisząc, nieraz jest zaskoczony tekstem. „Panie miej litość - mówi do siebie - muszę być naprawdę jakimś pomyleńcem". Spod pióra ks. Dolindo nie wychodzą bowiem jedynie wzniosłe i ogólnikowe sformułowania, ale wskazówki do rozwiązania konkretnych sytuacji w życiu: na przykład by darować dług, by przestać krzyczeć w domu czy zrezygnować z danej posady albo by przygotować się na... śmierć.

Giuseppina Giorgio
30 Novembre 1964

Maria all'anima – Vivi con l'anima raccolta nella divina volontà con grande semplicità di cuore. Non complicare la tua vita spirituale, perché la colomba tra le ali e non si arrampica, ma supera l'ostacolo con un volo alto e dritto. Il mio Cuore fu un tabernacolo di semplicità, e tu sii semplice con una sola parola, la mia parola: Ecco la serva del Signore, sia fatto di me secondo la parola tua. Ti benedico +
Vi benedico + Il povero
Sac. Dolindo Ruotolo

Imaginetta przekazana jednej z córek duchowych. Słowa Matki Bożej: „Moje serce było zawsze tabernakulum prostoty, ty też żyj zawsze w prostocie", zakończone Jej błogosławieństwem oraz błogosławieństwem samego ks. Dolindo, jak zawsze podpisanego jako „ubogi kapłan".

Z czasem kapłan będzie pisał do swoich córek i synów duchowych w Neapolu. W czasie procesu beatyfikacyjnego udało się zgromadzić dwieście dwadzieścia tysięcy takich *immaginette*. Ile przechowywanych jest jeszcze w różnych domach?

W sierpniu 1914 roku młodszy brat Dolindo, Ausilio, przyjmuje święcenia kapłańskie. Homilii ks. Dolindo wygłoszonej z tej okazji wysłucha rektor kościoła San Gennariello z Mater Dei, Nicola Martinucci.

- Czy zechce ksiądz i u nas mówić kazania? - prosi. - W mojej parafii wieje pustkami.

Pewnej niedzieli, 27 grudnia 1914 roku, w sporym już tłumie w dzielnicy Mater Dei stoi Peppina Molaro[97], służąca znanej w Neapolu rodziny La Rovere. Kiedy wróci do domu przy S. Agostino degli Scalzi 43, opowie o „nowym kapłanie, który mówi z mocą" pani Annie La Rovere i jej córkom, Lii i Marii. Pod tym adresem niebawem ks. Ruotolo rozpocznie swój wielki apostolat zwany *Opera di Dio*, czyli „Dzieło Boga".

Rodzinie La Rovere ks. Dolindo poświęca sporo miejsca w zapiskach autobiograficznych. Dużo piszą też o niej późniejsze córki duchowe kapłana, które do jego śmierci będą tworzyły najściślejsze grono jego współpracownic.

La Rovere mają nieskazitelną opinię, mówi się często o ich rysie świętości. Antonio La Rovere jest adwokatem, jego żona Anna wykłada na Uniwersytecie. Mają sześcioro dzieci. Dwóch synów i cztery córki. Dwie z nich: Maria, która w chwili, kiedy pozna ks. Dolindo, studiuje filozofię, oraz Lia - obie racjonalistki - odegrają ważną rolę w późniejszym życiu kapłana. Lia we wspomnieniach napisze o ks. Dolindo: „Za pierwszym razem

---

97 W książeczce biograficznej przygotowanej przez Postulację jest mowa o niejakiej Carmeli Ucello.

wywołał we mnie wręcz awersję, ponieważ kiedy mówił demolował niemal autorytatywnie wszystko co w sztuce, literaturze i nauce nie współgrało z Kościołem i z Bogiem". Potem Lia stwierdzi, że dzięki spotkaniu ks. Ruotolo, przestała sobie stawiać dręczące ją pytania, czy Kościół na ziemi na pewno należy do Chrystusa.

Ojciec rodziny La Rovere niestety nie zarabia dobrze jak na swoją profesję, na ich stole bywa pusto. Jest przy tym nerwowy i łatwo wyprowadzić go z równowagi. Żona jest jego przeciwieństwem. Energiczna, za wszelką cenę stara się wprowadzić do domu lżejszą atmosferę i trochę spokoju. By wspierać finansowo rodzinę, mimo swojego solidnego wykształcenia, sprząta mieszkania.

Wszyscy są religijni, w domu podchodzi się do kapłanów z dużym respektem. La Rovere mimo swojej chwilami skrajnie złej sytuacji finansowej dzielą się wszystkim, co mają z innymi. Ksiądz Ruotolo wspomina epizod, który choć zna z relacji, robi na nim ogromne wrażenie. Rzecz dzieje się w 1908 roku. W Kalabrii ma miejsce potężne trzęsienie ziemi, podczas którego giną setki osób. W Neapolu trwa zbiórka pieniędzy dla ofiar kataklizmu. W domu La Rovere zbliża się pora obiadu, ale w kieszeni Anny jest tylko jedna moneta, by kupić cokolwiek na drugie danie. „Czy wykorzystamy ją dla nas, skoro mamy też zupę z fasoli, czy damy potrzebującym z Kalabrii?" – pyta dzieci pani La Rovere. „Damy potrzebującym!" – odpowiadają chórem. Przez kolejne lata na stole nie zabraknie im już ani mięsa, ani warzyw.

Starszy syn rodziny La Rovere, Ruggiero, umiera w wieku pięciu lat, a młodszy, Salvatore, będzie pierwszym bliskim sercu synem duchowym ks. Dolindo. Kapłan będzie go nazywał nawet „syneczkiem", *figliuolo*. Kiedy się poznają, Salvatore jest już w seminarium. Pierwsza wojna światowa przerwie formację, a Salvatore przymusowo pojedzie na front. Kiedy wróci w 1920 roku, natknie się na niespodziewane kłopoty. W liście do Eleny Montelli, która nieco później dołączy do kręgu o. Dolindo, ks. Ruotolo napisze:

> Wydaje się to dziwne, a jednak: oni [chodzi o przeciwników ks. Ruotolo, których nie brakuje wśród kleru - J. B.-B.] pośrednio dają do zrozumienia Salvatorinovi, że nie wyświęcą go na kapłana, jeśli będzie nadal się ze mną przyjaźnił [...]. Demon jest rozwścieczony, bo wie, że kapłaństwo Salvatorina będzie przynosić obfite owoce, wie też, że będzie przegrywał za każdym razem, kiedy kapłan ten cały wypełni się Jezusem Chrystusem[98].

Mimo wielu przeszkód Salvatore przyjmie święcenia 19 września 1920 roku w katakumbach św. Januarego. I umrze w 1946 roku w opinii świętości.

Kiedy przechodzi pierwszą ciężką fazę choroby, prosi, by o. Dolindo przyniósł mu wiatyk i oleje. 8 marca 1944 roku

> około szesnastej udałem się do parafii, gdzie czekali już klerycy, siostry zakonne i tłum parafian. Ubrany w szaty, stułę i okryty kapą, wziąłem Najświętszy Sakrament i wśród śpiewów, w procesji poszliśmy do domu chorego. Lud oblegał całą ulicę, odmawiano Różaniec i śpiewano *Magnificat*[99].

Do dziś w kościele na Mater Dei przy grobie Salvatore La Rovere ciągle modlą się dziesiątki osób. „Był zaprzyjaźniony ze

98 List w: Silvana di Filippo, *„C'erano anche alcune donne...". Le Figlie spirituali di Don Dolindo Ruotolo*, Apostolato Stampa, Casa Mariana Editrice, Napoli 2006, s. 41.
99 Tamże, s. 46.

Świętym Tabernakulum, nie robił nic, dopóki nie zaczerpnął łaski i życia od Jezusa Sakramentalnego. [...] Najwyższą jego aspiracją był Bóg, jedynie Bóg, Jego chwała i dobro ludzkich dusz"[100].

Salvatore jest jedynym kapłanem, którego ks. Dolindo zalicza do grona dzieci duchowych. Kiedy młodzieniec wyjeżdża na front, intensywnie ze sobą korespondują. Potem, kiedy sam ks. Ruotolo przez rok ponownie będzie więźniem Rzymu, często wymieniają się listami. W czasie nieobecności ks. Dolindo, ks. Salvatore przejmuje stery Dzieła. Ich listy odsłaniają dwa czyste i zanurzone w Bogu kapłańskie serca.

Salvatore jest ważnym ogniwem rozwijającego się Apostolatu ks. Dolindo. Zapatrzony w św. Jana Bosko nauczy się od ks. Dolindo miłości do Pasji Chrystusa i tego, że bez „przylgnięcia do krzyża Chrystusa, kapłan nie może nic". Stworzy duszpasterstwo dzieci komunijnych, ale i Oratoria dla młodzieży. Dwudziestu czterech jego wychowanków wybierze w życiu kapłaństwo, pięciu pojedzie na misje, a czterech kolejnych wstąpi do zakonów.

Ksiądz Salvatore przygarnie też do swojego domu chorych, ubogich i poranionych. Kiedy zostanie proboszczem parafii w dzielnicy Mater Dei, chce, by była miejscem dla sierot i dzieci ulicy. Neapol w tamtym czasie jest pełen porzuconych, brudnych i wygłodniałych, pałętających się bez celu maluchów. Rodziców wielu z nich zabrała wojna albo któraś z co chwilę wybuchających pod Wezuwiuszem epidemii cholery.

Ksiądz Salvatore przy swojej parafii stworzył też miejsce dla samotnych i opuszczonych starszych osób. Ten wysoki i szczupły, zawsze uśmiechnięty kapłan na zawsze pozostanie w pamięci neapolitańczyków obok swojego duchowego przewodnika, ks. Ruotolo.

---

100 Tamże, s. 50.

Nie ma wątpliwości, że to spotkania w pierwszym kręgu biblijnym z ks. Ruotolo kształtują rys kapłaństwa Salvatore. Po kilku miesiącach wsłuchiwania się w kościele w homilie ks. Dolindo, Maria La Rovere zaprasza kapłana do domu. Za zgodą wikariusza generalnego, ks. A. Laviano, spotkania z ks. Ruotolo będą odbywać się tu regularnie. I będzie na nie przychodzić coraz więcej znajomych rodziny La Rovere. Ksiądz Ruotolo prowadzi tam cykl katechez o doktrynie wiary i życiu Jezusa - i stawia nurtujące jego słuchaczy pytanie: co zrobić, by w świecie rozproszonym tyloma filozofiami, materializmem, ogarniętym sceptycyzmem, także wśród katolików, przywrócić głębię wiary? „Jeśli nie staniecie się jak dzieci, nie wejdziecie do Królestwa niebieskiego" - przypomina swoim uczniom ks. Ruotolo. Jedyna droga to prostota, nauczanie przypowieścią i światło wiary.

Po pewnym czasie pierwsi uczniowie ks. Ruotolo zaczynają naciskać, by spisywał swoje katechezy. Za zgodą i pełną aprobatą władz kościelnych powstaje jego pierwsze dzieło *Doktryna wiary*, a zaraz potem zbiór nauk i komentarzy do Ewangelii zatytułowany *Życie Naszego Pana Jezusa Chrystusa*. Każda z tych książek ma od pięciuset do dziewięciuset stron. Kapłan nigdy nie godzi się na to, by sprzedać je z zyskiem, a wyłącznie za dobrowolny datek. Za uzyskane pieniądze może pokryć koszty druku kolejnych książek. Kwotę, która mu pozostaje, rozdaje ubogim.

Kobiety i prorok

Kiedy w czasie Mszy Świętej kapłan pochyla się nad ołtarzem i bierze w swoje ręce chleb, wierni powinni niemal wstrzymać oddech z emocji! Wtedy to wszechmocne słowa kapłana odbijają się echem w Niebie, a Ofiara z krzyża odnawia się.

ks. Dolindo

Historia ciągle pokazuje, że Bóg nigdy nie powierza misji kobiecie bez wsparcia kapłana, tak samo, jak nie powierza zadania kapłanowi bez wskazania pomocy w kobiecie.

ks. Dolindo

Od 1917 roku wokół ks. Ruotolo gromadzą się dwa kręgi, czy jak nazywa je on sam, „dwie grupy dusz". Jedna, bliższa, bardziej z nim zżyta, którą określa mianem *apostoli* (apostołowie), druga zaś to *discepoli* (uczniowie), którzy są raczej słuchaczami.

Nie byłem żadnym szefem czy dyrektorem, ani autorytetem; a jedynie marnym narzędziem w rękach Boga. Nie miałem też

> nigdy żadnego programu działania, nie oczekiwałem i nie aspirowałem do miana autorytetu, nie ograniczałem też wolności innych, ani nikomu nie narzucałem jakichś zobowiązań, ani nie zobowiązywałem do jakichś przysięg. Jako pasywna ofiara, gromadziłem w mojej duszy ich kolce, nędzę, to z czym się zmagali.[101]

To istotny i niezwykle delikatny moment. Spotkania z ks. Dolindo w domu państwa La Rovere przyciągają sporo studentek, które przeżywają kryzys wiary na uczelni, gdzie prym wiodą ateistyczni wykładowcy. Dołączają też rówieśnicy kapłana, jak jego koleżanka ze szkoły Ersilia Cavaccini, chirurg oraz specjalista pediatra, która całkiem niedawno zerwała zaręczyny z protestantem.

Do tego grona dołącza też Elena Montella, która całkowicie poświęca się Dziełu. Także ona jest przytłoczona lawiną masońskich teorii jej wykładowców filozofii. Kolejnym ważnym filarem Dzieła wkrótce stanie się Linda Lancerotto, która pierwszy raz pojawia się w tym gronie jako czterdziestolatka, wykładowca literatury i filozofii.

Są także dwie siostry, córki zdeklarowanych ateistów. Ich rodzice pod wpływem spotkań z ks. Dolindo nawrócą się w sposób niemal cudowny. Do tego grona dołączają też licznie młode dziewczęta, które po pewnym czasie wstąpią do różnych zakonów.

27 listopada 1917 roku ks. Ruotolo, jak notuje, otrzymuje światło, specjalne przesłanie dla całego Dzieła. Jego misją będzie koncentracja na życiu eucharystycznym oraz „kapłańska moc rodzicielska". Termin ten wydaje się niejasny, ale chodzi o to, by w misji Dzieła najważniejsze nie były objawienia, cuda

---

[101] Dolindo Ruotolo, *Amore, Dolindo, Dolore*, s. 75.

czy nadprzyrodzone zjawiska, a największa tajemnica, jaką jest obecność Ciała i Krwi Chrystusa w Eucharystii, a jej najważniejszymi szafarzami są kapłani. Ksiądz Dolindo posługuje się terminem „najwyższej mocy rodzicielstwa kapłaństwa" (*potesta suprema del Sacerdozio*).

Ksiądz Ruotolo unika słowa „cud" rozumianego w kategoriach sensacji. Nigdy nie mówi też o objawieniach, choć sam je przeżywa w czasie swoich spotkań z Matką Bożą. Wszystko to, co zapisuje jako słowa Jezusa, nie jest zjawiskiem nowym w historii Kościoła. Podobne lokucje wewnętrzne przeżywał chociażby św. Jan od Krzyża. Bilokacje, proroctwa, czytanie w ludzkich duszach są w życiu ks. Dolindo chlebem powszednim. Ale on o tym nie mówi, nikomu się z tego nie zwierza. Poza swoim spowiednikiem, który w 1923 roku, mimo ogromnego oporu ks. Ruotolo, używając nakazu posłuszeństwa, każe swojemu penitentowi spisać całe swoje życie. Także wszelkie doświadczenia wewnętrzne, takie jak lokucje i widzenia. Ksiądz Dolindo pewne doświadczenia - fizyczny dotyk Jezusa, ciepło Jego ciała - uważa za naturalne. Jest to o tyle istotne, że już za chwilę ks. Dolindo zostanie oskarżony o przypisywanie sobie świętości, a także o gromadzenie i przekonywanie kobiet do „nowych" idei. Idei nieobecnych do tej pory w doktrynie Kościoła. Tymczasem będą to idee profetyczne. Ale to będzie jasne dopiero czterdzieści lat później.

Skoro misja Dzieła koncentruje się na Eucharystii, a dokładniej na „ożywieniu życia eucharystycznego"[102] w świecie oraz wokół znaczenia kapłaństwa, to dlaczego Jezus wskazuje kobie-

---

102 Ksiądz Dolindo wysuwa propozycję, by zezwolić na wieczorne odprawianie Mszy Świętej oraz na codzienną Komunię wiernym - to spotka się z ostracyzmem ze strony kleru.

ty jako główne apostołki tego orędzia? To pytanie nurtuje początkowo ks. Dolindo Ruotolo. Jego najbliższe grono to przede wszystkim one, choć słuchają go wszyscy. Ale ścisłych współpracownic jest w pewnym momencie dwanaście i każda z nich ma inny charyzmat. Apostołowie w spódnicach? Na początku XX wieku? „Wydawało mi się to niemal sprzecznością" – napisze kapłan, tymczasem fakty pokażą, że to „kobieta ma przygotować Królestwo Boże i to ona dostaje najpierw misję wewnętrznej odnowy i zewnętrznego niesienia jej" w świat. Pisze:

> Jezus zwrócił się do kobiety z dwóch powodów: 1. Ponieważ chciał powierzyć jej specjalną misję i uczynić ją współpracownicą kapłanów; 2. Ponieważ to kobieta jest przyczyną tak wielu zbrodni i apostazji w świecie i w samym Kościele, więc to ona ma to naprawić.

Chodzi więc nie tylko o „dusze w pełni zanurzone już w Bogu, ale o dusze gotowe do działania, współpracowniczki Kapłaństwa".

Ten wątek jest ważny, choć nieco skomplikowany. Pokazuje ks. Dolindo Ruotolo jako proroka czasów. Na cztery dekady przed Soborem Watykańskim II mistyk z Neapolu bez oporów wprowadza marginalizowaną dotąd myśl. A przecież dwa tysiące lat temu Jezus nie tylko mówi o równości kobiet i mężczyzn, ale kobiety docenia w sposób wyjątkowy. To one są pierwszymi apostołkami Zmartwychwstania. Kościół zauważy to dopiero w XX wieku dzięki dokumentom Soboru Watykańskiego II.

30 listopada 1917 roku Matka Boża[103] potwierdza intuicję, jaką Jezus rozniecił w ks. Ruotolo i mówi mu o „mistycznym charakterze jej kapłańskiej misji" obok Jezusa.

---

103 W Portugalii 16 października zakończyły się objawienia fatimskie.

Ksiądz Ruotolo będzie więc używał określenia „kapłaństwo mistyczne i dziewicze kobiet", co w tamtym czasie jest opacznie zrozumiane jako propagowanie kapłaństwa kobiet, zupełnie niezgodnie z myślą Dolindo. To kolejny zarzut, jaki postawi neapolitańczykowi Święte Oficjum. Bezzasadny, bo sam ks. Dolindo podkreśla, że nie chodzi tu o „kapłaństwo realne, o charakterze sakralnym", ale też nie „o zwykły zewnętrzny udział" kobiety w niesieniu Ewangelii. Chodzi o rzecz pośrednią.

Przypadek ks. Ruotolo (a takich jest w historii więcej) pokazuje, jak ewoluuje myśl Kościoła. Intuicje dotyczące misji kobiet, jak widać prorocze[104], Kościół powtarza i rozwija w 1988 roku w liście *Mulieris dignitatem*. W dokumencie tym Jan Paweł II napisze, że kobieta „staje się «uczniem» Chrystusa; co więcej, pouczona głosi Chrystusa" (nr 15) oraz że Chrystus, rozmawiając z kobietami o sprawach Bożych, „znajduje u nich zrozumienie: autentyczny rezonans umysłu i serca". Dlatego w chwili „rozstrzygającej całe mesjańskie posłannictwo Jezusa" pod Krzyżem będą stały właśnie kobiety.

Ksiądz Ruotolo „kapłańską misję kobiet" widzi głębiej i bardziej poetycko: „Kapłan konsekrując, niejako sprowadza Jezusa na ołtarz, a dusza kobieta niesie go wszędzie dalej: każda jej aktywność, siła, staje się Jezusem [...]; Jezus więc pojawia się we wszystkim". Lub: „Kapłan w imię Boga wypowiada słowa życia, a dusza kobieta zbiera najpiękniejsze kwiaty, jakie z niego wyrosną, by wszędzie rozsiać ich zapach". Albo: „Kapłan odpuszcza grzechy, a dusza [kobieta] pełni rolę pielęgniarki: przygotowuje

---

104 To nie jest jedyny przypadek proroctwa dotyczącego rozwoju myśli Magisterium. W komentarzu do 1 rozdziału Apokalipsy ks. Dolindo dopisuje uwagę, że ma nadzieję na szybką zmianę języka liturgii, tak, by wszyscy mogli rozumieć to, co dzieje się w czasie Eucharystii.

chorego na duszy swoim apostolstwem, modlitwą i dodaje mu odwagi, by swoje słabości zaniósł do Wiecznego Lekarza".

Teksty ks. Ruotolo o mistycznym kapłaństwie kobiet zasługują na wnikliwe studia i opracowanie. Tym bardziej że jest w nich gąszcz cennych spostrzeżeń oraz wskazówek dotyczących kapłaństwa w ogóle. Ich autor

> zna różne aspekty kapłaństwa, jako kapłan jest bezgranicznie zaangażowany w swoją posługę; zna życie seminariów, gdyż sam go doświadczył i sam w wielu nauczał; zna licznych kapłanów, a wielu z nich dzieliło się z nim swoimi bólami, stanem duchowej pustki. Zna wreszcie i dzieli trudne i twarde życie, jakie wiedzie niejeden z nich, gdyż został niewłaściwie uformowany w czasie studiów oraz doświadczył zaniedbania ze strony i wiernych, i przełożonych.

– komentują córki duchowe ks. Dolindo w jednym ze skondensowanych tomów autobiograficznych ich przewodnika.

Dlatego ks. Dolindo nieraz zadaje palące i pewnie aktualne do dziś pytania:

> W jaki sposób to kapłan ma cieszyć się szacunkiem ze względu na święty charakter swojego stanu, skoro jest traktowany jak wyrzutek także przez tych, którzy powinni byli stać w obronie godności kapłaństwa? Nie można formować kapłanów przez degradujące dekrety, traktując ich niemal jak dzieci, ale formować trzeba duchem Bożym, wzniecając w nich świadomość kapłaństwa i kształtując ją.
>
> Nikt przecież nie uformuje dobrych pracowników, zarzucając ich dekretami, restrykcjami i nakazami, nie! Dobrego pracownika kształtuje się, pomagając mu zrozumieć jego zadania,

obowiązki. [...] [Młodego księdza] trzeba formować w Jezusie Chrystusie, a do tego seminarium nie wystarcza.

Ksiądz Dolindo pisze o koniecznej „łagodności i miłości", jaką musi być nasączone życie kapłana, ale i jego zwierzchników, którzy powinni zostawiać wolność do „szerokich działań, tak by nie czuł się sparaliżowany tam, gdzie powinien zadziałać w pełnej gotowości, z energią i inicjatywą, czyli w pełnej wolności"[105].

105 Dolindo Ruotolo, *Amore, Dolindo, Dolore*, s. 82.

Ciemna noc i zdrada

Jezus Sakramentalny nie może być [...] *pogrzebany i opuszczony w kościołach świata: On ma być życiem świata.*

ks. Dolindo

Nie bójmy się krzyża, nie odrzucajmy go, nie oddalajmy go od nas ani też nie umniejszajmy go sobie; [...] *miejmy ufność w Jezusa, On pomoże nam nieść krzyż.*

ks. Dolindo Ruotolo
w liście do Eleny Montelli

„Dzieło Boga" rozwija się intensywnie. Choć nie ma formalnego programu, to duchowny wnosi myśli, które - jak sam podkreśla - nie są niczym nowym w Kościele: obudzić chrześcijańską świadomość w nas i w innych, propagować wiarę katolicką i nią żyć, służyć Bogu we wszystkim i szukać Go wszędzie i wreszcie czcić Najświętszą Marię, anioła stróża i „naszych świętych Adwokatów". To, co w Dziele jest w tamtym czasie rodzajem nowości, to „środki, które mają nam pomóc realizować ten program" - stwierdza ks. Ruotolo.

„Kto ma wiarę, niechaj wejdzie w intymną Komunię z Jezusem; niech całkowicie się Jemu odda i zawierzy, to On ma działać"; „Kto ma świadomość własnej nicości, wszystko rozpoznaje w Bogu". Nie bez powodu więc córki duchowe będą z takim uporem rozpowszechniać akt zawierzenia, znaną modlitwę *Jezu, Ty się tym zajmij*. W tym tkwi tajemnica każdego „Bożego sukcesu".

Od jakiegoś czasu nad ks. Ruotolo wiszą kolejne ciemne chmury. Chociaż wszędzie tam, gdzie głosi homilie, kościoły pękają w szwach i coraz więcej osób zgłasza się do niego z prośbą o spowiedź. Wydaje nowe książki, zbiory homilii za zgodą i przy akceptacji biskupów Neapolu, a w każdym tomie znajduje się *imprimatur* Kościoła. Kapłan jednak przeczuwa, że w najbliższym mu gronie dwunastu uczennic, znajdzie się - mówiąc wprost - Judasz.

Zanim jednak faktycznie tak się stanie, czeka go inna zdrada. Jego spowiednik, o. Fabozzi, który jako jedyny wie o przeżyciach wewnętrznych kapłana, nie tylko zaczyna grozić ks. Ruotolo donosem do Świętego Oficjum (twierdzi, że ks. Ruotolo popełnia błędy w kazaniach), ale przede wszystkim złamie tajemnicę spowiedzi i zacznie publicznie mówić w Neapolu o jego wewnętrznych rozmowach z Jezusem.

W tym czasie Dolindo przeżyje jeden z pierwszych momentów ciemności. Po pierwsze człowiek, do którego niejako z urzędu miał bezgraniczne zaufanie, zawiedzie je. Po wtóre sam obawia się, czy faktycznie nie błądzi. „Czułem, jak moją duszę atakują pokusy przeciw wierze, czułem, jakby zniknęło we mnie coś, co jest charakterystyczne dla życia Jezusa w człowieku, to znaczy chęć życia tylko dla chwały Bożej" - zanotuje kilka lat później. Tymczasem do kręgu słuchaczy ks. Ruotolo w domu państwa La Rovere dołącza o. Domenico Fenocchio, augustianin. Przyprowadzi go tu jedna z córek duchowych ks. Ruotolo, wcześniej opowiadając mu o koncepcji dziewiczego kapłaństwa kobiet, które kapłanowi miała objawić sama Matka Boża. Augustianin z początku jest zachwycony, ale po kilku miesiącach ktoś żarliwie przypomni mu zamknięte już dawno kwestie relacji Serafiny Gentile i ks. Ruotolo. Od tej pory o. Fenocchio zacznie patrzeć na ks. Dolindo wyłącznie przez pryzmat tej sprawy. Teraz w czasie spotkań będzie sporządzał notatki, by zebrać argumenty przeciw neapolitańskiemu księdzu. Pewnego dnia dochodzi między nimi do ostrej wymiany zdań. Ksiądz Dolindo zachowuje spokój, ale augustianin daje się ponieść emocjom. I to on zrobi wszystko, by sprawa ks. Ruotolo ponownie trafiła przed Święte Oficjum. W sierpniu 1918 roku kuria neapolitańska kolejny raz wzywa ks. Dolindo.

– Dotarła do nas z Rzymu sugestia, by zakazać księdzu głoszenia czegokolwiek. Ale odpowiedzieliśmy, że musi to być nieporozumienie, a wręcz rzecz diaboliczna. Niech ksiądz spokojnie dalej wykonuje swoją pracę – słyszy Ruotolo od biskupa pomocniczego swojej diecezji.

Ojciec Fenocchio jest jednak uparty. Twierdzi, że jest w posiadaniu pisemnych dowodów przeciwko ks. Dolindo Ruotolo. Bardzo szybko wyjdzie na jaw fakt, że chodzi o przekazane mu przez jedną z córek duchowych notatki.

15 września 1918 roku augustianin wręcza je papieżowi[106]. Jest niedziela, godzina 11.00. W tym samym czasie w Neapolu w jednym z kościołów w dzielnicy Madonna dell'Arco ks. Dolindo oprawia Mszę Świętą. Jedna z jego córek duchowych, doktor Ersilia Cavaccini, była świadkiem niecodziennego zdarzenia:

---

106 Istnieją sugestie, że augustianin był bliskim przyjacielem Benedykta XV.

> Zaświadczam w pełnej świadomości, że byłam wtedy w kościele San Francesco dei Romani [...], by wysłuchać homilii ks. Dolindo Ruotolo, który w swojej prostocie potrafił przekazać słowa życia wiecznego. [...] Jakież było moje zdziwienie, kiedy w najpiękniejszym momencie swojego kazania, w połowie zdania, ojciec zatrzymał się, jakby ktoś zagasił w nim wewnętrzne światło... I nagle zamilkł. Wrócił do ołtarza i z wielkim zaangażowaniem dalej odprawiał Mszę. Ojciec był wtedy w doskonałym zdrowiu, nie można więc mówić o chorobie. W ciągu kolejnych dni dowiedziałam się – tak jak i ojciec – jaki był powód tej nagłej ciszy... Dokładnie w chwili kiedy przerwał homilię [...], Ojciec Święty podpisał zakaz głoszenia kazań przez o. Ruotolo.[107]

Kapłan natychmiast zwołuje wszystkich swoich słuchaczy:

> Każda próba racjonalnego spojrzenia na to wszystko nie ma sensu, a każde osobiste przekonanie musi zniknąć wobec słów Papieża [jest nim wtedy Benedykt XV – J. B.-B]. Nie będę na nic nigdzie naciskał, ponieważ formowałem was w miłości do Kościoła i do Ojca Świętego, które są we mnie żywe.

Ksiądz Ruotolo podpisuje dokument bezwzględnego posłuszeństwa i poddania się woli papieża.

Dwie osoby ucierpiały najbardziej: „Ja i ty, droga moja mamo – mówi ks. Dolindo, klęcząc i całując dłoń Silvii. – Płacz ścisnął mi gardło".

Córki duchowe ks. Ruotolo po kolei są wzywane na przesłuchania. Kilka pytań, jakie zadaje Marii La Rovere komisarz

---

[107] Dolindo Ruotolo, *Amore, Dolindo, Dolore*, s. 118.

Świętego Oficjum, pokazuje, z jakiego rodzaju oskarżeniami czy też przekłamaniami musiał zmierzyć się kapłan.

- Czy prawdą jest, że byłyście konsekrowane w kościele, a on powiedział wam, że kobiety mogą zostać kapłankami? - komisarz obrzuca surowym spojrzeniem panią La Rovere.

- Ksiądz Dolindo powiedział nam, że we wczesnym Kościele były diakonki[108]. Poświęcił nas Panu w maju, w kościele Najświętszego Sakramentu, ale nic specjalnego nie robił i nie mówił, a ja poczułam się wtedy napełniona Panem.

- Czy to prawda, że on mówił wam, iż jest wysłany przez Boga i że kiedy pisze, jest w uniesieniu? Czy mówił, że chce zreformować cały świat? - dopytuje dalej komisarz.

- Ksiądz Dolindo powtarza zawsze, że jest małym, nic nieznaczącym biedakiem i że należy do Boga, jest Jemu posłuszny; co do reszty to sprawa jest jasna, bo żadną ludzką siłą nie da się pisać i wygłosić w jednym dniu ośmiu różnych kazań. Mój brat po trzech był całkowicie wyczerpany. Ksiądz Dolindo chciał, byśmy pełne Bożego ducha szły do innych domów, tramwajów i na ulice głosić Ewangelię[109].

Maria nie opisuje tu szczegółów tych ulicznych misji. To lepiej, gdyż mogłoby to zostać opacznie zrozumiane. Córki duchowe ks. Dolindo - szczególnie na początku - robiły wszystko, by przyciągnąć i zachęcić jak najwięcej ludzi do odwiedzenia kościoła, w którym ich duchowy mistrz głosił katechezy i spowiadał. Doskonale wiedziały, że dziesiątki osób całkowicie

---

108 Papież Franciszek na prośbę przedstawicielek Unii Wyższych Przełożonych Zakonów Żeńskich zgodził się na powołanie komisji, która zbada kwestię posługi diakonatu kobiet. Od wielu lat jednak w Kościele katolickim kobiety mogą pełnić funkcję szafarek Komunii Świętej.

109 Ksiądz Dolindo Ruotolo mówi o Kościele, do jakiego dziś, po niemal stu latach, wzywa Papież Franciszek; Kościół, który idzie na peryferie, wychodzi z własnych murów. Także i w tej mierze ks. Ruotolo jest prorokiem.

zmieniają swoje życie pod jego wpływem. W tamtym czasie w Neapolu głośna była historia pewnego przestępcy, którego z bronią w ręku niemal na siłę wyciągnięto z autobusu, by wyspowiadał się u ks. Dolindo.

Tymczasem Święte Oficjum przesłuchuje wielu świadków. Zakaz głoszenia homilii dla ks. Ruotolo będzie utrzymany do 13 sierpnia 1920 roku, a więc przez dwa kolejne lata. W tym czasie kapłan napisze poruszające i głębokie rozważania oraz listy o Męce i Krzyżu Chrystusa. „Jezu, mój Jezu, czemu milczysz" – napisze. Ale i:

> Ból, cierpienie miażdży nas, kiedy dopada człowieka, ale we właściwym czasie odnawia on serce [...]. Dlatego też w okresie zamętu nie należy się burzyć, ale spojrzeć na siebie w obecności błogosławionego Boga, [...] i na ile tylko to możliwe, spróbować pozbyć się każdej najmniejszej usterki z naszego życia; trzeba to zrobić, by mogła działać i wypełniać się dobroć Boga.[110]

W liście do Eleny Montelli napisał: „Nie bójmy się krzyża, nie odrzucajmy go, nie oddalajmy go od nas ani też nie umniejszajmy go sobie; [...] miejmy ufność w Jezusa, On pomoże nam nieść krzyż". Oraz: „Czuję wielką wdzięczność wobec Boga, ale i ogromną sympatię do moich oskarżycieli i prześladowców!".

Szybko okaże się, że autorkami całego zamętu są wspomniane Irma i Lia Corsaro, córki profesora Angelo Corsaro, który razem z żoną po trzydziestu latach oddalenia od Kościoła dzięki ks. Ruotolo wrócił do wiary i przyjął sakramenty. Corsaro był jednym z głównych reprezentantów neapolitańskiej masonerii. To w ich domu – kiedy nie były możliwe spotkania w domu

---

110 Dolindo Ruotolo, *Amore, Dolindo, Dolore*, s. 119.

rodziny La Rovere – ks. Dolindo głosił Słowo i spotykał się z gronem uczniów.

Dla ks. Dolindo, mimo że przeczuwał, iż ktoś z najbliższego kręgu go zdradzi, to był potężny policzek. Tym bardziej że sprawa w Świętym Oficjum nie skończyła się na zakazie głoszenia kazań: kapłan po procesie, który ruszy za chwilę zostanie zawieszony *a divinis* w sprawowaniu Mszy. W geście heroicznej wręcz pokory pojedzie mimo to do rodzinnego domu Corsarich. Ani słowem nie uczyni im wyrzutu. Niśe będzie oczekiwał wyjaśnień. Uklęknie przed zdrajczyniami i poprosi je o wybaczenie. Ksiądz Dolindo wie, że to jedyny sposób, by przywrócić pokój w sercu. Swoim i zdrajczyń. Nie trzeba pisać, jak Irma i Lia są tym faktem zdumione.

Gest ten przyniesie nie tylko pokój. Obie siostry niebawem tak zaangażują się w ewangelizację, że Irma wstąpi do Akcji Katolickiej, a Lia założy Kongregację Małych Misjonarek Eucharystii. Umrze siedem lat po śmierci ks. Dolindo. Dziś trwa także jej proces beatyfikacyjny.

13 listopada 1918 roku ks. Ruotolo idzie na rozmowę z ks. prałatem Gioacchino Brandim. W Neapolu duchowny ten cieszy się ogromnym szacunkiem. To humanista, filozof, ale i człowiek wielkiego serca. Z bólem przekazuje on ks. Dolindo zarzuty, które zwalają go z nóg: kłamstwa, szaleństwo oraz nieposłuszeństwo Ojcu Świętemu. Nonsens. Absolutna niedorzeczność. „Jestem całkowicie przygnębiony – pisze kapłan. – Ale ufam Jezusowi!”[111].

21 listopada ks. Ruotolo całkowicie zawierza się w ręce Boga w uroczystym, choć prywatnie odmówionym akcie oddania. Od

111 Dolindo Ruotolo, *Amore, Dolindo, Dolore*, s. 121.

dwóch tygodni jest on tercjarzem franciszkańskim. Spełnia marzenie, które od dawna nosi w sercu.

Dwa miesiące później ponownie staje przed Świętym Oficjum. Dokładnie w tym samym czasie rozpoczyna się proces i przesłuchania stygmatyka z Pietrelciny, o. Pio.

Proces

To, co wydaje ci się przeszkodą, tak naprawdę jest drogą.

ks. Dolindo w liście do ks. Salvatore La Rovere,
1 września 1920 roku, Neapol

W cierpieniu tak wiele można się nauczyć, trzeba wykorzystać tę okazję i ulepszyć się w miłości.

ks. Dolindo w „Listach z Rzymu",
29 marca 1921 roku

Piszę do was z pociągu i błogosławię Jezusa [...]. Jadę pełen wiary do Świętego Oficjum, [...] nawet teraz dobry Jezus wszystkim kieruje, z godną podziwu Opatrznością! A wy córki moje, [...] czuję, że cierpicie, ale musicie zapomnieć o sobie, ponieważ Dzieło to nie jest żart i musi być kontynuowane. To dość żmudna praca, potrzeba więc, byście przynajmniej taką ofiarę złożyły Jezusowi. Naśladujcie w tym błogosławioną Dziewicę, która ofiarowała Jezusa na krzyżu i nie narzekała z powodu łez, jakie

> wylała. [...] Nie tylko dla nas dobry Jezus musiał się ofiarować. Przez nas musi On iść do innych i mamy cieszyć się z dzielenia się Nim.

Kiedy o. Dolindo przyjeżdża do Rzymu, nad Tybrem roi się od faszystów. Trwa właśnie ogólnokrajowy zjazd - tuż przed wyborami. Nacjonalistyczna Partia Faszystów na listach figuruje pod nazwą Blocchi Nazionali. Trzydziestu pięciu deputowanych z jej szeregów dostaje się później do Zgromadzenia Narodowego. Mussolini jest trzeci pod względem liczby zdobytych w całych Włoszech głosów. Poparcie dla Duce rośnie z tygodnia na tydzień i po chwili przejmuje on stery w kraju. Będzie miał bardzo wysokie notowania, także w Kościele, z którym w 1929 roku podpisuje Traktaty laterańskie. Na ich mocy Watykan staje się niezależnym i niepodległym państwem, którego władcą jest papież.

Ksiądz Dolindo ze Stazione Termini kieruje się pieszo na plac św. Piotra. Doskonale zna już tę drogę. O tej porze roku w Wiecznym Mieście jest jeszcze chłodno.

> Widziałem się z komisarzem, przyjął mnie dobrze i powiedział, że będę gościem pasjonistów, przy Świętych Schodach. Chwała Jezusowi, nie idę do Macao, ale tam, gdzie są schody, po których Jezus szedł, by Go skazano! Komisarz przekazał mi bilet „zamknięty" dla przełożonego, ja oczywiście nie wiem, co to oznacza.
>
> Komisarz zapytał mnie, czy znam powód wezwania. Powiedziałem, co przeczuwałem. On na to:
>
> - Czuje się ksiądz obiektem prześladowań? A co księdzu mówi sumienie? Jest wolne?
>
> - O, tak ojcze, jest wolne! [...]

– Niech ksiądz się modli, przyjdzie jutro i odpowie zgodnie z prawdą na wszystkie pytania [...]. Wezwanie przed Święte Oficjum nie oznacza wcale wezwania do cierpienia...[112]

Ksiądz Ruotolo ma wtedy trzydzieści dziewięć lat. Pisze: „Dziękuję Bogu, że [...] Jezus wzywa mnie właśnie do Świętych Schodów. To piękna rzecz cierpieć pośród żywych świadków Pasji Jezusa Chrystusa!"[113].

Święte Schody znajdują się nieopodal Bazyliki św. Jana na Lateranie, zgodnie z legendą pochodzą z domu Poncjusza Piłata i to nimi Jezus szedł na sąd. Do Rzymu sprowadziła je św. Helena, matka cesarza Konstantyna. Ksiądz Dolindo, podobnie jak miliony pątników, wchodzi na nie na kolanach. Na ich szczycie, w kaplicy modli się przed obrazem, który miał być namalowany przez aniołów. Tego samego dnia modli się jeszcze w niewielkim kościółku Santa Prassede schowanym w kąciku za kamienicą w pobliżu bazyliki Santa Maria Maggiore. Tu przechowywany jest fragment kolumny, do której przywiązano Jezusa w czasie biczowania. „Bardzo to przeżyłem, myśląc jak dobry Jezus był dla nas przy niej męczony... Udałem się też na modlitwę przed stołem, przy którym Jezus ustanowił Eucharystię [do bazyliki na Lateranie – J.B.-B.]" – pisze 17 lutego 1921 roku w liście do córek duchowych.

Ksiądz Ruotolo czeka na wezwanie na przesłuchanie przed Świętym Oficjum z drżącym sercem. Bilet „zamknięty", jaki

---

112 Ten i inne fragmenty przesłuchań ze Świętego Oficjum w 1921 roku nie znalazły się w autobiografii ks. Ruotolo, pochodzą z listów, jakie pisał do swoich córek duchowych z Rzymu. Tylko ich fragmenty przetrwały i są zebrane przez Apostolaturę Wydawniczą w Neapolu pod tytułem: *Don Dolindo e il S. Ufficio. Lettere da Roma*, Apostolato Stampa, Napoli-Riano-Sessa Aurunca 1975.

113 Tamże, s. 14.

dostaje na początku od komisarza, oznacza zakaz wychodzenia i poruszania się po Rzymie. Pasjoniści jednak przymykają na to oko i pozwalają ks. Dolindo na codzienne pielgrzymki do Świętych Schodów i na Lateran. Jest też zapraszany do bazyliki, by śpiewać w czasie mszy. Pewnego dnia poproszono go tam na obiad:

> Wzruszyłem się, kiedy na stole postawiono przede mną rybę i miód. Pomyślałem o Jezusie, który jadł z Apostołami rybę i plaster miodu. Jednak w mojej wielkiej „mądrości" polałem sobie tym miodem... smażoną rybę, podczas gdy trzeba było go nałożyć na ciastka... Ależ mają ze mną sto światów![114]

Kapłan przeżywa jednak „wielką agonię ducha, naprawdę wielką": „Spodziewam się tym razem okropnego [...]. Ze śmierci rodzi się życie i Jezus nas nie rozczaruje [...]. Czekam na osąd Kościoła z uległością, trzeba być posłusznym"[115].

Pierwsze przesłuchanie przed Świętym Oficjum trwa blisko trzy godziny. Ojciec Dolindo opisuje je w liście do rodziny jako „lawinę oskarżeń"[116].

Na koniec prosi, by pokazać mu list jego oskarżycieli. Podpisane są dwie jego córki duchowe. „Poczułem przeszywający ból – pisze w autobiografii – ale od razu się za nie pomodliłem i zrozumiałem wtedy, jak Jezus mógł kochać tych, którzy go krzyżowali! Czułem ojcowskie uczucia wobec tych stworzeń", które „skłamały nieświadome chyba, co mówią". „Poczułem się wtedy najszczęśliwiej na świecie, serce moje było wypełnione miłością do nich"[117].

---

114 Tamże, s. 20.
115 Tamże, s. 21.
116 Relacja Grazii Ruotolo.
117 Tamże.

Święte Oficjum w tamtym czasie reaguje na wszystkie sygnały i skrupulatnie sprawdza każdy donos. Co ciekawe, zarówno w przypadku o. Pio, jak i procesu ks. Dolindo to właśnie donosy stają się pierwszoplanowym „dowodem" w sprawach[118]. Podczas przesłuchań ks. Dolindo widać jasno, że kapłanowi trudno cokolwiek zarzucić. Jest pokorny, przyjmuje wszystko, jego język jest prosty, ewangeliczny, a odpowiedzi bez skazy. Komisarz jest więc w potrzasku.

4 marca 1921 roku. Zbliża się kolejne przesłuchanie[119]. Ksiądz Ruotolo w obecności komisji otwiera paczkę ze swoimi rękopisami. Są tam zapiski z wewnętrznych lokucji.

> Otwierając paczkę w obecności komisarza, poczułem zapach Jezusa[120]. [...]
>
> - Jest intensywny - zwróciłem się do komisarza[121]. Powąchał, ale niczego nie poczuł.
>
> - Gdyby był intensywny, też bym go poczuł - powiedział mi.
>
> - Wczoraj wieczorem też czułem zapach dobrego Jezusa na tych kartach - odparłem. Na co komisarz dodał:

---

118 Jak pisze Francesco Castelli swoich badaniach na temat procesu o. Pio, donosy pisali często anonimowi ludzie, często też zgorzkniali i zazdrośni księża. Mimo że procedury i prawo wyraźnie zakazywały opierania się na donosach, to praktyka była inna.

119 Ksiądz Ruotolo notuje nawet taki szczegół, że zbliża się godzina 11.00. Pod przysięgą nie może wyjawić innych szczegółów kolejnych przesłuchań. Stąd w listach pisze tylko o swoich przeżyciach. W Kongregacji Doktryny Wiary istnieje całe obszerne *dossier* poświęcone ks. Dolindo Ruotolo.

120 Świadkowie mówią, że kiedy o. Dolindo pisał, unosił się wokół niego zapach lilii, tak jak i z kartek, na których notował słowa Jezusa; pachniała też jego dłoń. Córki duchowe w zbiorze listów z Rymu notują, że pewnego dnia ks. Salvatore La Rovere chciał zrobić mały eksperyment - umył ks. Dolindo porządnie ręce szarym mydłem. Ale zapach lilii nadal się unosił.

121 Tym razem przesłuchiwał go ks. Giovanni Lottini.

- Niech ksiądz nie mówi „dobrego Jezusa", bo któż to może wiedzieć?

Po czym wstał i położył mi na głowie kartkę, z której unosił się zapach: obiema rękami długo przytrzymywał mi ją na głowie i zapytał, co takiego czuję. Odparłem:

- Nic specjalnego, tylko pokój Bożego błogosławieństwa.

Komisarz zdziwił się, że nic innego nie czułem. Nie mam pojęcia, po co kładł mi kartkę na głowę. Po czym wszedł biskup i obaj wyszli na dłuższą chwilę. Po powrocie powiedział mi:

- A zatem ksiądz powstrzyma się teraz od odprawiania Mszy.

Zamknąłem oczy i skamieniałem. Cały się trząsłem, [...] wybuchnąłem płaczem i padłem na kolana [...], i oddałem się Bogu, powtarzając: niech będzie Twoja wola...

Komisarz przerwał przesłuchanie i polecił mi wrócić w czwartek na kolejne, by stawić czoło innym zarzutom. Odpowiedziałem mu:

- Ojcze, wszystko już napisałem. O cokolwiek innego jestem oskarżany, to kłamstwa.

Ledwie trzymając się na nogach Dolindo dociera do Bazyliki św. Piotra. „Oto i ja, Panie, niczym robak! Jedynym moim pocieszeniem jest ufać wbrew nadziei i wziąć udział w Męce dobrego Jezusa"[122].

W liście do mamy tego dnia napisze:

Droga Mamusiu Moja, [...] nie odprawiam Mszy od 4 marca, nie dlatego jednak, że taką wymierzono mi karę, ale ponieważ taka jest procedura Świętego Oficjum. Kiedy toczy się jakaś sprawa, przesłuchiwany nie może odprawiać. Płakałem, ale oddałem

[122] *Don Dolindo e il S. Ufficio*, s. 26.

Bogu to wielkie poświęcenie w ofierze za świętokradztwa, jakie mają miejsce w czasie niektórych Mszy. Powtarzam, nie jestem zawieszony, ale muszę trzymać się procedury. Komisarz mówi nawet, że chciałby zrobić dla mnie wyjątek, ale Kardynałowie nie chcą łamać reguł [...]. Elio nic nie wie. Droga moja mamo, Jezus udziela mi wielkiej łaski, dopuszczając mój tutaj pobyt, bo od trzech miesięcy całymi dniami się modlę i staram się być lepszym. Jezus zrekompensuje nam cierpienia, jakie znosimy. Teraz czekam na werdykt. Prosiłem, by pozwolono mi wrócić do domu do 31 marca, ale Papież się nie zgodził, mówią, że mam czekać do ostatecznego rozstrzygnięcia sprawy. Jestem więc w rękach Boga, trwam w posłuszeństwie i jest mi dobrze.[123]

Jak może, stara się pocieszać matkę. Nie mówi jej, że na początku odsunięto go nawet od przystępowania do Komunii. Dla ks. Dolindo nie ma większego ciosu.

W czasie procesu beatyfikacyjnego ks. Dolindo Ruotolo, o. Germano Ventura, pasjonista z Domu Generalnego w Rzymie, zeznał: „Pewnego dnia znaleźliśmy ks. Dolindo przed otwartym tabernakulum. Wyciągał rękę do góry, jakby chciał go dotknąć. Zanosił się płaczem, bo zakazali mu nawet przyjmować Komunię. Pytał Jezusa z anielską wręcz adoracją: dlaczego?"[124].

26 marca w czasie obiadu u pasjonistów

czytano fragment pewnej książki o Zmartwychwstaniu Jezusa. Czułem płomień wewnętrzny i mówiłem do siebie: z jakąż Bożą pomocą ktoś napisał tę książkę, tyle życia daje duszy!

---

[123] Dolindo Ruotolo, *Epistolario*, Vol. 3, s. 117.

[124] Dolindo Ruotolo, *Postulazione Generale dei Francescani dell'Immacolata*, Apostolato Stampa, Casa Mariana Editrice, Napoli 2008, s. 99.

Na zakończenie posiłku kiedy podniosłem oczy rozpoznałem tytuł... *Życie Jezusa Chrystusa*. Po obiedzie przełożony podszedł do mnie: „Czy zgadł ksiądz, czyja to książka?". Odparłem, że dopiero pod koniec obiadu, kiedy spojrzałem na okładkę zorientowałem się, że jest mojego autorstwa.[125]

Wyraźnej otuchy dodaje neapolitańczykowi też wiadomość, że w tych dniach[126] do Rzymu przyjeżdża o. Pio z Pietrelciny. Ksiądz Dolindo próbuje zlokalizować miejsce jego pobytu, chce prosić go o wsparcie modlitewne. Fama o nadprzyrodzonych darach stygmatyka rozniosła się już wtedy po całych Włoszech, a do jego klasztoru przyjeżdżają tłumy. Święte Oficjum zarzuca późniejszemu świętemu „udawanie świętości" i wywoływanie wokół swojej osoby sensacji... Kapucyn nie jest więźniem byłej Inkwizycji, ale prawdopodobnie mija się na korytarzach „budynku tortur"[127] z ks. Dolindo.

Kilka dni później ks. Dolindo decyduje się na wizytę w San Martino a Macao. „Powiedziałem tym Księżom: w imię Boga, to miejsce, to więzienie, ma być zniszczone [...] tak, jak procedury Świętego Oficjum, one też powinny zniknąć, byłoby to niewypowiedziane dobro". Już za chwilę zobaczy zaskakujące efekty swojej modlitwy.

Czas w Rzymie mija powoli, neapolitańczyk dużo spaceruje, rozmyśla i czeka w niepewności na dalszy bieg wydarzeń.

18 kwietnia 1921 roku ks. Dolindo Ruotolo w liście do córek duchowych napisze:

---

125 Dolindo Ruotolo, *Amore, Dolindo, Dolore*, s. 137.

126 Prawdopodobnie 15 kwietnia 1921 roku.

127 Takie określenie przylgnęło w tamtym czasie do byłej Inkwizycji.

„Gołębice Eucharystyczne" – tak nazywał się najbliższy krąg córek duchowych ks. Ruotolo. Zdjęcie zrobiono 19 lutego 1954 roku. W rzędzie stoją od lewej: Nina Scotti di Uccio, Franca Penturo, Elena Montella, ks. Dolindo, Bice Tavassi,Maria La Rovere, Anna Trabucco. Siedzą, od lewej: Enzina Cervo, Ersilia Cavaccini, Angelica Lancerotto, Linda Lancerotto, Lia La Rovere.

Och, czemuż to Jezus Sakramentalny jest tak mało znany?

Z dnia na dzień przekonuję się coraz bardziej, że tylko On jest zbawieniem świata! Proszę Go, by powołał swoje eucharystyczne gołębice, by kapłani mogli odprawiać więcej niż jedną Mszę w ciągu dnia, by można było przystąpić do Komunii także wieczorem.

Noce byłyby czystsze, gdyby dni kończyły się Komunią! Kiedy przy via Giusti, po nieszporach jest błogosławieństwo i widzę wszystkie te ubrane w białe welony zakonnice, z bólem myślę, że są... głodne Jezusa. Och, czuję, że Jezus z tabernakulum płonie pragnieniem ofiarowania się im i Komunia udzielona o tej porze, oczywiście za zgodą Kościoła, dałaby nowe życie temu klasztorowi.

Demon rankiem ma mało sposobności, ponieważ Jezus jest ofiarowany, a tyle dusz przyjmuje Go w Komunii. Kiedy nadejdzie ten dzień błogosławiony w Bożym Kościele?[128]

Wielkanoc ks. Dolindo musi wytrzymać w Rzymie bez odprawiania Mszy. Cierpi. „O Panie, chcę być tylko posłańcem Twojej Eucharystii. [...] Jak świat zajęty tyloma sprawami i pogubiony w tak wielu rzeczach może koncentrować się na Tobie?". Bo przecież „życie skoncentrowane w pełni na Jezusie nie jest utopią, a źródłem wszelkich aktywności"[129].

Nastaje maj, jeden z najpiękniejszych miesięcy w Rzymie. Wiecznie Miasto tętni wtedy życiem, soczysta zieleń oleandrów i drzew pomarańczy, skąpane w słońcu place i fontanny przyciągają tysiące turystów i pątników. W powietrzu unosi się już rześki zapach lata. Dla ks. Dolindo ten maj jest wyjątkowy.

---

128 *Don Dolindo e il S. Ufficio*, s. 43.

129 Tamże, s. 54.

Pierwszego dnia miesiąca, kiedy siedzi pochylony nad kartką papieru, by napisać kilka słów do córek duchowych w Neapolu, przychodzi do niego Matka Boża. Będą się spotykać codziennie, przez kolejnych trzydzieści dni, a kapłan zapisze Jej słowa. Czy naprawdę wtedy widzi Maryję, czy rzecz dzieje się w trakcie lokucji, tego nie uściśla. Ale w tym czasie - Maryja wybiera go nie przypadkowo - powstaną zapiski do jednej z najpiękniejszych i fascynujących opowieści o Matce Bożej. Maryja wyjawi o. Dolindo część swojego życia, o czym nieco dalej w specjalnie poświęconym temu rozdziale. W każdym razie miesiąc Maryjny, neapolitańczyk przeżyje niemal w ekstazie. Do zapisków o Maryi wróci w latach 60. I to z nich powstanie dzieło, które dzisiaj znane jest pod tytułem *Cosi ho visto l'Immacolata.*

Tymczasem 8 czerwca 1921 roku mija dwadzieścia pięć lat, odkąd

> przekroczyłem próg domu Ojców Misjonarzy i ubrałem habit. Pamiętam do dziś wrażenie, jakie zrobił na mnie ten dom, [...] na końcu korytarza stała wielka figura św. Józefa, miałem wrażenie, że to on mnie przyjmuje. Byłem wtedy prosty, pragnąłem jedynie służyć Bogu [...]. Gdyby Anioł przepowiedział mi wtedy wydarzenia następnych dwudziestu pięciu lat, nigdy bym mu nie uwierzył. Miałem trzynaście i pół roku i Jezus od tamtej chwili pozwolił mi wejść na drogę mojego krzyża! Dziś jestem więźniem tysięcy strapień i bólu, które przemieniają mój pobyt tu w prawdziwy czyściec spragniony świętego słowa Kościoła, które wciąż nie nadchodzi![130]

---

130 Tamże, s. 55.

Ksiądz Dolindo nie lubił, kiedy robiono mu zdjęcia. Córkom duchowym udało się uchwycić prawdopodobnie moment jego ekstazy w czasie, kiedy miał widzenie Matki Bożej.

Niepewność i oczekiwanie stają się coraz bardziej nużące. 24 czerwca 1921 roku ks. Ruotolo idzie do Świętego Oficjum z własnej inicjatywy prosić o przyspieszenie sprawy i o wydanie ostatecznego wyroku. Komisarz rozmawia z kapłanem ponad godzinę.

> Dał mi do zrozumienia, że dotarły do niego pisemne relacje z lekcji religii, katechez, jakie prowadziłem, a które spisały Ersilia, Maria, Lia, Elena i Linda. Dodał, że odnalazł w tych zapiskach pewną kulturę i porządek teologiczny, ascetyczny i zarazem mistyczny. Wyjaśniłem mu metodę, jaką stosowałem, że opierałem się także na tekstach religijnych Rodrigueza, Croiseta i innych [...]. Powtórzyłem też to, o co Pan prosi przeze mnie, marne narzędzie: możliwość przystępowania do Komunii i uczestniczenia we Mszy wieczorami, możliwość odprawiania przez kapłanów w ciągu tygodnia więcej niż jednej Mszy dziennie (tak jak ma to miejsce w niedziele); wreszcie o Mszę Świętą i Komunię w Wielki Piątek [...]. Komisarz, choć przez chwilę miał wątpliwości, odniósł raczej dobre wrażenie, a kiedy się ze mną żegnał, wzniósł oczy do nieba i powiedział ze złożonymi rękami: „Och, kiedy nadejdzie Raj? Tam nie będzie już walki, wątpliwości, niepewności, [...] nie będzie też Świętego Oficjum!"[131].

Przesłuchania w Rzymie trwają do końca roku. Ksiądz Dolindo usłyszy gorzkie i bolesne zarzuty od bliskich mu osób. W listach jednak nie pojawiają się szczegóły, ponieważ jest związany przysięgą. O wszystkim ks. Ruotolo rozmawia ze swoim spowiednikiem. Mówi o wewnętrznej ciemności i burzy, przez jaką przechodzi, o lokucjach wewnętrznych i spotkaniach z Matką

131 Dolindo Ruotolo, *Amore, Dolindo, Dolore*, s. 148.

Bożą. Jego spowiednik, o. Agostino, staje się dla niego jedynym pocieszeniem. Przekonuje go:

> Czy nie widzisz, synu, że w tym wszystkim jest Bóg? We wszystkim, co robisz i co się dzieje, są znaki wielkiego Dzieła Boga. Wielka cierpliwość, jaką daje ci Bóg, to potwierdza. Gdybyś był opętany przez demona, zbuntowałbyś się... Módl się więc, by Pan dotknął serc tych, którzy mają cię osądzić.[132]

Duchowny, który mieszka z ks. Dolindo w domu pasjonistów, poleci mu wtedy spisanie autobiografii. Jeśli będzie skazany, zapiski te w przyszłości pomogą następnym pokoleniom zrozumieć prawdę. W krótkim czasie, mimo początkowego oporu neapolitańczyka, w Rzymie powstaje kilkaset stron jego wspomnień.

Ksiądz Ruotolo przechodzi w Wiecznym Mieście przez czas silnego kuszenia. Budzi się o pierwszej w nocy i nie śpi do czwartej nad ranem. Leży nieruchomo wpatrzony w pustkę. Drży ze strachu. Zmaga się z pokusą buntu.

> Demon potwornie mnie kusił w kościele, kiedy trwałem w ostrej i głębokiej ciemności. Mówiłem do Jezusa: „Nie, z Twoją łaską, na Niepokalaną Maryję, nie stanę się heretykiem ani buntownikiem! Nie! Jestem Twój, o Panie, mimo wszystko".

Przytłoczony tym wszystkim ks. Dolindo, nawet wtedy, kiedy nie jest w stanie się modlić, przesiaduje po kilka godzin dziennie przez Najświętszym Sakramentem. Milczy. Wieczorami pisze listy. Setki listów. Jest w nich dużo głębokich myśli

---

132 Tamże, s. 133.

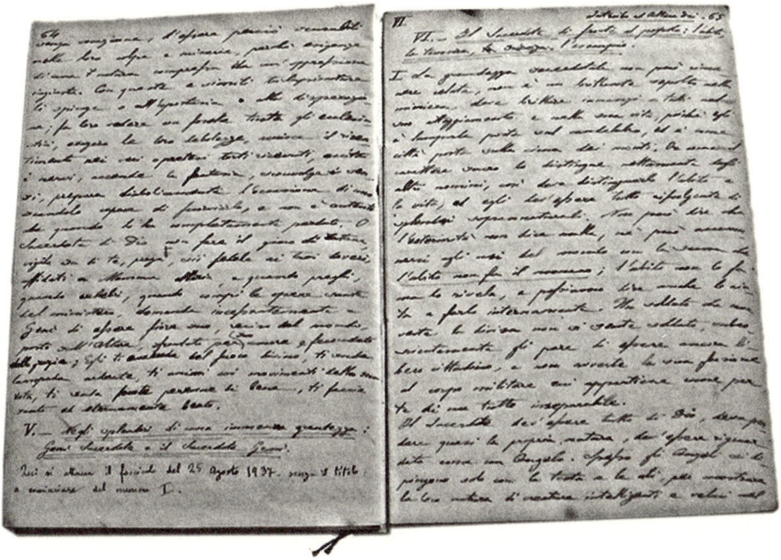

Jeden z tysięcy listów, które ks. Dolindo pisał do synów i córek duchowych oraz do rodziny.

o krzyżu, pełne oddanie i uwielbienie Jezusa, głęboka analiza cierpienia Maryi pod krzyżem.

Z tego okresu pochodzi też chyba najpiękniejsza, ale i najprostsza definicja Kościoła według kapłana. „Kościół to Jezus"[133] - zanotuje Dolindo. Po prostu. W pełni święty, należący do Boga. Ale i poraniony. Właśnie stąd bierze się determinacja i posłuszeństwo Dolindo. Kościół = Jezus, którego bezgranicznie kocha i jest Mu posłuszny.

W liście do mamy z 17 października 1921 roku pisze już w tonie mniej optymistycznym niż przed kilkoma miesiącami:

> Moja najdroższa Mamo, toczę naprawdę ostrą i straszną walkę, nigdy nie przypuszczałbym, że ludzka hańba może osiągnąć takie rozmiary. Jednak z łaską Bożą zachowuję wielki pokój i wielką siłę ducha, by stawić czoła temu rodzajowi walki, która naprawdę - gdyby nie wsparcie Boga - jest ponad moje siły.

Dalej pisze, że zarówno spowiednik, jak i ks. Paolucci doradzają mu, aby w czasie przesłuchań nie był zbytnio spolegliwy ani łagodny jak owieczka. Dolindo więc „ze spokojem i siłą ducha" odpowiada na kolejne oskarżenia. Ale - pisze - „walka jest bolesna".

I dalej: „Tutaj, moja kochana mamo, Jezus jest zupełnie nieznany i niekochany; nie ma żadnego sensu odwoływać się do zasad wiary i cnoty. To, co się liczy, to tylko stanowczość i strach"[134].

W lipcu 1921 roku ks. Ruotolo spotyka się ze swoim adwokatem przydzielanym z urzędu. Jest nim ks. Marinelli.

---

133 *Don Dolindo e il S. Ufficio*, s. 118.

134 Tamże, s. 262. W *Lettere da Roma* ks. Dolindo zanotuje też inne gorzkie zdanie pod adresem Świętego Oficjum: „Nie doświadczyłem tu ani jednego znaku miłości".

Niewykluczone, że wkrótce zapadnie ostateczny werdykt. Ale... „Chcą księdza osądzić jako szaleńca" - słyszy od adwokata.

> Ależ piękne jest to moje szaleństwo, Jezu, które przyciąga dusze do Ciebie w Sakramencie!... I jeśli będą Cię kochać i nowe życie w nich wzrośnie, cóż mi to, o Jezu, jeśli nie pozwolą robić mi nic więcej i na bok mnie odstawią? Po tym, jak otrzymałem tyle światła, tyle łask, nie pozostaje mi nic innego w ostatniej części mojego życia, jak tylko zaintonować hymn miłości![135]

Końca sprawy jednak cały czas nie widać. A ciemność, w jakiej żyje ks. Dolindo tylko się zagęszcza. Pewnej nocy otwiera okno, które wychodzi na rzymski akwedukt Klaudiusza, i modli się:

> Czuję do siebie głęboki wstręt: odebrałeś mi radość z poczucia lekkości, życia w ładzie, radość podskoków o poranku ze świeżą duszą!... Wszystko wydaje mi się obrzydliwością, nawet moje zgniłe i śmierdzące buty... Demon mną szarpie, zakłóca mi spokój i tyleż razy podpowiada: „Nie widzisz? Jesteś sam, opuszczony! Nikt się tobą nie zajmuje ani wśród ludzi, ani w Niebie! Czemu jeszcze ufasz?". Wszystko to mówi mi, gdy odmawiam psalmy. [...] Boże mój, Boże mój, czemuś mnie opuścił?[136]

Następnego dnia ks. Dolindo po raz kolejny ma się stawić przed Świętym Oficjum. Zazwyczaj porusza się po Rzymie pieszo, ale po kilku miesiącach tej trudnej walki jest fizycznie bardzo osłabiony i zmęczony. Wsiada do tramwaju nieopodal Lateranu i od razu czuje coś dziwnego. Nie rozumie, o co chodzi.

---

135 Dolindo Ruotolo, *Amore, Dolindo, Dolore*, s. 149.
136 Tamże, s. 150.

Wysiada na Piazza Risorgimento, przechodzi wzdłuż murów watykańskich, potem przecina plac św. Piotra i za lewym skrzydłem kolumnady Berniniego zatrzymuje go dziwny widok: dziesiątki robotników rozbiera część budynku przy Świętym Oficjum. Więzienie Macao. „Niech żyje Jezus! – pisze. – Poczułem radość z przynależności do Kościoła, nawet tu, na korytarzach Świętego Oficjum”[137].

W październiku 1921 roku na kolejnym z przesłuchań dojdzie do ostrej wymiany zdań między ks. Dolindo a komisarzem. Ten drugi wydaje się rozumieć zniecierpliwienie neapolitańczyka i przyzna:

– Te wszystkie oskarżenia nie mają podstaw, to prawda. Nie robi ksiądz niczego sprzecznego z doktryną Kościoła.

– A zatem uznacie mnie za szaleńca? – dopytuje Dolindo.

– To też nie, gdyby tak było, dawno już zamknęliby księdza w szpitalu psychiatrycznym – odpowiada komisarz. – Jest ksiądz zdrowy i w pełni władz umysłu.

– Więc przepraszam bardzo, o co chodzi? – po raz pierwszy denerwuje się ks. Ruotolo. – Sprawa jest prosta, nie jestem winien żadnego przestępstwa, nie jestem niezrównoważony. Musicie wziąć pod uwagę przygnębienie w jakim tkwię, bo stoję przed Kościołem, a waszą powinnością jest sprowadzić mnie na dobrą drogę, oświecić mnie. Spowiednik powtarza mi, że działa we mnie Jezus, a czyż ekscelencja nie przykazał mi iść po poradę do spowiednika w Rzymie, mówiąc, że on powie mi prawdę? Spowiednik zatem mówi: w tym jest Bóg. Nie możecie pozostawiać mnie w takiej niepewności, skoro wy twierdzicie, że Boga we mnie nie ma! Chcę więc, by mi ekscelencja teraz powiedział: Bóg w tym jest czy Go nie ma? – pyta roztrzęsiony neapolitańczyk.

---

137 Tamże, s. 153.

– To będzie księdzu zakomunikowane w swoim czasie. Teraz nie mogę niczego powiedzieć. Problem w tym, że członkowie komisji od początku są „pod negatywnym wrażeniem".

– Ależ ojcze, oskarżenia zostały obalone, i to wszystkie!

– Tak, to prawda, ale oni obawiają się, że wprowadza ksiądz nowość do Kościoła... – kończy komisarz.

I nie mylą się. Ksiądz Dolindo ma – jak później pokaże historia – niemal proroczy zmysł eklezjalny, choć ani przez chwilę nie czuje się prorokiem. To, co proponuje, wychodzi z jego serca. A wspomniane „nowości" Kościół (Komunia w Wielki Piątek, mnogość Mszy odprawianych przez jednego kapłana w ciągu dnia i Komunia przyjmowana wieczorem w czasie Mszy) wprowadzi po pięćdziesięciu latach od tych wydarzeń – w dokumentach Soboru Watykańskiego II. Jedyna rzecz, z którą Sobór się nie zmierzył, to kwestia „mistycznego kapłaństwa kobiet", jednak postulaty i myśli ks. Ruotolo z 1918 roku znalazły swoje odbicie (czy nieświadomie?) w liście do kobiet *Mulieris Dignitatem* Jana Pawła II z 1988 roku.

18 października 1921 roku zapada decyzja Świętego Oficjum. Ksiądz Dolindo Ruotolo jest oczyszczony ze stawianych mu przez ludzi zarzutów, ale zawieszony *a divinis*. Nie może odprawiać Mszy publicznie. Jego Dzieło może być kontynuowane. Święte Oficjum dystansuje się od lokucji wewnętrznych kapłana i określa je mianem „prywatnych fantazji". Wyrok w ostatecznym brzmieniu będzie bardziej surowy.

Tymczasem kapłan odbywa dwie rozmowy. Pierwszą z przełożonym pasjonistów w Rzymie. Sugeruje on, że gdyby ks. Ruotolo zgodził się przyjąć od niego pomoc materialną, być może inaczej wypadłby w Świętym Oficjum. Neapolitańczyk jako tercjarz franciszkański i misjonarz ślubował ubóstwo i nie chce niczego posiadać[138].

Jak się okazuje, Święte Oficjum kilkakrotnie prosi o opinię o neapolitańskim kapłanie samych pasjonistów. Przełożony relacjonuje im:

> Gościliśmy wielu księży, ale ks. Dolindo Ruotolo jest prawdziwym świętym kapłanem! Cała nasza wspólnota jest zbudowana jego osobą; na nic nie narzekał, nie miał o nic pretensji, nie był dla nikogo ciężarem. Przystępował do Komunii w kościele św. Jana na Lateranie o świcie, a popołudniami odbywał długie adoracje. Dużo się modli i ma świętą cierpliwość.

Przełożony pasjonistów relacjonuje to ks. Dolindo. - Wiesz jak na to zareagowali? - spogląda na neapolitańczyka. - Zareagowali na to, kwitując: „To przecież kretyn!". Zakonnik wzdycha, kładzie dłoń na ramieniu ks. Dolindo i dodaje - Mówiłem ci przecież, żebyś zawalczył o swoje prawa![139].

W grudniu, po powrocie do Neapolu, ks. Ruotolo spotyka się też z pracownikiem kurii ks. prałatem Zezzą. „Nie ma ksiądz zatem żadnej misji - słyszy od niego. - Musi ksiądz zapomnieć o swoim kapłańskim ministerstwie i zająć się tylko muzyką". Kuria zakazuje kapłanowi kontynuacji katechez dla córek duchowych.

Definitywny wyrok z grudnia 1921 roku brzmi: odsunięty od sprawowania Mszy i skazany na przymusowy wyjazd do domu Misjonarzy do Wiednia. Do Neapolu, mimo nalegań rodziny, ks. Dolindo wrócić nie może „ze względów moralnych".

---

138 Ksiądz Dolindo dostaje potem nakaz Świętego Oficjum, by kupić za przyznaną mu sumę 500 lirów nową sutannę, płaszcz i buty.

139 Dolindo Ruotolo, *Amore, Dolindo, Dolore*, s. 171.

Po Bożym Narodzeniu ks. Ruotolo raz jeszcze pojawia się w Rzymie. Udaje mu się spotkać z kardynałem Silim. Rozmowa trwa ponad dwie godziny. Kapłan mówi mu o wszystkim, także o doświadczeniach mistycznych w czasie Eucharystii, o lokucjach, o Dziele. Kardynał słucha z uwagą, co chwila wstaje i przechadza się po pokoju. Kiedy ks. Dolindo mówi o lokucjach Jezusa, purpurat zastyga, jednak „nic go nie dziwi", gdyż „nie boi się on rzeczy nadprzyrodzonych". Pocieszeniem, choć pewnie niewielkim, jest dla ks. Ruotolo wieść o tym, że sam Ojciec Święty, wówczas jeszcze Benedykt XV[140], surowo ocenił pracę Świętego Oficjum. W czasie jednego ze spotkań z kardynałami Ojciec Święty powiedział, iż praca Świętego Oficjum w obecnym stanie nie odpowiada duchowi Jezusa Chrystusa oraz że instytucja ta nie wezwała do siebie jeszcze tylko Papieża[141]. „To smutne - pisze ks. Dolindo - że papież nie może zadziałać w takich sprawach swoim autorytetem i przywrócić tam należytego porządku".

Proces ks. Ruotolo jest w Rzymie głośną sprawą. Mówi się, iż to po jego zakończeniu pada propozycja reformy Świętego Oficjum. Ale dopiero Paweł VI w 1965 roku przekształci Kongregację Świętego Oficjum we współcześnie istniejącą Kongregację Nauki Wiary. Zlikwiduje też urząd komisarza generalnego oraz w 1966 roku zniesie Indeks Ksiąg Zakazanych.

---

140 Papież ten będzie sprawował urząd Piotrowy jeszcze tylko przez miesiąc; jego następca, Pius XI, okaże się wielkim sprzymierzeńcem ks. Dolindo.

141 Dolindo Ruotolo, *Amore, Dolindo, Dolore*, s. 184.

Na progu śmierci

Kapłani są moją miłością[142]*. Kocham ich, czczę, i chociaż sam jestem księdzem, chciałbym być sługą ich wszystkich. Od wczesnego dzieciństwa, kiedy to moja dusza zamykała się i żyła w wielkim zamęcie, każdy kapłan był dla mnie niczym promień słońca w ciągu dni, nad którymi kłębiły się burzowe wiatry. Nie znałem świata, nikogo. Cieszyłem się swoim dziecięctwem. Spotkanie z kapłanem było dla mnie za każdym razem jak olśnienie. Zdejmowałem czapkę i nawet jeśli go nie znałem, pozdrawiałem go tak, jakby to był święty wizerunek. Wyczuwałem jego znamienitą godność, choć nie do końca to rozumiałem. Ucałować jego uświęconą dłoń było moim szczęściem, widziałem w kapłanie drugiego Chrystusa, arkę wypełnioną błogosławieństwami, źródło, które wytryska dla ludu Bożego, spichlerz pełen życiodajnego pokarmu dla duszy, ojca, przyjaciela, dobrodzieja, wsparcie w ziemskim pielgrzymowaniu, coś nieskończenie wielkiego. O, gdyby świat zrozumiał, kim są dla niego księża!*

ks. Dolindo

---

142 W oryginale jest *passione* – pasją.

30 grudnia 1921 r. pada rzęsisty deszcz. Ulicami Rzymu płyną strugi wody. Ksiądz Dolindo budzi się tego dnia piętnaście minut przed drugą nad ranem. Pakuje walizkę i książki, których w ciągu niemal roku zebrała się niemała ilość. Siada przy biurku i pisze ostatnie listy z Rzymu, w tym jeden do komisarza Świętego Oficjum, z którym nie zdążył się pożegnać. Służy do Mszy o. Damaso i przystępuje do Komunii. O siódmej rano w drzwiach domu pasjonistów zjawia się starszy brat Dolindo, ks. Elio. Wszyscy bracia pasjoniści wychodzą pożegnać ks. Ruotolo. Wszyscy też płaczą. Ksiądz Dolindo na wyraźne polecenie rzymskiego spowiednika wraca tego dnia do Neapolu. Docierają z Elio nad Zatokę Neapolitańską około piątej po południu. Po kilkunastu miesiącach pobytu nad Tybrem, rodzinne miasto wydaje się ks. Dolindo „małe i brudne". W domu wszyscy, po raz pierwszy, witają go czule. Młodszy brat Dolindo, Eucario rozpościera szeroko ramiona i mówi:

> Dla nas nie jesteś wcale zawieszony, ale tak jakbyś wrócił z Rzymu biskupem, bowiem niewinność i cierpienie są najpiękniejszym twoim ornamentem.[143]

Ksiądz Dolindo tym razem dobrze czuje się w domu. Mama, po roku nieobecności syna, przyjmuje go z troską. Wydaje się też bardziej energiczna, dba o Dolindo, a nawet odnosi się do syna z respektem. Kapłan jednak czuje się nieco zdezorientowany. „Jestem trochę jak człowiek, który znalazł się na morzu i nie wie dokąd podążać, płynę jednak do przodu, prowadzony przez Sternika"[144].

---

143 Dolindo Ruotolo, *Amore, Dolindo, Dolore*, s. 187.
144 Tamże.

Ksiądz Dolindo spotyka się nadal z córkami duchowymi. Zakaz komunikowania się z nimi dotyczy tylko kwestii kierownictwa duchowego, sprawy zwykłe, międzyludzkie nie wchodzą w ten zakres. To córki duchowe opiekują się spuścizną po swoim przewodniku. Wszystkie wychodzą z Ewangelią na ulice, jeżdżą ewangelizować do różnych miejsc we Włoszech. Elena Montella zajmuje się apostolatem księży w kryzysie, doktor Ersilia Cavaccini leczy ubogich, nie pobierając zapłaty. Lia La Rovere angażuje się w Akcję Katolicką.

Ksiądz Dolindo znowu odwiedza szpitale, przytułki, więzienia. Pociesza, choć cały czas nie może spowiadać. Dużo modli się przed Najświętszym Sakramentem. Ranek zaczyna do Komunii: „Często zmieniam kościoły, by nikt mnie nie zauważył" - pisze.

Jest wytykany palcami. „Szedłem raz ulicą do Duomo i spotkałem tam kolegów księży, ale nie odpowiedzieli mi nawet «dzień dobry» [...]. Czuję się tu jak umarły, jakbym był w grobie" - notuje.

19 stycznia 1922 roku pisze: „Nie jestem w stanie określić bólu i uczuć, jakie mną targają. [...] Wczoraj wieczorem dopadły mnie brutalne myśli dotyczące Kościoła, ale naprawdę brutalne"[145]. Tego dnia za ostatnie 50 lirów, jakie ma w kieszeni, kupuje mszał łacińsko-włoski, „jako reakcja, akt wobec kuszenia", jakiemu uległ w myślach. W zakupie tym jest tak zwany Boży palec. Kilka dni później, otwierając mszał, kapłan natrafia na adnotację, która rozwieje jego wątpliwości i poniekąd utwierdzi go w przekonaniu, że nie jest heretykiem. Nota w mszale dotyczy odprawiania Mszy wieczornej (jedna z rzekomych „nowości" propagowanych przez ks. Dolindo) w tradycji Kościoła.

---

[145] Dolindo Ruotolo, *Amore, Dolindo, Dolore*, s. 191.

„W dawnych czasach odprawiało się Mszę wieczorną, która kończyła się z zachodem słońca" w rzymskich bazylikach Santa Maria Maggiore oraz św. Piotra. „To zatem żadna nowość czy moja fantazja, ale stara praktyka Kościoła"[146] - notuje ks. Dolindo.

Neapolitańczyk w tym czasie podejmuje pracę fizyczną. Nie podaje szczegółów, choć wspomina, że musi na przykład przecinać szkło. Prowizoryczny warsztat powstaje w pokoju jego brata, Elio. Codziennie słucha Mszy, przyjmuje Komunię. Bywa, że przechadza się ulicami Neapolu przez długie godziny.

Tymczasem córki duchowe ks. Ruotolo działają i próbują za wszelką cenę dostać się na audiencję do Benedykta XV. Papież co prawda ocenił postulaty i tak zwaną szkołę, nauki ks. Dolindo, jako „niebezpieczne nowiny dla Kościoła", jednak Maria, Ester i Linda miały nadzieję, że Benedykt XV został wprowadzony w błąd, a jego osąd nie opiera się na prawdzie. Sugestię, by sprawę raz jeszcze ruszyć w Rzymie przez ingerencję u papieża, poddaje także jeden z duchownych kurii neapolitańskiej, ks. prałat Zezza. Wielkim wsparciem jest tu też Eucario, prawnik specjalizujący się w prawie kościelnym.

Ksiądz Zezza nakłania też Dolindo, by całkowicie oddał się w tym czasie muzyce, by pisał nowe partytury (jest wybitnym specjalistą chorału gregoriańskiego). Ksiądz Dolindo notuje:

> Nie przypuszczał, że mówi do mnie w imieniu Boga, nie wiedział, że w 1918 roku Jezus powiedział mi: „Zostaw teraz muzykę, a zajmij się duszami. Przyjdzie okres, kiedy będziesz miał wolny czas na pisanie muzyki, która jest częścią mojego planu".

---

146 Tamże, s. 193.

Wszystko się sprawdza, jak zostało powiedziane. To dowód na prawdę.[147]

Kapłan pisze więc dużo nowych utworów, przelewa swoje duchowe cierpienie na nuty. W wielu kościołach Neapolu gra na organach do liturgii, pięknie śpiewa głębokim barytonem.

W tym czasie jest świadkiem różnych wydarzeń. Pewnego październikowego popołudnia jak co dzień klęczy na długiej adoracji w kościele Santa Teresa al Museo nieopodal Piazza Cavour. Jest przywiązany do tego miejsca, świątynią opiekują się wtedy karmelitanie. Po skończonej modlitwie ks. Dolindo idzie do zakrystii. Spotyka tam jednego z zakonników od niedawna mieszkającego w Neapolu.

Nagle jakby bezwiednie zacząłem do niego mówić o drogocennej wartości krzyża, upokorzenia, odwołując się do mojego bolesnego doświadczenia. Czułem, że przeze mnie mówi do niego Pan, ale nie potrafiłem wyjaśnić, czemu właściwie i przede wszystkim z jakiego powodu się przed tym zakonnikiem odkryłem.[148]

Ksiądz Ruotolo od powrotu pod Wezuwiusz nie rozmawia z nikim o wydarzeniach ze Świętego Oficjum. Tymczasem teraz „mówił dość długo, z naciskiem na piękno Kościoła, ale i właśnie Świętego Oficjum. Och, jakże chciałbym móc raz jeszcze to powtórzyć, była to tajemnica miłości Jezusa!". Karmelitanin z nieskrywanym zaskoczeniem wpatruje się w ks. Dolindo. Coraz bardziej szklą mu się oczy, nie wytrzymuje i pada na kolana,

---

147 Tamże, s. 194.
148 Tamże, s. 198.

płacze. „Jak dobry jest Bóg! Widzi ksiądz - szlocha - przechodzę dość silny kryzys; dziś poczułem się tak bardzo zagubiony, że padłem na twarz przed Jezusem i wołałem do Niego: «Błagam, pomóż mi»!".

Karmelitanin, ciągle zanosząc się szlochem, opowiada o swoim procesie przed Świętym Oficjum.

> Byłem prześladowany, wyszedłem z tego niewinny, to prawda, ale pozwolili mi tylko odprawiać mszę, nie wolno mi spowiadać, a tak wielu przychodziło do mnie penitentów, byłem ich ojcem duchownym, teraz są zdezorientowani, nie rozumieją, czemu nie mogę spowiadać.

Historia zakonnika nie jest tak skomplikowana, jak losy ks. Dolindo. To jednak jeden z dość klasycznych w tamtym czasie przypadków. Karmelita trafia przed byłą Inkwizycję oskarżony przez własnego przełożonego. „Teraz jest on apostatą i twierdzi, że spowiadałem niewłaściwie, bez uprawnień. Święte Oficjum wysłało mnie na dwa i pół roku na pustelnię, a potem tutaj, do Neapolu... Co za upokorzenie!". Ksiądz Dolindo komentuje w autobiografii:

> Jezus więc posłużył się moimi upokorzeniami, by pocieszyć tego zakonnika. [...] Na zakończenie chciałem ucałować jego dłoń; nie pozwolił mi; ale wyjaśniłem mu: „Dłoń tego, który przeżywa cierpienie, jest dłonią samego Jezusa przybitą do krzyża: jest uświęcona. Tak jak i uświęcone jest całe jestestwo tego, kto zanurzony jest całkowicie w Bogu".[149]

---

[149] Tamże.

Ksiądz Dolindo nie tylko nie może odprawiać Mszy i spowiadać, ale także głosić Słowa. 21 stycznia 1923 roku ma miejsce jednak w pełni mistyczne zjednoczenie kapłana z Jezusem, który w trudny do zrozumienia (pewnie zrozumiały jedynie dla mistyka właśnie) sposób posługuje się swoim kapłanem do ewangelizacji.

> Dobry Jezus wyjawił mi, w jak przepiękny sposób mogę nauczać, nie odzywając się słowem. Zwrócił się do mnie: „Jeśli chcesz na przykład głosić Słowo nieczystym [tu może chodzić o prostytutki lub po prostu ogólnie o grzeszników - J. B.-B.], całkowicie się we Mnie zanurz, módl się za nich i powiedz im: we Mnie to, co chciałbyś powiedzieć na głos. Słowo twoje dotrze do nich niczym prąd, niczym iskra natchnienia, uczuć i światła, łask o wiele piękniejszych, aniżeli kiedy głosiłbyś kazanie z kościelnego pulpitu. Będzie bowiem tchnieniem przez pryzmat twojego bólu, pokory”.[150]

Wczesną wiosną tego samego roku, w marcu - ks. Dolindo skrupulatnie odnotowuje ten z pozoru nieistotny szczegół: zgodnie z liturgiczną tradycją to miesiąc zwiastowania Maryi narodzin Jezusa i dla kapłana ma ogromne znaczenie - neapolitańczyk spotka się po raz pierwszy od czasu procesu z o. Domenikiem Fenocchiem. Jest to ten sam augustianin, który przed laty uczestniczył w biblijnej szkole ks. Dolindo w domu państwa La Rovere, a później był jednym z oskarżycieli przesłuchiwanego przez Święte Oficjum kapłana. To on uruchomił lawinę prześladowań w Rzymie, dostarczał także notatki córek duchowych. Ojciec Fenocchio w tamtym czasie przeżywał głęboki kryzys

---

150 Tamże, s. 202.

kapłaństwa. Kiedy dowiaduje się o tym ks. Ruotolo, nie zwleka ani chwili, idzie do domu swojego „oprawcy". Zastaje go w ciężkim stanie, niemal w agonii, zakonnik jest potwornie schorowany. Ksiądz Dolindo modli się nad augustianinem, pociesza go. Fenocchio zaskoczony tym zdarzeniem czuje potężne wyrzuty sumienia. Z jego oczu płyną łzy oczyszczające serce. Tym samym wszyscy oskarżyciele ks. Dolindo uzyskają od niego przebaczenie. Za każdym razem to on, ofiara, będzie o nie prosił. Nie winowajcy. Ten paradoks, czy też raczej cud miłości, za każdym razem przynosi nieoczekiwane i zaskakujące owoce.

W ciągu pierwszych miesięcy po powrocie z Rzymu ks. Ruotolo przeżywał niemało upokorzeń ze strony osób duchownych, był wytykany na ulicach palcami, ale po kilku latach w Neapolu zaczęło się mówić o świętości kapłana. Nie ma pretensji, nie oskarża nikogo, zawsze broni Kościoła. Neapolitańczycy widzą, jak przystępuje do Komunii. Zawsze ostatni, w sutannie, z pokornie pochyloną głową.

Jak magnes przyciąga, choć nieświadomie, poranionych i przeżywających kryzys kapłaństwa duchownych. Odzyskują przy ks. Dolindo nadzieję.

W lipcu 1923 roku ks. Dolindo jest świadkiem czy też „narzędziem bezpośrednim" głośnego nie tylko w Neapolu, ale uznanego później przez Kościół cudu. Chodzi o błogosławioną Giuseppinę Cataneę, zwaną także Giuseppiną dei Ponti Rossi, w Polsce znaną jako błogosławiona Józefina od Jezusa Ukrzyżowanego[151]. Neapolitanka po ciężkiej gruźlicy kości jest niemal całkowicie sparaliżowana. Od września 1922 roku właściwie cały czas musi być okładana lodem, by zatrzymać proces gnilny w jej ciele. Ma całkowicie unieruchomione nogi. Cierpi jednak

151 Karmelitankę bosą beatyfikował 1 czerwca 2008 roku Benedykt XVI.

Ksiądz Dolindo do wszystkich zwracał się „aniołeczku", płakał nad grzechami penitentów, widział ich dusze. Mimo prawie dwudziestu lat prześladowań przez Święte Oficjum i zawieszenia w czynnościach kapłańskich, nigdy nie zdjął sutanny i nie przestał kochać Kościoła.

z wielkim spokojem. W tamtym czasie do Neapolu trafiają relikwie św. Franciszka Ksawerego. Kustosz kościoła Santa Teresa al Museo, o. Romualdo, ma silną intuicję, by odprawić nabożeństwo z relikwiami nad Giuseppiną. Ksiądz Dolindo ma grać na organach. Kustosz prosi go o rozpoczęcie modlitwy. W kościele jest tłum wiernych, rodzina chorej i wielu księży. Ksiądz Ruotolo bierze w dłonie relikwie św. Franciszka Ksawerego: „Panie, uczyń ten cud dla Twojej chwały, dla chwały Jezusa Sakramentalnego, dla uczczenia i uwielbienia Jego mocy, dla uczczenia Franciszka Ksawerego!"[152]. Kiedy ks. Ruotolo kończy modlitwę, przykłada relikwie do ciała zanoszącej się łzami chorej. Giuseppina modli się na głos: „Wierzę, że możesz uczynić cud. Najpierw jednak nawróć mnie, bym stała się świętą. Jeśli nie mam być świętą, nie czyń cudu"[153]. W kościele panuje skupienie i przenikliwa cisza. Ksiądz Dolindo i o. Romualdo chwytają chorą za dłonie. Po czterech i pół roku życia niemal w bezruchu Giuseppina ku wielkiemu przerażeniu zgromadzonych w kościele wstaje. Czuje potężną siłę. Na widok cudu w kościele rozbrzmiewa donośne *Magnificat!*

Tego samego dnia po południu ks. Dolindo bierze do rąk „Corriere dell'Italia" i czyta w gazecie że „Święte Oficjum stwierdziło, iż w wydarzeniach wokół o. Pio z Pietrelciny nie ma nic nadprzyrodzonego. Obawiam się, że biedny o. Pio znowu, tak jak i ja, będzie musiał pojechać do Rzymu"[154].

Boże Narodzenie 1925 roku jest jednym z najtrudniejszych dla rodziny Ruotolich. Silvia, matka ks. Dolindo, jest o krok od śmierci. Słaba, schorowana, jej ciało prawdopodobnie toczy

---

152 Dolindo Ruotolo, *Amore, Dolindo, Dolore*, s. 207.
153 Tamże.
154 Tamże, s. 208.

nowotwór. Kapłan i jego rodzeństwo przeżywają kolejne cierpienie. Ksiądz Dolindo notuje: „Śmierć sprawiedliwych nie jest śmiercią: to prawdziwe narodzenie. Kościół w nadzwyczajnej swej mądrości nie nazywa dnia śmierci swoich świętych inaczej jak dzień narodzin, *dies Natalis*"[155].

Mija Nowy Rok.

> Była noc 2 stycznia 1926 roku, noc zimna i pełna rozpaczy. Padało bez ustanku, a deszcz pogłębiał jedynie nasz smutek... Nasza droga mama zbliżała się do ostatecznego przejścia, zakończyła swoją pielgrzymkę i Bóg wzywał ją do prawdziwego życia.
>
> Zanim zachorowała, kilkakrotnie pytał nas, swoje dzieci: „W co wierzycie? Ja, myśląc o śmierci, odczuwam niesamowitą radość, ponieważ myślę, że wreszcie zjednoczę się z Bogiem". Innymi razy mówiła: „Bez ustanku myślę o moim ostatecznym przejściu".[156]

Silvia Ruotolo, od dawna wdowa, cierpi. W tamtym czasie medycyna niewiele może ulżyć w bólu. Za każdym razem, kiedy się wzmaga, mama Dolindo powtarza z heroiczną wytrzymałością: „Niech będzie wola Twoja". Ksiądz Dolindo pisze:

> Jedynym jej pragnieniem było przyjmowanie Jezusa Sakramentalnego; błagała o to nas, swoich synów, kapłanów stojących nad jej łóżkiem. „Przynieście mi Jezusa - mówiła - nie zwlekajcie, nie czekajcie, aż nastanie dzień, przynieście mi Go już teraz". I dodawała: „Przyjdź Jezu, przyjdź, nie spóźniaj się, pragnę Cię".[157]

---

155 Dolindo Ruotolo, *Epistolario*, Vol. 3, s. 464.
156 Tamże, s. 464-465.
157 Tamże, s. 465.

W gęstym i gwałtownym deszczu nieraz jej synowie kapłani biegną więc po Jezusa Sakramentalnego. Silvia minuta po minucie odmierza czas do ich powrotu. Ksiądz Dolindo notuje:

> Tak bardzo pragnęła Jezusa. Kiedy widziała, jak wchodzimy z Nim do pokoju, na jej twarzy malował się pokój i radość, jej życie zamknęło się w piątek poświęcony Najświętszemu Sercu Jezusa, które czciła od zawsze. Jezus zechciał przyjść do niej w nocy, [...] całe swoje życie, nawet wtedy, kiedy nas karmiła, o świcie przemykała do kościoła, [...] by odwiedzić Boskiego Więźnia. Jezus rewizytował ją teraz, przyszedł do niej w strugach deszczu, tak jak i ona chodziła do Niego, i złożył jej ostatni pocałunek pokoju na ziemi, zanim przyjął ją w Niebie.[158]

Silvia Ruotolo, matka jedenaściorga dzieci (jedno z dzieci zmarło tuż po porodzie), w tym trzech kapłanów, całe życie darzy wielkim szacunkiem właśnie księży, dla niej ministrów Boga. „Pewnie to dusze kapłańskie mama wołała i modliła się do nich przed śmiercią; i z pewnością nie była w stadium delirium i oszołomienia, kiedy zapytała nas zdziwiona, kim są ci wszyscy księża, którzy stoją obok nas w pokoju"[159].

Ksiądz Dolindo tak opisuje sam moment przejścia mamy na drugą stronę:

> Och, jakże piękne było jej przywitanie z Jezusem! Rozpostarła szeroko ramiona[160], potem je skrzyżowała i zawołała: „Panie Jezu, spójrz na moją marność i miej litość nade mną! Przyodziej

---

[158] Tamże, s. 466.
[159] Tamże.
[160] Dokładnie te same gesty będą towarzyszyć śmierci ks. Dolindo.

mnie najpierw Twoimi zasługami i krwią Twoją, a potem osądź według Twego miłosierdzia". Przyjęła Go, wzdychając z miłości i w wielkim pokoju...[161]

Dzieci klęczą przy matce. Silvia powoli gaśnie, „jej oddech zwalniał, zanikał niczym płomyk lampki...". Jest dokładnie 7.30. Trzej synowie kapłani padają na kolana i przez łzy i przeszywające cierpienie śpiewają *Magnificat*, tak jak uczyła ich całe życie mama. By chwalić Boga nawet w śmiertelnym smutku.

Synowie natychmiast (z wyjątkiem ks. Dolindo, który jedynie asystuje) odprawiają Mszę za duszę mamy. Wszyscy trzej składają jej ciało do trumny. Niczym relikwię, która każdego dnia przyjmowała Komunię - jak napisze Dolindo. „Mury naszego domu nadal odbijają dźwięki jej westchnień: «Niech będzie błogosławione Imię Boga, niech stanie się Jego wola»".

---

161 Tamże.

Łzy radości. Rehabilitacja

22 stycznia 1922 roku po kilku dniach ciężkiego zapalenia płuc umiera w wieku 68 lat Benedykt XV. To wielkie zaskoczenie dla świata, papież ten nigdy nie chorował, był w znakomitej formie jeszcze kilka dni przed śmiercią. Przeziębił się długo wyczekując w ogrodach watykańskich na przyjazd szofera, który dowoził go zwykle do Pałacu Apostolskiego. 6 lutego, w czternastym dniu głosowań w czasie konklawe, nowym następcą św. Piotra zostaje wybrany Achille Ratti, arcybiskup Mediolanu. Pius XI jest nadzieją dla ks. Ruotolo. Będzie on jego wielkim obrońcą, szczególnie dwadzieścia lat później, kiedy książki kapłana trafią na Indeks Ksiąg Zakazanych. I to także on zrehabilituje najpierw w 1933 roku, roku Jubileuszowym ogłoszonym z okazji 1900 rocznicy urodzin Chrystusa, o. Pio[162], a cztery lata po nim także ks. Dolindo.

162 Święte Oficjum w 1923 roku podpisze dokument, w którym stwierdzi jednoznacznie, iż w przypadku stygmatyka nie ma mowy o nadprzyrodzonym charakterze jego ran, podobnie jak zjawiska bilokacji i widzenia w ludzkich duszach są

Przy tym ołtarzu w kościele Santa Teresa al Museo 18 lipca 1937 roku ks. Ruotolo odprawił swoją pierwszą Mszę Świętą po zniesieniu zakazu sprawowania tego sakramentu. „Powierzyłem się Maryi, by to Ona asystowała mi przy Mszy, obawiając się, że już nie pamiętam, jak się to robi, po szesnastu latach i sześciu miesiącach przerwy. [...] Nie jest łatwo opisać uczucia, jakich doznawałem w czasie tej mojej Mszy, ani też kiedy odprawiałem potem kolejne, aż do końca" – zapisze ks. Dolindo.

Jak relacjonują w jednym z komentarzy córki duchowe ks. Dolindo, Papież zdecyduje o przywróceniu neapolitańczyka do pełni kapłańskich czynności pod wpływem... pewnej kobiety. Chodzi o Armidę Barelli, dziś służebnicę Bożą. Założycielka ruchu żeńskiej młodzieży Akcji Katolickiej oraz później Instytutu Świeckiego Misjonarek Królewskości Chrystusa często odwiedza Neapol w latach, kiedy ks. Dolindo odprawia jeszcze Msze i prowadzi spotkania biblijne, Armida jest ich częstą słuchaczką. Barelli dobrze zna też Achille Rattiego. Papież jeszcze jako arcybiskup Mediolanu jest jej duchowym przewodnikiem, spowiednikiem. Armida często więc przyjeżdża do niego do Rzymu na audiencje. Kiedy dowiaduje się o procesie ks. Ruotolo i jego zawieszeniu (niestety dopiero w drugiej połowie lat 30.), błyskawicznie udaje się do Wiecznego Miasta w tej sprawie. Opowiada o kapłanie z Neapolu papieżowi. Pius XI doskonale zna jego historię, otrzymuje od neapolitańczyka listy. Czy faktycznie pod wpływem Armidy cofa zawieszenie *a divinis*? Z pewnością wpływa ona na decyzję Ojca Świętego. Jednocześnie jednak w Rzymie ingeruje kardynał Ascalesi, arcybiskup Neapolu. 21 maja 1937 roku pod wpływem jego nacisków Święte Oficjum wysyła do Neapolu swoich... psychiatrów. Ksiądz Dolindo musi przejść badania pod kątem potencjalnego szaleństwa. „Nie ma nic bardziej bolesnego, niż kiedy traktują cię jak niezrównoważonego - pisze kapłan. - Pomyślałem jednak, że przecież jest piątek, a godzina badania zbiega się z czasem, kiedy Jezus także był w pewnym sensie oskarżany o szaleństwo". Wśród lawiny pytań, między innymi o powody zawieszenia *a divinis*, sposób pisania komentarzy do Pisma Świętego, pada też z ust lekarza, profesora

---

zdaniem byłej Inkwizycji wymysłem kapucyna; ks. Dolindo przeczyta te doniesienia na łamach „Corriere d'Italia".

Sciuti, podchwytliwe pytanie: „A jak tam księdza wizje i objawienia?".

Odparłem, że nie mogę o tym mówić wprost; że to rzeczy z pewnością wielkie, ale tylko jeśli będą pod kontrolą Kościoła, że przywiązuję wagę przede wszystkim do wspólnych bogactw Kościoła, do kapłaństwa, sakramentów, autorytetu i do modlitwy oraz że człowiek może czuć się bezpieczny tylko wtedy, kiedy kroczy tą drogą, ponieważ Kościół jest nieskończonym bogactwem.

Kiedy po badaniu - a całe wydarzenie ma miejsce w siedzibie arcybiskupiej Neapolu, przy Katedrze - do pokoju wchodzi kardynał Ascalesi, psychiatra pewnym tonem podsumowuje:

Mamy tu jeden z tych przypadków jednostek poddanych wielkiemu cierpieniu przez Opatrzność po to, by przez nie działo się wielkie dobro. Nie ma mowy o niezrównoważeniu, a o bolesnym doświadczeniu, jakiemu poddany jest ten kapłan. Jestem zbudowany jego postawą.[163]

Jest 17 lipca 1937 roku. Do siedziby arcybiskupa puka wysłannik z Rzymu. Wręcza list specjalny. Kardynał Ascalesi prawie pada na kolana z radości: ks. Dolindo jest w pełni zrehabilitowany. Po kilku niedomówieniach i niejasnym przekazie, ks. Dolindo dowiaduje się o pilnym wezwaniu do kurii dopiero następnego dnia, rano 18 lipca 1937 roku.

Przerwałem modlitwę [...] i natychmiast pobiegłem do katedry. Zaczynała się tam właśnie Msza i pomyślałem, żeby wykorzystać

---

163 Dolindo Ruotolo, *Amore, Dolindo, Dolore*, s. 242.

Wnętrze kościoła Santa Teresa przy via Santa Teresa degli Scalzi w Neapolu. Ksiądz Dolindo 18 lipca 1937 roku odprawił tu swoją pierwszą Mszę Świętą po szesnastu latach i sześciu miesiącach zawieszenia w czynnościach kapłańskich. W tym kościele także grał na organach w czasie liturgii.

> czas, wysłuchać jej i przyjąć Komunię, ale od razu też złożyłem moje dłonie w ręce Mojej Mamy Maryi: „Mamo moja, wiesz, że jestem osłem, poprowadź mnie!". Poczułem się jakby przynaglony, by od razu udać się do wikariusza. Ksiądz prałat De Nicola uśmiechał się z daleka i zwrócił się do mnie: „A zatem Ruotolo, Rzym was zrehabilitował! Może ksiądz od razu odprawić Mszę!". Czułem się jak we śnie, radośnie odparłem: „Czyli mogę odprawić już tego ranka?". On na to: „Tak, niech ksiądz idzie do jakiegokolwiek kościoła, potem dostanie ksiądz pełne pozwolenie. Kardynał bardzo się ucieszył z tych wieści [...]. Poprosiłem prałata o pisemną zgodę, odparł, że nie trzeba. Obawiałem się, że nikt mi nie uwierzy, więc bez wahania wręczył mi pismo. Zbiegłem ze schodów, błogosławiąc Boga. Przypomniałem sobie, jak 4 marca 1921 roku, także w piątek, schodziłem ze schodów w Świętym Oficjum, po zawieszeniu, i muszę przyznać, że wówczas błogosławiłem Boga jeszcze bardziej.[164]

Ksiądz Dolindo po drodze spotyka kilku kapłanów. Za każdym razem, kiedy mówi „Teraz biegnę odprawić Mszę Świętą, błogosław mi!", ściska go w gardle. „Nie byłem w stanie dalej mówić, płacz mnie dusił". Księża płaczą razem z nim. „To była eksplozja radości i błogosławieństw ku Bogu, wszystkich. Tak działo się przez osiem kolejnych dni". Podobnie reagują ludzie. „Nazajutrz pewien ksiądz odwiedził mnie w domu i rzucił się na kolana z rozpostartymi ramionami, płacząc bez końca i błogosławiąc Bogu"[165].

Notatki i wspomnienia pierwszej odprawionej przez ks. Dolindo po ponad szesnastu latach zawieszenia Mszy aż chwytają

---

164 Tamże, s. 244.
165 Tamże.

za serce. Wydarzenie ma miejsce w kościele Santa Teresa al Museo, którym wtedy opiekują się karmelici[166]. Kościół znajduje się kilka minut pieszo od domu rodzinnego Ruotolo przy via Salvator Rosa. Karmelitanie chcą uczcić ten ważny dla ks. Dolindo moment. Zwołują ludzi, Msza ma odbyć się w samo południe 18 lipca. Ksiądz Ruotolo jednak trochę się boi.

> Powierzyłem się Maryi, by to Ona asystowała mi przy Mszy, obawiając się, że już nie pamiętam, jak się to robi, po szesnastu latach i sześciu miesiącach przerwy. [...] Nie jest łatwo opisać uczucia, jakich doznawałem w czasie tej mojej Mszy ani też kiedy odprawiałem potem kolejne, aż do końca. Zatracam się wtedy. Pewnych odczuć nie da się przekazać. Nie pojmowałem tylko, jak kapłan, który odprawia, może popaść w grzech, tak wielka jest przecież siła uświęcenia jednej tylko Mszy! Czułem się w tych dniach bardzo blisko Maryi i nie potrafię powiedzieć, jak żywym dla mnie uczuciem była myśl, że stoi obok mnie przy ołtarzu. Ona jest Tą, która zawsze towarzyszy Ofierze na Kalwarii.[167]

Niestety matka ks. Dolindo, Silvia, nie doczekała tak upragnionego widoku syna przy ołtarzu...

---

166 Dzisiaj kościół jest zamknięty dla wiernych, opustoszały i z braku funduszy zaniedbany; modlą się w nim franciszkanki Niepokalanej, które mieszkają w przylegającym do świątyni klasztorze.
167 Dolindo Ruotolo, *Amore, Dolindo, Dolore*, s. 245.

Świadkowie. Lata 30., 40. i 50.

Byłem na krawędzi życia, po wypadku ze zmiażdżonym ciałem, na oddziale intensywnej terapii. Ojciec pomodlił się nade mną: „W imię Jezusa Chrystusa, bądź zdrowy!". Następnego dnia wróciłem, bez śladów wypadku, do pracy.

prof. Umberto Cervo,
emerytowany wykładowca na wydziale
Nauk Politycznych Uniwersytetu w Neapolu

Kiedy Ojciec odprawiał Mszę Świętą, czuliśmy obecność Jezusa, a wokół unosiła się woń lilii [...]. *Raz po Komunii przyprowadzono mu ślepca. Ojciec śliną nakreślił mu krzyżyki na oczach. I chłopak przejrzał.*

Enzina Cervo, tercjarka karmelitańska,
opiekowała się ks. Ruotolo przez czterdzieści lat

4 listopada 1966 roku był jednocześnie w czasie powodzi we Florencji i z nami w swoim domu na Salvator Rosa w Neapolu.

Anna Fattore, profesor języka włoskiego
na Uniwersytecie w Pollena Trocchia

Kiedy penitent mówił mu swoje grzechy, słuchał i im były straszniejsze, tym bardziej płakał. Z penitentem. A po rozgrzeszeniu wychodził z konfesjonału i przytulał go: „Jesteś dobry - mówił. - Ja nie mam prawa cię osądzać".

Grazia Ruotolo,
jedyna żyjąca bliska krewna ks. Dolindo

W jego domu

Via Salvator Rosa 55. Głośne centrum Neapolu. Zadzieram głowę mocno do góry. Czwarte piętro wydaje się tak odległe jak szczyt drapacza chmur.

- Szuka pani czegoś? Pomogę - zaczepia mnie starannie umalowana, nieco pulchna sprzedawczyni ze sklepu z antykami. Siedzi przed wejściem, a na krześle obok niej stoi sporych rozmiarów obraz Matki Bożej Pompejańskiej.

- Podobno mieszkał tu ks. Dolindo Ruotolo. Wie coś pani o tym? - pytam.

- *Don* Dolindo! A skąd pani to wie? *Don* Dolindo! Kochaliśmy go! - ożywia się neapolitanka i od razu gestykuluje - Tata ten sklep prowadził, a ja jako dziecko biegałam tu po ulicy. Z daleka było widać kuśtykającą czarną postać. Okrągły kapelusz, peleryna, taka rozłożysta, i laseczka. A w ręce różaniec. Obijał się strasznie o tę laskę. Podbiegałam do księdza i łapałam za uszy torby, którą dźwigał. „Pomogę ci!" - wołałam za nim. Uśmiechał się. „A co tam nosisz?" - pytałam. „Aniołeczku, skarby same!" - głaskał mnie po głowie. „Ale co, co?" - byłam ciekawska. A tam,

Przy pnącej się ku górze krętej via Salvator Rosa w centrum Neapolu, gdzie mieszkał ks. Ruotolo, codziennie stała kolejka penitentów i osób, które szukały rady i pocieszenia u kapłana.

Via Salvator Rosa w centrum Neapolu.

w tej torbie, były same kamienie. Mówię: „To nie skarby, tylko straszne ciężary!". „Skarby, *angioletteo* (aniołeczku), dla zbawienia dusz!" - odpowiadał.

Pani Rosaria - jej imię odnosi się do różańca - ukradkiem ociera łzę z oka.

- On był taki dobry... Tu takie kolejki do tej bramy stały! Aż na dół, do skrzyżowania z Santa Teresa degli Scalzi. Jak on to wszystko wytrzymywał, tyle ludzi. Wszyscy mówili: „Święty! Święty kapłan idzie". A przez dziesięć ostatnich lat bardzo chorował. Był na wpół sparaliżowany... Jak on tu wchodził...?

W kamienicy, w której mieszkał, dziś jest już winda. Ksiądz Dolindo musiał jednak wspinać się po wysokich i nierównych schodach, podpierając się laską, kuśtykając. Kiedy staję przed numerem 11 na ostatnim piętrze kamienicy, mam sporą zadyszkę. Dziś już prawie nikt tu nie wchodzi. Po mieszkaniu, w którym spędził kilkadziesiąt lat ks. Dolindo, zostało niewiele. Jeden pokój, w którym spał i pisał. Pozostałe trzy pomieszczenia wraz z meblami sprzedano.

W wąskim pokoiku zostało zaledwie kilka rzeczy: ołtarzyk, przy którym ks. Dolindo odprawiał Msze Święte - drewniany mebel wygląda jak szafa z zamykaną klapą. Po jej podniesieniu - a potrzeba do tego dwóch osób, jest dość ciężka - widać jasno, że to ołtarz: jest drewniane tabernakulum, nad nim krzyż, na półce z każdej strony wazoniki. Ksiądz Dolindo zawsze chciał w nich mieć świeże białe kwiaty. Pośrodku stawiał figurkę Matki Bożej z Lourdes, którą przywiozła mu cudownie uzdrowiona z ciężkiej gruźlicy w Grocie Massabielle jedna z jego córek duchowych. Miejsce konsekracji ks. Dolindo zawsze przykrywał białym, obszytym grubą koronką obrusem.

Został też drewniany klęcznik, a pod oknem proste biurko z jedną szufladą. Lampka z zielonym kloszem oraz pióro

Wielu świadków mówi o tym, że ks. Dolindo odprawiał Mszę Świętą w ogromnym skupieniu.

Kaplica w kościele Najświętszej Marii Panny z Lourdes i św. Józefa.

z kałamarzem z czerwoną plastikową końcówką, którym pisał książki. Wszystko przykryte dziś warstwą kurzu, jakby zastygło pod pierzyną czasu. Łóżko, na którym spał i umarł to prosta metalowa prycza. Pozostały po nim jeszcze materac i poduszka. Świadkowie jego życia twierdzą, że to właśnie tam, między biurkiem a łóżkiem, dwukrotnie widział Matkę Bożą - kiedy kończył pisać o Niej książkę i minutę przed swoją śmiercią. Poza tym często objawiała mu się tuż przy ołtarzu.

Na ścianach zdjęcia - ojca, Rafaele Ruotolo, z podkręconym wąsikiem, z binoklem w eleganckim dobrze skrojonym garniturze. Jest dość duże, oprawione u antykwariusza w złoconą ramę. Rafaele ma duże czarne oczy. Dolindo miał je właśnie po ojcu.

Jest tu także fotografia Piusa XI, który był najbardziej przychylny ks. Dolindo, tuż obok zdjęcie groty z Lourdes oraz twarzy Chrystusa z Całunu Turyńskiego i odbicie całego ciała z grobu - kopia została zrobiona z okazji Roku Świętego 1933. Na ścianach w domu kapłana wisiały też wizerunki świętych - Januarego, patrona Neapolu, i Franciszka Ksawerego oraz Matki Bożej Bolesnej.

Wychodzę na wąski balkon. Z lękiem wysokości lepiej nie spoglądać w dół. Za to niebo jest jakby na wyciągnięcie ręki. Nawet przy zgiełku i turkocie śmigających ulicą skuterów, można zatopić się tu w jego błękitnej ciszy. Ksiądz Dolindo często wychodził na balkon. Wyciągał ręce ku górze i odmawiał *Zdrowaś Maryjo*. Szczególnie wtedy, kiedy na Neapol spadały wojenne bomby lub paląca lawa z Wezuwiusza.

Do kościoła Najświętszej Marii Panny z Lourdes i św. Józefa jest z Salvator Rosa piętnaście minut spacerem. Przez długi czas proboszczem był tu ks. Elio Ruotolo. To ostatnia przystań ks. Dolindo. Właśnie tam, przy jego grobie, spotykam się z Grazią Ruotolo, jedyną żyjącą bliską krewną kapłana. Jest rześki styczniowy poranek 2016 roku.

„Znalazłem się raz w niebie". Grazia Ruotolo

Nad głównym wejściem do kościoła, na wąskiej i dość stromej via Salvatore Tommasi, wzrok z daleka przyciąga wielki transparent z fotografią ks. Dolindo pochylonego nad kartką papieru. Wchodząc do środka, od razu po prawej stronie, wpada się na grób ks. Elio Ruotolo. W głębi czeka już na mnie na krześle, przy samej płycie kolejnego nagrobka, Grazia. Krótkie kasztanowe, lekko podkręcone włosy, subtelny makijaż, błękitne szkła w okularach, torebka i parasol pasują doskonale do koniakowych mokasynów na niskim obcasie. Niezwykle elegancka prawie siedemdziesięcioletnia neapolitanka. Na ile zdrowie i siły jej pozwalają, siada przy grobie wuja *Da Padre Doli*, u o. Dolindo – mówi Grazia, kiedy po raz pierwszy słyszymy się kilka miesięcy wcześniej przez telefon. Od pierwszego słowa zapala się w niej płomień opowieści.

– On urodził się świętym. Święty Antoni, Franciszek czy Augustyn – oni wszyscy najpierw wiedli ziemskie, czasem wręcz

Grazia Ruotolo, jedyna żyjąca krewna ks. Dolindo, jest wielką strażniczką jego pamięci. Często siada przy grobie swojego - jak mówi - „świętego wuja". Grazia przechowuje testament ks. Dolindo, który może być przekazany tylko na ręce samego papieża. Nie udało się to przez trzy kolejne pontyfikaty.

upojne życie, a potem nawracali się i stawali świętymi. A ks. Dolindo świętym się urodził.

Które dziecko w wieku dwóch lat czuje Jezusa żywego na ustach mamy, zapach Jezusa na jej płaszczu, kiedy wraca ze mszy? A Dolindo to czuł. Które dziecko, bite do krwi, z otwartymi ranami po operacji, któremu ojciec wykręca ręce, a potem zamyka je w komórce z węglem i szczurami, w bezgranicznym strachu modli się za tego samego tatę i wychwala Boga? Powtarzam to wszędzie: urodził się świętym. A operacja, na żywo, na rękach?! Ojciec wykręcał mu ręce kiedy jeszcze rany były świeże... Nigdy nie narzekał, nie skarżył się. Który kapłan odsunięty na dwadzieścia lat od odprawiania Mszy i od spowiedzi nie tylko zostanie w Kościele, ale i będzie go kochał? Kto przed tymi, którzy obrzucają go oszczerstwami, klęka i błogosławi im? Niewidzialne stygmaty nosił do śmierci. Dlatego wszyscy całowaliśmy jego dłonie!

Jest córką Umberto Ruotolo, syna brata Rafaele Ruotolo, czyli ojca ks. Dolindo (Dolindo i Umberto byli najbliższymi kuzynami). I jedyną żyjącą osobą z rodziny kapłana. Przez ostatnie czterdzieści lat przejechała całe Włochy, podróżowała od parafii do parafii, by mówić o swoim - jak podkreśla - świętym wuju. Ma rysy identyczne z rysami ks. Dolindo. Energiczna, żywo gestykuluje, a kiedy rozpoczyna opowieść o ks. Dolindo, nie sposób jej przerwać.

- Mówił tak, że jego słowo przeszywało człowieka, ale dbał o to, by wszyscy je rozumieli i by w ludzkich sercach wzniecać pragnienie poznania Boga. Słuchali go i szli za nim ludzie prości, zwykli, ale i znakomicie wykształceni, ludzie wysokiej kultury i klasy, naukowcy. Enrico Medi przychodził do Apostolato Stampa i kościoła przy via Santa Teresa degli Scalzi. Rodzice pokazywali mi go: patrz, to ten naukowiec, który prowadzi programy w telewizji, a na kolanach słucha kazań wuja. Na kolanach! Medi mówił o o. Dolindo *un anima santa* (święta dusza). Wuj był wielkim teologiem, ale nigdy nie rozmawiał z ludźmi ani nie głosił kazań tak, by pokazać swoją wyższość. Najbardziej uderzała w nim wielka pokora. Był opluwany, oskarżany i pomawiany, a za każdym razem pochylał głowę, bo uważał, że wszystko dzieje się z woli Boga. Kiedy siadaliśmy przy stole, mówił: w naszym domu je się chleb i wolę Bożą. Kiedy przychodziłam do wuja z trudną sprawą, wznosił oczy ku górze: „Jezu, Ty się tym zajmij, ja nie mam siły, nie potrafię!" - mówił. Albo w bardziej poufałym, śmiałym tonie: „to Twoja sprawa, nie zrzucaj jej na mnie. Ty się tym zajmij" - śmieje się Grazia Ruotolo. - On miał bardzo bezpośrednią relację z Jezusem, rozmawiali jak *amici* (przyjaciele), *per* „ty". A jak spowiadał, z konfesjonału biła łuna światła, sama widziałam. Miał dar bilokacji, rozmawiał z Matką Boża i Jezusem, jak ja z tobą. Widział aniołów i ludzką przyszłość. Posłuchaj tego - Grazia wyciąga z torebki poskładaną na kilka części nieco wypłowiałą kartkę z rodzinnego archiwum. Chwyta mnie za rękę i powoli czyta:

> Wiodłem życie samotnika, a być może i kogoś nie z tego świata; pewnego razu znalazłem się nawet w niebie przed Bogiem i nie jestem w stanie opowiedzieć co przeżyłem i jak bardzo poczułem swoją marność, marność, marność wobec Tego, Którego widziałem, Którego kochałem!

Albo to:

> Pewnego razu jedna z moich penitentek była na progu śmierci, daleko, daleko ode mnie. Posłała po mnie, przypominając, że obiecałem być przy jej śmierci. Nie mogłem jednak [o. Dolindo

jest wtedy w Rzymie - G.R.], zwróciłem się więc do Jezusa: „Panie, albo mnie tam poślij, albo idź sam". W tym samym czasie, kobieta ta zobaczyła mnie ubranego na biało przy swoim łóżku, błogosławiłem ją i ona wyzdrowiała. Poczułem, że jestem u niej i opisałem jej to jako zupełnie normalne wydarzenie. W tym samym czasie i ona wysłała mi list, a listy minęły się.

Dalej o. Dolindo przytacza swoje słowa do penitentki: „Jezus przeniósł mnie blisko, poczułem, że jestem w pani pokoju". I dorzuca: „Tej kobiecie wydawało się to wyjątkowe, cudowne. Dla mnie, mówiąc szczerze, nie. Nie wiem, co może być nadzwyczajnego w tym, że Jezus ratuje jakąś duszę" - Grazia uśmiecha się szczerze.

- Ojciec Dolindo po odprawionej Mszy (szczególnie kiedy działo się to u niego w domu, przy małym ołtarzyku), mówił: „Teraz Matka Boża zabiera do siebie wiele dusz". Albo: „A teraz w Lourdes dzieje się cud. Jedna z moich duchowych córek zdrowieje"[168]. Potem odbieraliśmy telefon, który to potwierdzał. Setki niesamowitych historii, Giovanna. Ale to nie one robią największe wrażenie. Nie dlatego Dolindo Ruotolo był święty! Przez szesnaście lat Święte Oficjum zakazało mu odprawiania mszy. Prześladowali go, przesłuchiwali jak o. Pio. A on się za nich modlił. Obrażali go i opluwali, a on odpowiadał im z miłością. Oskarżali go i niesprawiedliwie obrzucali oszczerstwami, a on to przyjmował jako wolę Boga. Powtarzał za swoją mamą, kiedy siadaliśmy do stołu: „W naszym domu spożywa się chleb i wolę Boga". W domu rozmawiało się o jego sprawach, o Świętym Oficjum i tych osobach, które wniosły fałszywe wobec wuja

---

168 Mowa tu o głośnym przypadku cudownego uzdrowienia Marii Curcio z ciężkiej gruźlicy.

Przy grobie ks. Dolindo w kościele Matki Bożej z Lourdes i św. Józefa tysiące osób wyprasza wszelkie łaski.

oskarżenia. A on ganił nas: „Przestańcie! To moi najwięksi dobroczyńcy, ci, którzy są przeciwko mnie" - Grazia Ruotolo aż ma wypieki na twarzy. Spogląda w głąb kościoła.

- Mój drugi wuj, starszy brat Dolindo, był tutaj proboszczem. Razem przygotowywali się do kapłaństwa. Jest pochowany przy samym wejściu do kościoła.

E padre Doli, Doli - wzdycha neapolitanka w tutejszym dialekcie *napulitano - prega per noi*[169], *pensa ci tu*[170], *Doli, Doli*. Znasz te słowa, Giova? Módl się tak! - chwyta mnie za ramię. - „Jezu, Ty się tym zajmij!". Bo to Jezus podyktował je stryjowi.

Kiedy siedzimy przy grobie o. Dolindo, w bocznej nawie kościoła, do czarnej płyty co chwilę ktoś podchodzi. I... puka. Dźwięk z marmurowej powierzchni odbija się od ścian świątyni, a płyta od ciągłego pukania mocno się rusza. *Quando vieni alla mia tomba, tu bussa. Anche dalla tomba di rispondero: confida in Dio* - czytam wyryty na grobowcu złotymi literami napis. „Kiedy przyjdziesz do mojego grobu, zapukaj. Nawet zza grobu odpowiem ci: ufaj Bogu".

- To część testamentu o. Dolindo - wyjaśnia Grazia. I puka. Trzy razy. Wzywa Najświętszą Trójcę. Potem jak wszyscy kładzie rękę na płycie. I zastyga w modlitwie.

Jedni wylewają tu łzy godzinami, inni wpadają na chwilę przed pójściem do pracy. Wielu całuje przymocowane do grobowej płyty zdjęcie. A neapolitańczyk spogląda zza okrągłych okularów, dobrotliwym wzrokiem. Choć chwilami mam wrażenie, że patrzy tak, jakby chciał dotrzeć do głębi duszy. Nad zdjęciem o. Dolindo ktoś właśnie doczepił fotografię o. Pio.

---

169 Módl się za nami.
170 Ty się tym zajmij.

„Kiedy przyjdziesz do mojego grobu, zapukaj. Nawet zza grobu odpowiem ci: ufaj Bogu!" - tabliczka z tym zdaniem z testamentu duchowego ks. Dolindo jest przytwierdzona do jego grobowca. W kościele Matki Bożej z Lourdes i św. Józefa każdego dnia rozlega się pukanie setek przybywających tu pielgrzymów.

Grobowiec przykrywają opasłe księgi z wpisami, stosy listów, zdjęć, różowych i niebieskich kokardek. Bo urodził się syn, córka. Mimo że lekarze nie dawali szans. Ktoś inny zostawił *votum* za uzdrowienie z raka, za rozwikłanie trudnej sytuacji, za wyjście z długów.

Grazia uśmiecha się do mnie, jakby miała wyjawić za chwilę największą tajemnicę.

– W tym kościele śpiewała Matka Boża – przytakuje z zadowoleniem głową.

– Co takiego? – pytam z niedowierzaniem. Neapolitanka wskazuje palcem na organy: – Ojciec Dolindo siadywał tam często i grał w czasie Mszy. Choć nigdy nie studiował muzyki. Napisał nawet kilkanaście utworów. Kiedy kończył kazanie, mówił: „Teraz, Panie, zaśpiewam i zagram to, co Ty we mnie wzniecisz". I wspinał się na piętro, do organów, żeby grać. Często towarzyszył mu piękny kobiecy głos. Ludzie pytali: „*Padre* Dolindo, ale kto to był?". „Zaprosiłem Madonnę, by ze mną zaśpiewała" – odpowiadał jakby to było oczywiste i normalne. Ale śpiewał też z Jezusem. Wielu świadków może to potwierdzić[171].

Spoglądam na Grazię niepewnie. „Neapolitańska fantazja – myślę – nie zna granic". Ale ona nie przejmując się tym, kontynuuje pewnie:

– W kościele Santa Madonna dell'Arco kiedyś proboszcz zawołał wuja. Mówi: W przyszłą niedzielę będzie tu biskup. Zagrasz? Chciałbym też zaprosić jakiegoś tenora. Ale jak wiesz, nie mam na to pieniędzy. Musisz więc sobie poradzić sam.

Nadeszła niedziela. Kościół pękał w szwach, przyjechali biskupi, mnóstwo znamienitych gości. Zaczyna się ceremonia.

---

171 Ta sama wzmianka znajduje się w rękopisach jednej z najbliższych córek duchowych ks. Dolindo, Enziny (Cinzi) Cervo.

Ojciec Dolindo siedzi już przy organach, na piętrze. I modli się tak: „Jezu, Ty się tym zajmij! Zaśpiewaj ze mną". I Msza zaczyna się pięknym śpiewem. Niebiańskim. Ludzie byli poruszeni, stali jak oczarowani. Z wyjątkiem proboszcza - Grazia przerywa opowieść salwą śmiechu. - Tak się zestresował, biedaczek, co o. Dolindo wykombinował, skąd wytrzasnął tenora i czym mu teraz zapłaci. Ludzie tymczasem trwali w stanie niemal uniesienia. Kiedy skończyła się Msza, proboszcz pognał na górę. „Coś ty wykombinował?! Kto za to zapłaci?" - krzyczał. Wuj miał nieco ironiczne a zarazem figlarne spojrzenie. „Ściągnąłem tu wyjątkową Osobę" - odpowiedział, tym samym potęgując zdenerwowanie proboszcza, który biegał wokół, z przejęciem szukając śpiewaka. „Kogo?! - krzyczał. - Gdzie jest"? „Jezusa! Jezusa!" - odpowiedział z rozbrajającą szczerością o. Dolindo - Grazia śmieje się głośno. W trakcie rozmowy przesuwa między palcami paciorki wykonanego przez wuja Dolindo różańca.

- Był kapłanem niezwykle łagodnym. I pokornym. Znam wiele rodzin, które nawracały się po spotkaniu z nim. Raz przyjechali znani we Włoszech masoni. Ojciec tej rodziny nie spowiadał się od czterdziestu lat. Nawrócił się, a córki przychodziły na rekolekcje do o. Dolindo. Niestety to one zawiodły go przed Święte Oficjum. *Padre* opowiadał, że nigdy nie czuł tak wielkiej miłości Boga, jak wtedy, kiedy po trzech godzinach przesłuchań w Rzymie usłyszał nazwiska osób, które go oskarżały. Po powrocie do Neapolu odnalazł je i jak przed wszystkimi, którzy kiedykolwiek sprawili mu ból, uklęknął i sam prosił o wybaczenie. Były zdumione. Ojciec wiedział, że tylko tak można przerwać łańcuch nienawiści i przywrócić dobro i nadzieję. By nie chować żalu. O tych, przez których cierpiał, mówił, że to jego najwięksi dobroczyńcy. A wiesz czemu? Bo cierpienie, jakie mu sprawiali, mógł ofiarować Bogu! „Szukajcie uniżenia i pogardy, bo one uświęcają. Są na wagę złota. Duma i pycha wszystko niszczą" - mówił. „Całe wasze życie ma być ciągłą medytacją Boga". Co to znaczy? Że każdą, nawet najmniejszą rzecz w życiu trzeba oddawać na chwałę Boga. Dawał nam naprawdę proste przykłady: odwiedzają cię przyjaciele w domu. Podasz im kawę czy herbatę. Czy możesz tak wychwalać Boga? Możesz! Przez prostotę, ład i piękno, jakie stworzysz wokół nich, podając im filiżankę. Ale mówił też: skaleczysz się, coś pójdzie nie tak - oddawaj to Bogu. Bo On zbiera wszystkie nasze małe ofiary i to one mają dla Niego największe znaczenie. Przyjmuj każde poniżenie, oddaj je Bogu. Był szalenie mądrym kapłanem. W zasadzie całe swoje życie poświęcił na zgłębianie Pisma Świętego. Mówił: „Eucharystia oderwana od życia nie przynosi owoców. Ewangelią trzeba żyć poza murami kościoła". A co to znaczy? Wewnątrz kościoła, w czasie Mszy jesteśmy wszyscy dzielni, mili, podajemy sobie ręce. A kiedy wychodzimy? „Idź i podaj rękę komuś, kto cię nie znosi, kto na ciebie doniósł lub obgadał. A nawet zrób coś dla niego wyjątkowo dobrego".

Grazia często odbiera niespodziewane telefony: „Śnił mi się ks. Dolindo. I kazał przyjechać do grobu, zapukać" - z drugiej strony ksiądz z Argentyny. A z nim przyjeżdża cała grupa. Innego dnia z Ameryki, a nawet z Polski. Ksiądz Robert Skrzypczak na przykład. - Siedzieliśmy tu chyba sześć godzin przy grobie... Widziałam w jego oczach wielką miłość do ks. Dolindo - dodaje Grazia.

Pani Ruotolo jeździ w wiele miejsc, mówi o ks. Dolindo w programach telewizyjnych, w różnych mediach, a to w Tv2000, a to w Rai 1, a to znowu w Tele Padre Pio. Z jej inicjatywy powstał film dokumentalny o wuju.

- Czasem porównuję go do o. Pio, dzięki któremu wybudowano szpital, dziś Dom Ulgi w Cierpieniu. Ksiądz Dolindo też to robił, całe życie leczył ludzkie dusze. Budował niewidzialny szpital dla dusz. Raz miałam obiekcje, czy to dobrze tak porównywać wuja do tak wielkiego świętego, jakim był stygmatyk z San Giovanni Rotondo. I pewien ksiądz rozwiał moje wątpliwości: ależ skąd, ks. Dolindo to półka wyżej, świętość, jakiej dotąd nie było w Kościele!

Kiedy rozmawiamy, do kościoła wchodzi kilku mężczyzn.

- *Buongiorno* - podchodzą do nas. - My do stołówki ks. Dolindo.

- A tak, w południe otwieramy, tam na dole, wejście jest z zewnątrz. - I zwraca się do mnie: - Od śmierci ks. Dolindo dajemy tu posiłki ubogim. Tak jak on za życia.

Grazia bierze mnie pod rękę.

- Dorastałam u jego boku. Był moim ukochanym wujem. Ochrzcił mnie, udzielił mi ślubu, poświęcił mieszkanie. Jako młoda dziewczyna studiowałam śpiew w konserwatorium muzycznym, miałam dobry głos. Uzyskałam najwyższe oceny na dyplomie. Potem śpiewałam na deskach teatru San Carlo w Neapolu. Było nas w domu ośmioro rodzeństwa, ja najmłodsza. Siódemka czeka już na mnie w niebie.

Kiedy byłam mała, nie było zwyczaju zwierzania się rodzicom ze wszystkiego, rozmów takich jak dzisiaj. Mój brat Renato przekonał mnie, bym wyjechała do Rzymu na roczne szkolenie. Pamiętam, jak odwiedził nas ks. Dolindo. Pochwaliłam się mu, że wyjeżdżam. A on wstał, spojrzał na mnie i mówi: „Kochana moja, masz czystą duszę, jeśli pojedziesz i wplączesz się w ten wielki świat, tylko ją sobie ubrudzisz. Zostań w Neapolu". Ależ byłam wściekła. Wszystko mi zburzył - śmieje się Grazia. - Ale wiedziałam, że lepiej go posłuchać. Wracając do moich studiów w Rzymie... Ksiądz Dolindo podarował mi wtedy koronę. Miałam dwadzieścia dwa lata. „Grazia, zrobiłem dla ciebie tę koronę z ziaren pszenicy".

Do grobu ks. Ruotolo znowu podchodzi kilka osób. Odsuwamy krzesła, by mogły dotknąć samej płyty.

- Przyjechałam ze znajomym z Wenecji - mówi kobieta w średnim wieku. - Żyje w takiej ciemności... No, podejdź - zwraca się do mężczyzny. - Zapukaj, ks. Dolindo ci pomoże.

- Ale jak to? - dziwi się mężczyzna. - Spodziewałem się wielkiego grobowca, ołtarza, a tu taki prosty grób. Taki był przecież z niego wielki święty - klęka przy nagrobku, puka i całuje zdjęcie kapłana. A potem na kolanach przytula się do płyty i płacze.

Grazia prowadzi mnie do repliki groty z Lourdes, która jest niedaleko grobu, w bocznej kaplicy.

- Był jak anioł, to go różniło od o. Pio, który był bardziej surowy. Kiedy penitent mówił mu swoje grzechy, słuchał i im były straszniejsze, tym bardziej płakał. Z penitentem. A potem wychodził z konfesjonału i przytulał go: „Jesteś dobry - mówił. - Ja nie mam prawa cię osądzać". A pokuta? Nie tam tylko jakieś zdrowaśki, ale konkret: od jutra przez tydzień wstajesz piętnaście minut wcześniej i to bez ociągania się - śmieje się Grazia. - Obecny papież Franciszek ma bardzo dużo z ks. Dolindo, i delikatności, i dobroci. Bardzo mi go przypomina... Potrafił dziennie wygłaszać aż do ośmiu kazań, w różnych kościołach. Ludzie nie mieścili się w jednym, przyjeżdżali z wielu stron. Widzieli, że to jest ksiądz przez wielkie „K". Kiedy mówił kazanie, zaczynał zwykle ściszonym głosem, ale potem Duch Święty powoli w nim działał, a głos stawał się donośniejszy. Ciarki nas przechodziły. Kiedy mówił o Matce Bożej i Jezusie, jego oczy zapalały się, zmieniał się cały. Po kazaniu odwracał się przodem do ołtarza i donośnym głosem powtarzał: „Boże, kocham Cię!". Odmawiał *Ave Maria* z rozpostartymi ramionami i prosił o łaski. On na ołtarzu kochał i cierpiał, rozpalał taki ogień, że ludzie błagali o spowiedź.

Grazia zamyśla się i bierze głęboki oddech.

- Nazwali go egzaltowanym wariatem, bo chciał, by kapłani mogli odprawiać więcej niż jedną Mszę dziennie, by dopuszczono komunię wieczorną w czasie Mszy i w Wielki Piątek. A potem te „wariackie" pomysły zaaprobował Sobór Watykański II. Przez ponad szesnaście lat być oddalonym od czynności kapłańskich i nie odejść z Kościoła? To nie jest zwykła rzecz, a heroizm! Gdy go odsunęli, chodził na Mszę na 13.00, stawał na końcu kościoła, czekał na kolejkę do komunii... Ostatni. Heros pokory!

Grazia do dziś pamięta morze ludzi, które zalało ulice Neapolu w dniu pogrzebu ks. Dolindo.

- Z lotu ptaka musiało to wyglądać pięknie: rzeka płynących w stronę kościoła płonących świec. Podchodzili do ciała w jednym rzędzie. Trwało to cały dzień i całą noc. Ruch w mieście trzeba było wstrzymać. Tak żegna się tylko świętego...

Vomero, Cztery Dni Neapolu

Neapol to trzecie pod względem wielkości - po Rzymie i Mediolanie - miasto Półwyspu Apenińskiego. W samych ścisłych granicach miasta mieszka ponad dwa miliony osób. Wokół Wezuwiusza jednak rozsianych jest dziesiątki małych miasteczek. Ich mieszkańcy nazywają się uparcie neapolitańczykami. I dlatego każdy tutejszy taksówkarz z dumą upiera się, że Napoli to pięć milionów ludzi.

Wspinamy się taksówką na wzgórze Vomero, symbol miasta. Brawura neapolitańskiego kierowcy nie ma sobie równych. Droga prowadzi dosłownie jak z piekła do raju.

- Tu żaden szofer nie podjeżdża. Można co najwyżej nóż w plecy zarobić - zagaduje kierowca. - Dolindo, eh? - spogląda na książki na moich kolanach.

- Zna pan? - pytam.

- *Una signora*, starsza pani, jakiś czas temu siedziała tu na pani miejscu. Twierdziła, że jest krewną tego księdza. A że staliśmy w korku, to opowiadała i opowiadała - śmieje się pomarszczony neapolitańczyk. - Mam obrazek, modlę się.

Droga jest coraz węższa, sznury z praniem niemal dotykają dachu samochodu. Poharatane ściany domów, posklejane taśmą popękane szyby prawie w każdym domu. Pniemy się coraz wyżej. Na kolejnym zakręcie jest już tak ciasno, że nie ma mowy, by nadjeżdżające z góry auto dostawcze minęło nas bez kolizji.

– *Ochhh, forza, per favo...!* – taksówkarz wystawia głowę za szybę.

Z tym z naprzeciwka pokrzykują do siebie ochrypłym głosem. Gestykulacja w temperaturze południa, w żargonie *napoletan* – zabawny spektakl.

– *Un po di fantasia, amico!* Trochę fantazji, przyjacielu! – woła.

Biorę wdech. Rajdowiec pełną parą startuje ku górze. *E va!* – wybucha śmiechem. Życzliwie odmachuje ręką do dostawcy. Pniemy się dalej. Z przedsionka piekła wjeżdżamy w kolejny ostry zakręt. Za nim zachodzące słońce wyostrza kontury Wezuwiusza. Na granatowej tafli zatoki delikatnie kołyszą się statki i jachty. Neapol błyszczy tysiącem świateł. Kierowca zwalnia. Z tej perspektywy nie widać ani śmieci, ani odpadających tynków i zwisających ze ścian kamienic kabli i prętów, a jedynie wieże setek tutejszych kościołów. Neapol ma w sobie coś demonicznego, ale i pociągającego, niemal świętego. Zakręt jest jak spreparowana umyślnie przez ducha miasta intryga.

– Powinienem w tym miejscu przesiąść się do jakiegoś lamborghini – szofer wrzuca trójkę. Wpadamy na gigantyczne szyldy Dolce Gabbana, Armani i Valentino. Luksus wylewa się nagle zza szklanych witryn sklepów i restauracji.

– *Ecco la nostra bellissima Napoli! Mille facce che ha, come la donna!* Oto i nasz piękny Neapol. Ma tysiąc oblicz, jak kobieta.

Szerokie ulice, czteropiętrowe secesyjne kamienice, zadbane, czyste. Mam wrażenie, że wjeżdżam w serce Paryża. Kontrast z tym, co rozciąga się na zboczach wzniesienia Vomero i u jego stóp, jest tak ostry, że trudno złapać równowagę. Vomero to siedemnasta z trzydziestu dzielnic Neapolu.

Neapolitańskie wzgórze to jednak niekoniecznie siedlisko opływających w euro snobów. Vomero to symbol. Kierowca zwalnia przy tabliczce wykutej z kamienia na rondzie placu: *Quattro Giornate di Napoli*. 27 września 1943 roku w tym miejscu wybucha iskra do jedynego w swoim rodzaju powstania. Neapolitańczycy jako pierwsi na Półwyspie Apenińskim, ale i w Europie, na taką skalę stawiają opór Niemcom. Bez broni, przy braku wsparcia ze strony włoskich wojsk. Do walki staje milion mieszkańców, w tym kobiety i dzieci. Wielu małych „żołnierzy", dziesięcio- i jedenastolatków pośmiertnie otrzyma odznaczenia za zasługi. Sześć miesięcy przed powstaniem mieszkańcy Vomero są świadkiem innego mrożącego krew w żyłach wydarzenia.

Jest 28 marca 1943 roku, dokładnie o 17.39. W porcie wylatuje w powietrze włoski statek Caterina Costa. Na jego pokładzie jest ponad dziewięćset tysięcy ton ładunków wybuchowych i broni, która miała trafić na front w Afryce oraz tysiąc ton ropy. Sejsmografowie z laboratorium pod Wezuwiuszem odnotują trzęsienie ziemi w Neapolu o magnitudzie 4–5 stopni w skali Richtera. Wybuch jest tak potężny, że w ciągu jednej chwili w powietrze wylatuje całe nabrzeże. Ksiądz Dolindo kończy właśnie pisać rozważania do Ksiąg Machabejskich, jest pochylony nad kartką papieru przy swoim biurku na via Salvator Rosa 55, mniej więcej dwa kilometry od portu. Notuje:

> Dochodzą mnie, jak przypuszczam, od strony morza, odgłosy intensywnego bombardowania czy też walki, która toczy się w porcie. W kierunku zachodu, niesiony wiatrem, w przestrzeni

dryfuje gigantyczny balon czarnego dymu. Co się wydarzy? Jestem spokojny i wszystko oddaję Panu.[172]

Eksplozja jest tak silna, że oprócz kłębów dymu w powietrzu latają odłamki ciężkiej stali. Maszt statku ląduje na Piazza Garibaldi, jakieś czterysta metrów od nabrzeża. Hałas uderzających o chodniki i domy kawałków okrętu zagłusza przerażający krzyk uciekających we wszystkie strony ludzi. Większość biegnie, ile sił w nogach na Vomero. Świadkowie tamtejszych wydarzeń do dziś mają przed oczyma pędzący przed siebie tułów mężczyzny, któremu kilka sekund przedtem odłamek spadającego z nieba żelaza odciął głowę. Tego dnia Neapol jest świadkiem rzezi. W ciągu kilku chwil zginie niemal trzy tysiące osób[173], setki innych odniosą ciężkie obrażenia.

Do dziś nie udało się wyjaśnić prawdziwej przyczyny tej tragedii. O podpalenie Costa Cateriny podejrzewano aliantów, którzy przez ponad czterdzieści miesięcy bombardowali miasto, by tym sposobem zmusić Włochów do odstąpienia od współpracy z Niemcami. Oficjalnie przyczyną był niedopałek, który spowodował pożar na okręcie. Od wczesnych godzin rannych załoga i zastępy strażaków próbowali go ugasić. Na próżno.

Naziści traktują Neapol jako jeden ze strategicznych portów przerzucania broni, także na front afrykański, do Libii i Tunezji. Lokują się tutaj w zabytkowych kościołach i strefie portowej. Oddziały brytyjsko-amerykańskie nie widzą innego wyjścia.

---

172 Dolindo Ruotolo, *Amore, Dolindo, Dolore. Pagine autobiografiche del sacerdote Dolindo Ruotolo*, Apostolato Stampa, Casa Mariana Editrice, Napoli 2001, s. 263. W zapiskach ks. Dolindo błędnie opatruje to historyczne wydarzenie datą 27 marca 1943 roku.

173 *Napoli, le Quattro Giornate (1a parte)*; http://www.napoliflash24.it/napoli-le-quattro-giornate-1a-parte; zob. www.raistoria.rai.it.

W 1941 roku kiedy po raz pierwszy zmasakrują miasto bombami, na ulicach Neapolu wywieszą odezwę do mieszkańców: „Nie jesteśmy przeciw wam, a przeciw Niemcom. Bombardujemy miasto, ponieważ udostępniacie Niemcom port. Dopóki będą oni przerzucać od was broń na front niemiecki do Libii, Neapol będzie bombardowany"[174].

Syreny wyją więc niemal bez przerwy. Ksiądz Dolindo notuje:

> Czuję się niczym ukrzyżowany, a jestem niczym... dryfujący krzyż, ponieważ całkowicie oddaję się Bogu i ufam Mu. Wszystko wydaje się ciemnością, a stan, w jakim tkwi świat, jest niepokojący. Alarmy lotnicze, dniem i nocą, o nieprzewidzianych godzinach, powodują, że żyjemy w ciągłym koszmarze. Zniszczenia przyprawiają nas o rozpacz, przyszłość wydaje się coraz ciemniejsza, a mimo to ufam, ufam: ufam i oddaję się całkowicie Bogu! Czujemy na plecach oddech śmierci![175]

Ksiądz Dolindo w tym czasie całe noce spędza na modlitwie, dużo też pości. Wychodzi na balkon i szeroko rozpościera ramiona w kierunku nieba. Zastyga w modlitwie. Potrafi stać tak nieruchomo godzinami. Mimo świstu kul i strug krwi na ulicach, kapłan nigdy nie ucieka do schronu. Neapolitańczycy mają swoje podziemne miasto – kilometry ulic wydrążonych przed wiekami. Wiele rodzin spędzi tu nawet po kilka miesięcy. Mimo to od bomb aliantów ginie prawie trzydzieści tysięcy mieszkańców[176]. W Neapolu cały czas stacjonuje ponad dwadzieścia tysię-

---

174 Zob. http://www.unive.it – strony internetowe archiwum Universita Ca'Foscari Venezia.

175 Dolindo Ruotolo, *Amore, Dolindo, Dolore*, s. 263.

176 Włoscy historycy do dziś upierają się, że to najbardziej poszkodowane z europejskich miast. Tymczasem w Warszawie w 1944 roku zginęło pięć razy więcej

cy niemieckich żołnierzy, choć w całym regionie Kampanii jest tylko pięć tysięcy włoskich.

Ksiądz Ruotolo cały czas odwiedza chorych, podnosi rannych z chodników. Także tu, na Vomero, gdzie ciągle mieszka kilka jego duchowych córek.

W lipcu 1943 roku upada reżim Mussoliniego, a 8 września - jak skrzętnie odnotuje ks. Dolindo, w urodziny Najświętszej Marii Panny - Włochy podpisują kapitulację. Zrywają działania wojenne po stronie państw osi (Niemiec i Japonii) i poddają się aliantom. „Radość na ulicach jest naprawdę wielka - pisze ks. Dolindo - ale za chwilę zamieni się w gorzkie łzy". Niemcy reagują nerwowo. Usiłują zniszczyć Włochy. Niestety włoscy żołnierze w Neapolu odmawiają ludności wsparcia. Nakłaniają do ułatwienia Niemcom opuszczenia miasta. Ksiądz Ruotolo jest w samym centrum tych wydarzeń.

1 września 1943 roku studenci organizują na Piazza del Plebiscito manifestację, a w Liceum Sannazaro na Vomero po raz pierwszy spotykają się opozycjoniści. 10 września neapolitańscy marynarze próbują postawić tamę konwojowi niemieckich samochodów w centrum miasta. Dochodzi do rozlewu krwi. Niemcy w odwecie podpalają Bibliotekę Narodową. Ponad cztery tysiące osób zostaje deportowanych do obozów pracy do Niemiec. Po tych zdarzeniach niemiecki generał, Walter Scholl, otrzymuje z Berlina telegram: nie wycofywać się z miasta, spalić Neapol doszczętnie. Natychmiast wydaje neapolitańczykom nakaz złożenia broni. Na Piazza Plebiscito, w hotelu Albergo bella Napoli przy Piazza Garibaldi i w Albergo Bellavista przy Corso Vittorio Emanuele (strefa opanowana, wręcz zawłaszczona przez Niemców), Scholl wyznacza punkty składania broni pod

---

ludności niż pod Wezuwiuszem.

groźbą przymusowego wcielenia do armii niemieckiej. Niemcy używają sprawdzonych metod nękania: ewakuacje nad ranem (w ciągu kilku godzin rozkazują opuścić domy dwustu czterdziestu tysiącom osób zamieszkałym w pobliżu portu), łapanki, zbiorowe egzekucje wobec prób oporu są na porządku dziennym. „Płaczę i modlę się za barbarzyńsko deportowanych ludzi, za mordowanych, powierzam Bogu cierpienie matek" - pisze ks. Ruotolo[177].

Wściekłość mieszkańców południa sięga zenitu 12 września 1943 roku, kiedy miasto obiegnie wiadomość: *E Tedesche hanno acciso 'nu marenaro!* „Niemcy zabili naszego marynarza!". Bohaterem, a zarazem symbolem powstania w Neapolu stanie się ten właśnie marynarz. Andrea Mansi ma wtedy zaledwie dwadzieścia cztery lata. Rankiem po raz ostatni pociągnie za sznur na dzwonnicy w rodzinnym Ravello. Właśnie wraca do Neapolu, gdzie ma służyć w szpitalu wojskowym. Nie przypuszcza, że tego samego dnia po południu zostanie publicznie rozstrzelany na schodach uniwersytetu przy eleganckiej Corso Umberto. Egzekucji przygląda się zmuszony do tego tłum neapolitańczyków. Niemcy, celując w ludzi z karabinów maszynowych, rozkazują, by klęczeli i bili brawo w trakcie egzekucji[178].

Hitlerowcy nie przypuszczają, że będzie to iskra, która wywoła gigantyczny pożar. Najpierw na Vomero, a potem w całym mieście.

„Przeżywamy naprawdę tragiczne chwile - pisze w niepublikowanym jeszcze nigdzie liście do Lindy Lancerotto, jednej

---

177 Niepublikowany list do Lindy Lancerotto z 27 września 1943 roku udostępniony mi przez franciszkanki Niepokalanej w Neapolu.

178 Nanni Loy w swoim filmie *Quattro giornate* z 1962 roku bardzo dokładnie pokazał tę scenę.

z córek duchowych, ks. Ruotolo. – Jeśli to przetrwamy, to możemy czuć się jak cudownie ocaleni przez Boga".

Powstanie trwa cztery dni. Neapolitańczycy praktycznie pozbawieni broni walczą czym i jak tylko mogą: kamieniami, miotłami. Z okien domów, kiedy przechodzą lub przejeżdżają Niemcy, wypadają meble, stoły, kredensy, szkło. Angażują się wszyscy – kobiety i dzieci. Determinacja jest ogromna – kiedy krew południowców raz się podgrzeje, nie sposób ostudzić jej temperatury.

Niemcy są jeszcze bardziej wściekli. 27 września dwukrotnie patrole hitlerowskie brutalnie wpadają do domu ks. Dolindo. O 14.30 i godzinę później. „Za pierwszym razem siedziałem przy stole i pisałem, kiedy moja siostra krzyknęła: «Niemcy biegną po schodach, wyciągają ludzi z mieszkań na deportację!». Czekałem, modląc się. Potem rozległ się krzyk"[179]. Ksiądz Dolindo kończy czternasty rozdział swojej autobiografii. „Kreśliłem właśnie aluzje do Hitlera – pisze we wspomnianym liście do Lindy – pośpiesznie schowałem wszystko za książki w bibliotece [...]. Czekałem, modląc się".

Pięciu niemieckich żołnierzy uzbrojonych w karabiny maszynowe dociera na ostatnie, czwarte piętro kamienicy przy via Salvator Rossa 55. Forsują drzwi z numerem 11. Postawni, wysocy blondyni nawet bez broni budzą strach. Siostra Dolindo zamyka się szybko na klucz w toalecie. Ale słyszy zbliżające się kroki. W ostatniej chwili z obawy, że hitlerowcy będą strzelać do zamkniętych drzwi, otwiera je z impetem i staje oko w oko z uzbrojonym Niemcem: „Trochę szacunku, panowie!" – krzyczy. To nieco zbija Niemca z tropu. Drugi z nich butem popycha drzwi pokoju ks. Dolindo. Na widok sutanny na chwilę

---

[179] Dolindo Ruotolo, *Amore, Dolindo, Dolore*, s. 264.

sztywnieje. Salutuje. Ksiądz Dolindo schyla głowę, kiedy drugi z Niemców mierzy do niego z broni. Z głębi mieszkania dociera do nich krzyk: „Czysto! Idziemy!".

Z Salvator Rosa Niemcy docierają do parafii przy via Salvatore Tommasi. W jej podziemiach ukrywają się powstańcy. Ksiądz Ruotolo, przeczuwając co się dzieje, pada krzyżem na ziemię i modli się. Po krótkim czasie jego brat Elio, proboszcz parafii, daje znać: Dzięki Bogu! Niemcy nikogo nie znaleźli.

Mija 15.30, a więc niecała godzina po pierwszym patrolu. Dolindo zdążył wyjść, ale w domu jest jego drugi brat, ks. Ausilio.

> Tym razem było ich czterech, ponoć groźniejszych niż ci poprzedni. Jeden z nich zwrócił się łamanym włoskim do Ausilio: „Wy się męczyć? – Ausilio trzęsąc się ze strachu odparł: – Wszystkim nam jest trudno, robimy, co możemy, jedni tak, drudzy inaczej. Na co Niemiec odparł ironicznie: Papież też się męczyć w Watykan?".

Hitlerowcy opuszczają mieszkanie Ruotolo. „Krótko potem w zaułku przy via Nocelle strzelili do młodego człowieka, który przed nimi uciekał. Dostał w czoło. Biegł jeszcze jakiś czas, krwawiąc, po czym upadł i umarł! Ileż jeszcze barbarzyństwa". W ciągu kolejnych dni hitlerowcy wściekle na oślep strzelają do przechodniów. Te cztery dni (*Quattro giornate*) Neapol zapamięta na zawsze.

„Wszędzie zniszczenia, pożary, miasto płonie! Niemcy robią to z premedytacją, planowali to, już kiedy Mussolini nazywał ich sprzymierzeńcami i przyjaciółmi. Niemiec w swojej dumie nie zapomniał porażki z 1918 roku" – notuje ks. Dolindo. Opisuje też ciekawą scenę, która ma miejsce w mieszkaniu znajomych ks. Mele Virdisa, przyjaciela Ausilio. Wpadają tam Niemcy, domagają się obiadu. Znajdują w mieszkaniu skrzętnie przechowywaną przez gospodarzy butelkę szampana. Wypijają. Na koniec na butelce Niemcy zostawiają napis: „Vendetta[180] 1914–1918". Ksiądz Dolindo w liście do Lindy relacjonuje:

> To autentyczne wydarzenie. [...] Kolejne opowiedziała mi pewna kobieta w kościele. Widziała, jak Niemcy porwali małą dziewczynkę. Do zrozpaczonej matki, która błagała ich by przynajmniej pozwolili jej po raz ostatni przytulić i pocałować córeczkę, krzyknęli: „Nie! To zemsta!" i wepchnęli dziecko do swojego samochodu.

Listy ks. Dolindo z tego czasu mogłyby być nieocenionym źródłem dla historyków. Kapłan opisuje na przykład jak neapolitańczycy rozbrajają Niemców i uwalniają więźniów ze świeżo odkrytego obozu koncentracyjnego w Marano (miasteczko w górach, na północ od Neapolu). „Krzyk i hałas był tam potworny, bowiem cała ludność, włącznie z kobietami, które najbardziej walczyły, rzucając w Niemców kamieniami, belami, czym popadło, zdezorientowała oprawców i uwolniła cały obóz"[181].

Jest tu też sporo detali. Jeden z listów kapłan pisze dokładnie w czasie czterysta sześćdziesiątego pierwszego alarmu w ciągu miesiąca. Dowiadujemy się, że Niemcy plądrują domy, zabierają z nich głównie odbiorniki radiowe i maszyny do szycia. Ale i wszystko, co tylko uda się im unieść. Ksiądz Dolindo opisuje bardzo realistycznie to, co dzieje się w Neapolu.

> Na Capodimonte i w Santa Teresa [dzielnice Neapolu – J. B.-B.] trwają ostre walki, drogi są tam usłane trupami; podobnie jak

---

180 Zemsta (wł.).
181 List do Lindy Lancerotto; archiwum rękopisów w Apostolato Stampa, Neapol.

przy muzeum i przy naszej Salvator Rossa. [...]. Teraz kiedy to piszę, o niemal 7.30 rano, dochodzą mnie odgłosy strzałów i ręcznie wyrzucanych bomb. Któż wie, co przyniesie dzisiejszy dzień. Bóg niech się o to zatroszczy.[182]

I dalej: „Jesteśmy bez wody i światła, gazu. Niemcy zniszczyli wszystko. [...] Żeby móc się pomodlić i pisać, dzisiaj o świcie użyłem kawałka świecy, którą trzymałem od dziesięciu lat, by zapalić ją przy mojej agonii".

Ksiądz Dolindo opisuje też dramatyczne sceny walki o kilogram makaronu, który przysługuje każdej osobie na tydzień. Ludzie szarpią się o każdy kawałek chleba. W wielu sytuacjach musi ingerować wojsko. „Zupełnie straciłem chęć do jedzenia, mówienia, wszystko, co się dzieje, przeszywa mnie głębokim smutkiem, całuję tylko Jezusa i płaczę razem z Nim z wielkiego bólu". Ksiądz Dolindo często spotyka się z ks. Salvatore La Rovere. Klęczą razem w kościele nawet po kilka godzin dziennie, błagając o miłosierdzie dla miasta.

30 września 1943 roku Niemcy czują na swoich plecach oddech Amerykanów. Oddziały alianckie docierają do Salerno. Uciekający Niemcy w ostatniej chwili podpalają Neapol. Ksiądz Ruotolo notuje: „Płaczę na widok tych ciosów nienawiści! Nie mogę znieść widoku takiego upadku i deptania miłości"[183]. Tego dnia o godzinie 11.00 odprawia Mszę i spowiada. Kiedy wychodzi z kościoła, dobiega go krzyk na ulicy: „Anglicy, Amerykanie!". W drzwiach kamienic otwierają się nagle okna, ludzie wybiegają na ulice. Do Neapolu wjeżdża pierwszy

---

182 Tamże.
183 Dolindo Ruotolo, *Amore, Dolindo, Dolore*, s. 264.

transportowiec z żołnierzami aliantów. W mieście niosą się okrzyki radości i wiwaty.

Nad Neapolem długo jeszcze będą spadać bomby. Tym razem niemieckie. Miasto długo jeszcze nie zazna pokoju ani spokoju.

4 października 1943 roku ks. Dolindo pisze:

> Dotarło do mnie, że Niemcy ostatecznie zostali wyrzuceni z Neapolu. Polecajmy wszystko Bogu, by nie dotknęła nas jakaś kolejna komplikacja losu. Uciekając z okolicznych wiosek, Niemcy szaleli z nienawiści, podpalali i rozszarpywali żywcem ludzi, zabijali ojców na oczach dzieci. [...] O Jezu, czuję jakbym umierał z bólu![184]

W pierwszych dniach października cały oddział wojsk alianckich uczestniczy we Mszy Świętej w Duomo. Liturgię sprawuje ks. prałat De Nicola oraz kardynał. Alessio Ascalesi, ówczesny metropolita Neapolu. Kiedy w czasie ceremonii nie skrapla się krew św. Januarego, patrona Włoch i miasta, w katedrze rozchodzi się jęk przerażenia wiernych. To dla nich znak, że miasto nawiedzi kolejne nieszczęście[185]. Nie mylą się - kilka

---

[184] Niepublikowany List do Eleny Montelli; archiwum rękopisów Apostolato Stampa w Neapolu.

[185] Krew Świętego skrapla się zwykle trzy razy w ciągu roku, w pierwszą sobotę maja, 19 września oraz 16 grudnia, co jest związane z wydarzeniami z przeszłości - w tych dniach Święty January ocalił miasto przed epidemiami czy zatrzymał płynącą już na miasto lawę Wezuwiusza. Krew skrapla się także czasem w czasie wielkich wydarzeń lub wizyt dostojników Kościoła lub innych ważnych gości. Ampułka z czerwoną skamieliną świętego niesiona jest wówczas w procesji. Tak na przykład stało się 21 marca 2015 roku, kiedy Neapol odwiedził papież Franciszek. Kiedy wziął ampułkę z krwią do rąk, natychmiast się skropliła. Natomiast 19 września 1943 roku krew nie skropliła się, podobnie jak w pierwszych dniach października, kiedy w liturgii uczestniczą dowódcy aliantów. Krew Świętego nie przeszła w stan cieczy także w grudniu 2016 r. Po raz pierwszy w tym kontekście kardynał Neapolu, Vincenzo Sepe, wołał, by „nie ulegać przesądom".

miesięcy później, już w 1944 roku, po trzydziestu ośmiu latach obudzi się Wezuwiusz. Wyjątkowo erupcja będzie mieć charakter eksplozyjny i efuzyjny (zwykle wulkan ten wyrzuca z siebie popiół w górę; tym razem jeszcze wylewał lawę).

W ciągu całej wojny, a szczególnie w czasie wybuchu Costa Caterina i potem *Quattro giornate*, kiedy z nieba lecą bomby zamieniając w gruzy całe połacie miasta, ale i w trakcie erupcji Wezuwiusza, ani jedna szyba, choćby talerz nie ucierpiał w domach dzieci duchowych ks. Ruotolo. Wszystkie wyjdą z wojennego piekła bez szwanku. Ksiądz Dolindo pisze do Lindy:

> Posłałem wszystkich Aniołów i Michała Anioła do waszych domów, by was strzegli, bo nie jestem w stanie nawet do was dotrzeć. Ufajmy Bogu i módlmy się. Po tych smutnych czasach nastanie pokój. Nie bójcie się, nie pozwólcie zwyciężyć się kuszeniu szatana. Najświętsza Dziewica nie opuści tego umęczonego i uprzywilejowanego przez Boga miasta, Neapolu.

Umberto Cervo, jeden z ostatnich żyjących świadków życia ks. Ruotolo, mówi mi:

> Jestem przekonany, że byliśmy wszyscy pod specjalnym parasolem ochronnym. Ojciec Dolindo ciągle się modlił. Kiedy nas odwiedzał na Vomero, przecież i jemu nic się nie stało. Bez niego nie przetrwalibyśmy wojny, on nas trzymał przy Bogu.

„Życie wieczne to nie żart". Umberto Cervo i Enzina Cervo

Pan Umberto, wykładowca na Uniwersytecie w Neapolu z tytułem profesorskim Wydziału Nauk Politycznych i jego żona literaturoznawczyni mają czworo dzieci. Jedno z nich od dwudziestu lat nie żyje, troje założyło swoje rodziny. Umberto jest żyjącym „cudem" ks. Dolindo. Dwukrotnie uzdrowiony za jego wstawiennictwem, za życia kapłana i już po jego śmierci.

Pierwszy cud wydarzył się, kiedy Umberto był jeszcze trzydziestoletnim mężczyzną i sprawnie wymachiwał rakietą tenisową. W niewyjaśnionych okolicznościach ulega wtedy wypadkowi, jest połamany, miejscami jego ciało jest całkowicie zmiażdżone. Lekarze w zasadzie liczą godziny do jego śmierci. Od osiemnastu lat jest synem duchowym ks. Ruotolo. Ten, dowiedziawszy się o tragedii, odwiedza swoje dziecko w szpitalu. Ksiądz Dolindo jest spokojny. Umberto do dziś dokładnie pamięta kolejność jego działań. Najpierw błogosławi umierającego krucyfiksem, potem odmawia modlitwę, wychwalając Boga, a wreszcie wzywa imienia Jezusa: „W imię Jezusa Chrystusa, z mocą Ducha Świętego, bądź zdrów!". Chory zapada w głęboki sen, a kiedy się budzi, ku przerażeniu lekarzy wstaje bez jakiegokolwiek trudu i bez śladów obrażeń, po czym wychodzi na ulicę. Następnego dnia stawia się, jak gdyby nigdy nic, w pracy. Cervo do dziś przechowuje dokumentację medyczną z tamtego czasu.

Po raz drugi jest na krawędzi życia po interwencji kardiologicznej. Rzecz dzieje się już po śmierci ks. Dolindo. Sprawa jest na tyle poważna, że pan Umberto trafia na salę reanimacyjną oddziału intensywnej terapii. Żona modli się do ks. Dolindo. Wtedy reanimowany pacjent ma sen - widzi w nim trzech kapłanów, pasjonistę z krzyżem w dłoniach (z opisu pana Cervo wynika, że może to św. Gabriel Possenti[186]), ks. Dolindo i jeszcze kogoś, kogo do dziś nie może zidentyfikować. Wszyscy jakby nad nim krążą, a ks. Dolindo powtarza: „Zwyciężyliśmy, śmierć jest pokonana". Następnego dnia Umberto Cervo budzi się w pełni sił.

Z cudownie uzdrowionym spotykam się w marcu 2016 roku. Do mieszkania Umberto Cervo przy via Scarlatti, w sercu słynnego Vomero, na czwarte piętro, docieram wąską, ledwo mieszczącą dwie osoby windą. Z tej wysokości rozpościera się imponujący widok na miasto. Wezuwiusz z tego miejsca wydaje się potężniejszy. Drzwi otwiera pani Cervo. Makijaż doskonale podkreśla jej urodę, tak samo krótkie lekko, kręcone włosy. Klasyczna włoska elegancja.

– Na pewno napije się pani kawy! – uśmiecha się. – Mąż zaraz do nas dojdzie, jest po złamaniu nogi, potrzebuje chwilę czasu.

---

186 Jedną z charakterystycznych cech działania tego świętego jest powtarzający się schemat ingerencji w czasie snu.

Umberto Cervo, emerytowany profesor nauk politycznych ma dziś ponad osiemdziesiąt lat. Kiedy opowiada o swoim duchowym przewodniku, za każdym razem z trudem powstrzymuje wzruszenie.

W przestronnych oświetlonych ciepłym światłem pokojach na stylowych, antycznych meblach stoją wazy i delikatne porcelanowe figurki. Na największej ścianie salonu wisi sporych rozmiarów krucyfiks. Za szybką dziewiętnastowiecznego kredensu neapolitańska mocno nadszarpnięta upływem czasu szopka bożonarodzeniowa.

– To nasza tradycja, żyjemy Bożym Narodzeniem cały rok – wyjaśnia mi pani Patrizia Cervo. – Ta szopka stała jeszcze w domu męża, kiedy odwiedzał ich ks. Dolindo. Figurkę Dzieciątka Jezus też poświęcił Dolindo.

Na koronkowym, ręcznie haftowanym obrusie pani domu stawia udekorowane żółtym kremem i czerwoną wisienką *zeppole di San Giuseppe.*

– Przed św. Józefem, obowiązkowe!

Pan Umberto jest już mocno po osiemdziesiątce. To jeden z najbliższych o. Dolindo synów duchowych. Jest bratem Enziny Cervo nazwanej przez ks. Ruotolo „Enziną od Jezusa Triumfującej Miłości i Niepokalanej". Cinzia opiekowała się ks. Ruotolo przez ostatnie lata jego życia, a on był jej duchowym przewodnikiem przez cztery dekady. Oboje, Umberto i Cinzia, byli pośród czworga świadków śmierci ks. Dolindo.

Kulejąc, szczupły, oprószony siwizną neapolitańczyk powoli zbliża się w moim kierunku. W prawej dłoni między podpórką kuli a kciukiem ściska różaniec. Brązowe, dość grube kulki, obijają się o metalową nogę kuli. Pod lewą pachą mężczyzna trzyma teczkę i plik kartek. Dotarcie do stołu to dla niego spory wysiłek, ale stanowczo odmawia przyjęcia pomocy, nawet przy siadaniu na krzesło. Różaniec kładzie przede mną. Podziwiam misternie rzeźbione paciorki, każdy z osobna ma prążki, wgłębienia w drewnie naniesione z niezwykłą precyzją.

- *Padre* Dolindo zrobił go sam. Nie rozstaję się z nim od czterdziestu pięciu lat - pan Umberto podaje mi różaniec jak relikwię. I od razu wręcza mi jedną z pliku kartek. - Zanim zaczniemy rozmowę, proszę to przeczytać na głos. Ksiądz Dolindo pisał to pod natchnieniem Ducha. Mało kto to zna. No, niech pani czyta.

Jezus do duszy: [...]

Zamknij zapłakane i zgaszone *oczy*, zamknij je na Moją miłość i uśnij przy Moim Sercu.

Kiedy *spoglądasz* wokoło, błądzisz i cierpisz... Nie zatrać się w swoim bólu, uśnij przy Moim Sercu.

Jeśli *wsłuchujesz się* w to, co podpowiada ci twoja umęczona natura i pokusy, nie odpoczywasz we Mnie.

Zamknij uszy, wsłuchuj się tylko w głos Mojej miłości, która szuka w miłości twojej zadośćuczynienia, i odpocznij przy Moim Sercu.

Jeśli nie masz wygodnej kołyski, posłania, jak możesz zasnąć? Ziemia jest tak bardzo twarda i rani cię. Ułóż wygodnie swą duszę w Moim miłosierdziu i uśnij przy Moim Sercu, ufając jedynie Mnie.

Jeśli pali się sztuczne światło, jak możesz zamknąć zmęczone od bólu powieki? Zgaś światło twoich myśli, przyćmij lampy twoich kryteriów, które rzucają przed tobą cienie lęków. Spojrzyj na wszystko przez słodką ciemność Wiary i ten malusieńki i spokojny płomyczek ukołysze cię do snu przy Moim Sercu.

Jeśli narzekasz, jak możesz usnąć? Przykryj się ciepłem Mojej Woli... Skul się we Mnie i zaśnij przy Moim Sercu.

Chcesz zaśpiewać Mi „luli luli laj"? Jeśli krzyczysz i brak ci cierpliwości w cierpieniu, jak Ja mam usnąć?... Zrywam się na równe nogi na każdą twoją skargę i lament, a moje Serce kołacze z bólu.

Chcesz zaśpiewać Mi „luli luli laj", ofiaro Mojej miłości? Zamknij okienka, przez które niczym wirujący wiatr przedostaje się twój niepokój i wzburzenie, a Ja odpocznę w cichutkim zawierzeniu twojego serca Bogu.

Chcesz zaśpiewać Mi „luli luli laj", oblubienico moja? Każdy błąd, jaki popełniasz, zdejmuje z ciebie welon pokoju i przykrywa cię... Zbroją, pancerzem, który Mnie straszy. I nie mogę wtedy zasnąć...

Pieść Mnie swoją dobrocią, która się nie zamartwia, pociesz mnie poświęceniem swojego ciała, a z mojej kołyski wyciągniesz ostre kolce, które mnie ranią i ocierają. Spójrz na Mnie w twoich boleściach z miłością pełną spokoju, spójrz tak, jakbym Ja na ciebie patrzył i wciąż na ciebie spoglądam z mojego twardego żłóbka. Pozwól mi zasnąć w tobie.

Zaśpiewaj mi „Luli luli laj" z miłości, a ja usnę cichutko w twoim sercu.

Pan Umberto słucha tych słów na stojąco. Podpiera się kulami. Próbuje trzymać emocje na wodzy. Na kartce, pod spisanymi przez ks. Dolindo słowami „Jezus do duszy" widnieje napis: Neapol, 7 stycznia 1958 roku. I adnotacja: o. Dolindo śpiewał to zawsze przed żłóbkiem z Nowonarodzonym. I obok fragment „Dusza odpowiada Jezusowi".

– To jest cały o. Dolindo! W języku, w zachowaniu, w tym, jak podbijał dusze. Dotykał serca swoim spojrzeniem, delikatnością – kiedy pan Umberto opada na pluszowe wytarte siedzisko, ukradkiem ociera płynące z oczu łzy.

– *Va bene*, dobrze, to teraz pytania! – uśmiecha się.

Pan Umberto Cervo z bratem bliźniakiem byli jednymi z najbliższych synów duchowych ks. Dolindo.

Mimo swoich lat, przejść i choroby jest pełen życia i wigoru. Opowiada mi, że po raz pierwszy zobaczył ks. Dolindo jako mały chłopiec w czasie Mszy w kościele Santa Maria di Caravaggio przy via Toledo w centrum Neapolu.

- Był postawny, szczupły, trochę po pięćdziesiątce. Nosił okulary w czarnych oprawkach. Zachwycił mnie od razu. Mówił kazania z delikatnością, a jednocześnie stanowczo. Zapamiętałem z tej Mszy na całe życie jego słowa: „Życie wieczne to nie jest żart". Ojciec powtarzał to potem przy wielu okazjach. I dodawał: „Musisz być przygotowany, by stanąć przed Bogiem, nawet jeśli chodzi o najmniejsze rzeczy". To mocne. Ojciec naciskał, by całkowicie oddać się w życiu, w każdym działaniu Bogu. Niestrudzenie nalegał: „Umberto, mów Bogu cały czas: Ty się tym zajmij! Oddaj Mu pierwszeństwo, a On będzie twoją siłą, by przezwyciężyć wszystkie trudności!".

Pan Umberto otwiera tajemniczą teczkę. Wyjmuje odręcznie pisane kartki. To wspomnienia jego siostry. Na każdej zielonym kolorem są zakreślone pojedyncze słowa, miejscami całe zdania.

- Teraz ja przeczytam - śmieje się.

> Miałam szesnaście lat, kiedy uczestniczyłam w odprawianej przez ks. Dolindo Mszy w kościele San Michele przy Piazza Dante. Byłam oczarowana koncentracją, z jaką to robił, oraz miłością, z jaką rozdawał ludziom Komunię. Wtedy jeszcze się nie znaliśmy.

Cinzia jest drugą z dziewięciu sióstr. Ma też trzech braci. Pan Umberto jest najmłodszy.

– Bianca, Anna i Cinzia[187] były najbliżej o. Dolindo. A Cinzia była dla mnie jak druga mama – dodaje. – Chciała wstąpić do Karmelu, miała nawet upatrzony klasztor we Florencji, ale tata się sprzeciwiał. To była prawie wojna. Tata się uparł. Nie i *basta*. Uważał, że ona jest bardziej potrzebna w domu. Cinzina naturalnie od razu „poskarżyła się” ks. Dolindo. Pamiętam dobrze, to działo się w naszym domu. Ksiądz podniósł prawą rękę do góry i zatoczył nią wyraźne koło w powietrzu: „To jest miejsce, które Bóg przeznaczył dla ciebie, o nie masz się troszczyć, o waszą rodzinę” – powiedział do niej. Cinzia patrzyła na niego zeszklonymi oczami. A o. Dolindo dodał: „Pewnego dnia będziesz błogosławić twarde «nie» twojego ojca. Tak się mają sprawy. To jest wezwanie od Boga!”. No i temat się skończył.

Umberto przekłada kolejne kartki z rękopisów siostry. Być może kiedyś ukażą się w formie książki. Teraz neapolitańczyk strzeże ich jak oka w głowie:

– Nie mogę dać ich pani wszystkich. No, chyba że te, o te też może pani przytoczyć. Postulator zabronił, wszystko jeszcze jest w fazie badań. Ale póki nie oddałem, to jeszcze i te proszę...

Po chwili mam już spory stos.

– Moja siostra zabierała nas często ze sobą do domu o. Dolindo. A potem, gdy podrosłem, sam wstawałem z nią o 3.45 rano, żeby do niego zdążyć. Bo ks. Dolindo wstawał o 2.30! Ileż to razy brnęliśmy przez śpiący, zanurzony jeszcze w mroku Neapol. Ale był wtedy przynajmniej czysty! – śmieje się pan Umberto.

Enzina Cervo jest jedną z dwunastu najbliższych o. Dolindo współpracownic. Kapłan nazywa je Grupą Gołębic

---

[187] Wszystkie z wyjątkiem Cinzii wyszły za mąż. Kilku z ich synów zostało kapłanami.

Eucharystycznych[188]. Wszystkie znakomicie wykształcone, w gronie tych apostołek jest lekarka chirurg (Ersilia Cavaccini, tak jak św. Józef Moscati, oddała się całkowicie leczeniu ubogich; z własnych pieniędzy kupowała im leki, nieraz jak Moscati sama ich żywiła), matematyczka z Uniwersytetu w Neapolu (Maria Curcio została na oczach Ersilii cudownie uzdrowiona w Lourdes z ciężkiej gruźlicy) czy wykładowczyni greki i literatury (Nina Scotti di Uccio, po śmierci ks. Dolindo przejęła pełną odpowiedzialność za jego Dzieło i publikacje niewydanych komentarzy i pism). Są one nie tylko duchowymi „uczennicami" kapłana, ale angażują się w pracę przy Apostolato Stampa, na ulicy pomagają żebrakom, odwiedzają szpitale jak ks. Dolindo. Niektóre mają nadprzyrodzone dary, jak Elena Montella, która ofiarowuje swoje życie Bogu i zgadza się na cierpienie fizyczne jako ofiarę za grzechy kapłanów, czy Franca Penturo, która oddaje się Bogu w intencji nawrócenia dusz.

Enzina Cervo na zdjęciach wygląda na pełną wigoru, szczęścia. Ma filuterne spojrzenie, łagodną, piękną twarz i jako jedyna zawsze się uśmiecha. W sercu jest tercjarką karmelitańską i żyje duchowością św. Teresy z Lisieux, szczególnie „w miłości i służbie dla księży".

Siostra pana Umberto jest zdecydowanie najdłużej i najbliżej ks. Ruotolo. W ostatnich latach życia nie tylko gotuje, sprząta, kiedy już sam nie jest w stanie tego robić, ale jest także jego pielęgniarką. Codziennie uczestniczy we Mszy Świętej, na jej zakończenie całuje ks. Dolindo w dłoń. Z szacunku.

---

188 „Historia ciągle pokazuje, że Bóg nigdy nie powierza misji kobiecie bez wsparcia kapłana, tak samo jak nie powierza zadania kapłanowi bez wskazania pomocy w kobiecie" - notuje ks. Dolindo Ruotolo w autobiografii.

Umberto: – Na samym początku, gdzieś około 1945 roku, *padre* podarował jej najpierw krótkie rozważania o Jezusie Sakramentalnym i Matce Bożej. Odkąd to przeczytała, odkładała już każdy grosz, żeby w Apostolato kupować po kolei każdy z tomów jego komentarzy do Pisma Świętego. Przeczytała je od deski do deski. Trzynaście tysięcy stron! To zmieniło i pogłębiło jej relacje z Bogiem.

Cinzina od urodzenia ma dar komunikacji z Bogiem. Wychowuje się, tak jak Umberto, w atmosferze głębokiej religijności. W jednym z rozdziałów swoich komentarzy do Listów Apostolskich ks. Ruotolo przytacza dwa cudowne wydarzenia związane z Cervo. Pierwsze z perspektywy czasu nie tylko wydaje się niewiarygodne, ale brzmi niczym preludium do późniejszych wydarzeń w życiu Cinzii.

Giovanni Cervo, ojciec Enziny i Umberta, został powołany do wojska w czasie pierwszej wojny światowej. Długo nie wracał z frontu. Tęsknota i lęk o jego życie były u jego dzieci i żony coraz silniejsze. Ksiądz Dolindo notuje, w czasie gdy jeszcze nie zna się z rodziną Cervo:

> Pewnego dnia, kiedy dotarły [do Neapolu – J. B.-B.] z pola walki niepokojące i smutne wiadomości, pewna mama [żona Giovanniego Cervo – J. B.-B.] wbiegła do kościoła del Rosariello przy Piazza Cavour, gdzie odprawiałem Mszę Świętą. Kobieta trzymała na rękach małą dziewczynkę, która widząc, jak w czasie modlitwy jej mama płacze, krzyknęła na całe gardło do Jezusa: «Ja chcę mojego tatusia! Chcę tatusia, chcę tatusiaaaaa!». Ten krzyk poruszył nawet mury kościoła.

Dziewczynką jest Cinzia. I tak naprawdę to to jest jej pierwsze, choć nieświadome spotkanie z jej późniejszym mistrzem, z którym krok w krok będzie się piąć po szczeblach świętości.

„Oto i jak Jezus wysłuchał tej modlitwy" - pisze dalej ks. Ruotolo, przytaczając relację ojca Enziny. Giovanni Cervo z grupą żołnierzy pewnego dnia chroni się w tunelu przed bombardowaniem, kiedy

> pocisk wpada prosto do tunelu i wybucha. Wszyscy żołnierze, porozrywani i zwęgleni giną na miejscu; Giovanni Cervo jedynie, zupełnie nagi, ciemny jak Maur, wychodzi z tunelu bez szwanku: cud pierwszego stopnia, którego autentyczności nikt nie śmiałby podważyć. To była odpowiedź Jezusa na pełną wiary modlitwę niewinnego dziecka: „Ja chcę mojego tatę!"[189]

Ale ojciec Cinzii ryzykuje życie na froncie po raz drugi. Upływa niewiele czasu, a Giovanni Cervo ucieka z oddziałem żołnierzy po porażce pod Caporetto. Sam dużo się modli, a szczególnie do św. Gerarda Majelli. Nosi na szyi medalik z jego wizerunkiem. Nagle w czasie marszu z tyłu ktoś zaczął strzelać z karabinów maszynowych. Żołnierze padają martwi. W tym samym momencie z szyi Giovanniego upada na ziemię medalik z Majellą. Musi więc schylić się, by go podnieść, to dla niego cenna rzecz. I w tej sekundzie nad jego głową świsnęła kula. „Po raz drugi unika pewnej śmierci. I to kolejna odpowiedź Jezusa na krzyk wiary... wszechmocny: Ja chcę mojego tatę!" - notuje ks. Ruotolo[190].

---

[189] Silvana di Filippo, *„C'erano anche alcune donne...". Le Figlie spirituali di Don Dolindo Ruotolo*, Apostolato Stampa, Casa Mariana Editrice, Napoli 2006, s. 182.
[190] Tamże.

Pan Umberto na chwilę zdejmuje okulary. Zatapia wzrok daleko, jakby próbował uciec do przeszłości:

– Nie wiem, jak przeżylibyśmy bez ks. Doli śmierć taty... w 1956 roku.

Jest 2 lutego. Zima stulecia paraliżuje całą Europę. W Berlinie temperatury sięgają minus 36 stopni, na północy, w Skandynawii i w Moskwie wahają się między minus 53 a 56 stopni Celsjusza. W Neapolu niemal „ciepło” w stosunku do reszty kontynentu, bo od 0 do minus 7 stopni. W nocy ostra śnieżyca przykrywa miasto warstwą śniegu. Na zdjęciach archiwalnych główną szeroką via Scarlatti, tuż pod oknem pana Umberto, ścigają się... narciarze. Siedemdziesięciooczteroletni ks. Dolindo, nakryty jedynie czarną peleryną, w okrągłym kapeluszu, w sutannie, w nędznych butach z materiału, bez skarpet, przedziera się przez zaspy. To jego druga runda tego dnia. Z via Salvator Rossa, gdzie mieszka, na via Scarlatti na wzgórzu Vomero latem idzie się prawie pół godziny. I to dość stromym szlakiem.

„Zmarznięty do szpiku kości nie chciał nawet ciepłej wody, nic. [...] Taki był, nie chciał dla siebie żadnego komfortu” – notuje Enzina Cervo we wspomnieniach. Ksiądz Ruotolo, wtedy od prawie dziesięciu lat jej spowiednik i ojciec duchowy całej rodziny, odwiedza umierającego ojca Enziny.

> Tata dwanaściorga dzieci jeszcze nieusamodzielnionych w życiu – niektórzy z nas kończyli studia – dostał ciężkiego wylewu i potem nagle zachorował. Bardzo cierpiał, żadna dawka morfiny nie przynosiła ulgi. [...] Ksiądz Dolindo, by go pocieszyć, wesprzeć, przychodził do nas nawet do czterech razy na dzień w najgorszym dla taty okresie. Nie oszczędzał się, nawet w lutowe śnieżyce 1956 roku.

– Ojciec Dolindo był zawsze obecny. Zawsze. – Pan Cervo spogląda na mnie. – I nie tylko pomagał i wspierał nas. Cały oddawał się ubogim i chorym, brał na siebie ich cierpienie. A za każde cierpienie, które sam przeżywał, mówił: „Dziękuję Ci, Jezu..." – Pan Umberto znowu zawiesza głos i walczy ze wzruszeniem. – Proszę mi wybaczyć, tyle lat minęło, ale ks. Dolindo to było całe moje życie... On „był pełen miłości, delikatny i czuły, a jednocześnie zdecydowany i konkretny", moja Cinzia najcelniej to opisuje. „W ogóle na siebie nie zwracał uwagi, pocieszał i dodawał otuchy każdemu, kto do niego przyszedł, a szczególnie cierpiącym i chorym".

Enzina skrupulatnie notuje ten szczegół:

> W wigilię swojego paraliżu, 31 października 1960 roku, w czasie kazania w kościele Santa Maria di Caravaggio przy Piazza Dante powiedział, że nie ma czegoś takiego jak półśrodki. Na drogach Boga trzeba być totalitarnym, a nie jedną nogą tu, a drugą tam.

Totalitaryzm ks. Dolindo rozumie jako łagodność, wyrozumiałość, a przy tym zaufanie Bogu bez granic. I bezgraniczną miłość do Boga i do ludzi.

W tej miłości ks. Ruotolo całe życie jest wręcz radykalny. Zapomina o sobie. Jest tylko dla innych. „Kiedy jeden z braci, kanonik katedry, ciężko zachorował, o. Dolindo po Mszy odprawionej w domu zanosił mu Najświętszą Komunię" – notuje Cinzia. Z pozoru nic wielkiego. Jednak z Salvator Rossa, gdzie mieszka na najwyższym piętrze, do Duomo – szybkim krokiem jest ponad 20 minut. Ksiądz Ruotolo pokonuje ten dystans wtedy już na wpół sparaliżowany.

– Bolało go wszystko, potwornie: i noga, i kręgosłup, miał wtedy już chory żołądek. Szedł tak z Komunią, a w drodze modlił się za drugiego chorego.

Z notatek Cinzii:

> Zimą, poza tym, że nie zakładał skarpet, spał tylko z prześcieradłem w tym mroźnym i wilgotnym pokoiku. Z dachu woda kapała na jego łóżko, czego ślady widać do dzisiaj. Sama tam zamarzałam, kiedy mu pomagałam. [...] Zamiast chusteczek do nosa używał gazet. Na obiad zjadał tylko zupę, zwykle rosół czy warzywną. Drugie danie, owoce i jeśli zdarzyło się, to i coś słodkiego, chował pod stół do pojemnika dla swoich biednych.

– Raz siedzę z ojcem przy stole – pan Umberto odrywa się od kartek – Cinzia krząta się jeszcze w kuchni, ks. Dolindo kończy zupę. Patrzę, a on mięso i jarzynę, które Cinzia podała na drugie danie, pakuje do pojemnika: „Ale jak to? Co ojciec robi?", pytam. „Ale jak to?", odpowiada, żartobliwie mnie przedrzeźniając, „Pakuję obiad, bo na ulicy są głodni!".

Z rękopisu Cinzii:

> Biednym oddawał wszystko, co miał, nie zostawiał dla siebie nic. Nawet jeśli był zmuszony wziąć za Mszę (działo się to tylko w ostatnich latach jego życia; poza tym nigdy nie odprawiał za pieniądze), to wszystko od razu w ciszy i z wielką dyskrecją oddawał innym. Kochał święte ubóstwo, nawet dochody ze sprzedaży książek przekazywał potrzebującym, a zostawiał tylko tyle, ile było potrzeba na druk kolejnych. Zanosił osobiście biednym te pieniądze czy jedzenie (prawie zawsze mu w tym towarzyszyłam).

Pani Cervo stawia przede mną kolejną porcję *zeppole di San Giuseppe*. Najpierw smażone na oleju, a potem w piekarniku, niemal wylewa się z nich kremowy budyń.

- Niech pani je! - zachęca gospodyni. - Ja nie mogę, mam cukrzycę. Kupiłam je specjalnie dla pani.

Jej małżonek nie odrywa się od notatek Cinzii.

- A słyszała pani o kłopotach franciszkanek? - zagaduje pani Cervo.

- Przecież to zwykłe kalumnie - ożywia się pan Umberto. - Ojciec Dolindo mówił zawsze, by swoje cierpienie, czy to fizyczne, czy psychiczne, jak ktoś oskarża cię fałszywie, oddać Bogu. By cierpieć z Nim.

- Ja tego, Umberto, nie pojmuję - przerywa mu żona.

- Tyle razy ci tłumaczyłem: cierpienie oddane Bogu szlifuje duszę, to jest skarb, który jest w oczach świata głupstwem i niedorzecznością! I cierpienie, też trzeba przyjąć.

Pani Cervo przytakuje bezradnie:

- Tak, tak...

- To jest tajemnica, Patrizia. Jezus chciał i przyjął cierpienie. Mógł uniknąć Męki... Umarł za mnie i za ciebie, bo tego chciał.

- Całe życie byłam przekonana, że było odwrotnie. Że nie miał wyjścia...

- Mógł nas odkupić nawet przez akt swojej woli. Ale On na krzyż z miłości poszedł. Tak wielkie były i są nasze grzechy. Chciał cierpieć, by pokazać, do jakiego stopnia nas kocha.

Przysłuchuję się tej niespodziewanej małżeńskiej debacie teologicznej z zainteresowaniem.

- Cuda ks. Dolindo! Ileż ich było! - zmienia zgrabnie temat pan Umberto. - Byłem więc świadkiem wielu. Często światło biło z jego twarzy. Raz miał 41,5 stopnia gorączki. Jak o. Pio. Odprawiał Mszę czasem cały rozpalony, a potem biegł z kościoła do kościoła, by głosić kazania. Bo go o to arcybiskup prosił. Widział, że Kościół w mieście odżywa, że ludzie się nawracają przez ks. Dolindo.

Cinzia opisała takie wydarzenie:

Pewnego dnia towarzyszyłam ojcu w drodze do starszego człowieka, który nie chciał ani księży widzieć na oczy, ani pojednać się z Bogiem. Nie wiem, jakim cudem weszliśmy na ostatnie piętro po tych wysokich i połamanych schodach. Ojciec wszedłszy, uściskał go i powiedział: „Przyszedłem, by przynieść panu uzdrowienie”. Staruszek, nieco sceptyczny, wysłuchał go i spłynęła na niego łaska. Wyspowiadał się wzruszony i wyzdrowiał nie tylko na duchu, ale i ciele. Kobieta, która nas tam pokierowała, powiedziała nam, że następnego dnia mężczyzna ten tak dobrze się czuł, że pobiegł do swojej parafii i z wielką radością przyjął Komunię.

I zaraz potem pan Umberto czyta kolejną opowieść siostry:

Innego jeszcze dnia po Mszy ktoś przyprowadził do ojca niewidomego, który stracił wzrok w wyniku ciężkiej cukrzycy. Ojciec sam mi to relacjonował: „Czułem jeszcze w ustach Jezusa, Którego dopiero co przyjąłem. Śliną zrobiłem znak krzyża na oczach tego człowieka. Po kilku dniach, tuż przed mszą, ktoś zaczął przeciskać się do przodu kościoła: Dajcie mi przejść!, krzyczał. Ten sam mężczyzna, ale już bez pomocy: Byłem ślepy, a teraz widzę, chcę podziękować!”

Imaginette, obrazki i demony

– Dla męża on był jak drugi ojciec – zmienia ton pani Cervo. – Pytałem go o wszystko. „Kochaj Boga nade wszystko na świecie i zawierzaj się Mu”[191]. Ksiądz Dolindo był mistrzem nakłaniania ludzi do zatracania się w woli Bożej. Ale tak bez wahania, bez reszty.

Z notatek Cinzii:

> Cierpiał z powodu nieufności innych. Kiedy ja sama nie oddawałam Bogu swoich spraw, ojciec mówił mi: „Pamiętaj i przekaż to – kiedy będę już w ziemi, a moja dusza oderwie się od ciała, a będziesz nieufna i bojaźliwa, przyjdź do mojego grobu i zapukaj. A odpowiem za każdym razem: ufaj Bogu, Jemu się oddaj”.

Pan Umberto bierze do rąk kule.

– Operację mi zrobili źle. Błąd lekarski. I chodzić nie mogę. Ale nie można się w życiu poddawać... – wstaje powoli. – Coś pani przyniosę. Wraca po chwili, sunąc krok za krokiem. Tym razem pod pachą niesie opasły album.

– To mój kolejny skarb. Mam jeszcze dwa inne – otwiera przede mną. W albumie zamiast zdjęć są obrazki. Różne, każdy osobno włożony w przezroczystą kieszonkę. *Immaginette*, jest ich tu kilkaset. Na odwrocie każdego z nich widać kaligraficznym, niezwykle drobnym i regularnym pismem zapisane słowa Jezusa do duszy. Ksiądz Dolindo zostawił ich ponad dwieście

191 Ksiądz Dolindo używał określenia, które w języku włoskim ma znacznie głębszą wymowę niż po polsku. *Abbandonarsi in Dio* tłumaczone jest u nas jako „Zawierzyć się Bogu”. Tymczasem dosłownie znaczy to: zatracić się w Bogu, opuścić siebie, być zanurzonym w Bogu. Znany akt zawierzenia, *Atto di abbandono* („Jezu, Ty się tym zajmij”), to akt bezgranicznego zanurzenia się w Bogu.

Ksiądz Dolindo sam wykonywał krzyże z drzewa oliwnego. Zapisywał na nich modlitwy lub słowa Jezusa. Ten podarował Enzinie Cervo.

dwadzieścia tysięcy. Pisał je głównie do córek i synów duchowych. Na licznych są naniesione konkretne nazwiska, ale wiele z *imaginette* ks. Dolindo rozdawał po prostu w czasie Mszy lub po niej. Część z obrazków jest przechowywana w Apostolaturze Wydawniczej w Neapolu, część zatrzymali świadkowie życia kapłana.

- Kiedy odwiedzają mnie różni ludzie, czasem proszą o radę, idę po segregator z *imaginette* - mówiła mi jedna z zakonnic w Apostolato Stampa. Modlimy się, a potem proszę tę osobę o wyciągnięcie jednego obrazka. „Jezus do duszy"... I za każdym razem słyszę, że to konkretna rada, że pasuje do danej sytuacji w życiu.

Pan Umberto wręcza mi jedną z pierwszych *imaginette*, jakie dostał od o. Dolindo.

- Dziś rozumiem z tego więcej, niż gdy byłem młodym osiołkiem - mówi. - Moja Cinzina jak wspominałem chciała wstąpić do karmelitanek, miała też inne pomysły, by pracować w leprozoriach na misjach albo z ludźmi opuszczonymi w więzieniach, w domach dziecka. I mówiła o tym Bogu. I pewnego dnia ojciec wręczył jej *imaginette*:

> Jezus do duszy: Nie mnóż planów, wierz, ponieważ powinnaś zadowolić się duchowym życiem w pokorze i prostocie. [...] Pozwól, by Duch Święty prowadził cię krok po kroku, zgodnie z wolą i pragnieniem Boga. Chciałabyś być... gigantem, a ja chcę byś była mała, mała.

Enzina spisała taką historię związaną z *imaginette*:

> Pewnego dnia jedna z chorych na raka kobiecin, w dniu, kiedy lekarze mieli ją operować, przysłała do nas swojego syna

z prośbą o *imaginette* pobłogosławione przez ojca. Z wiarą i modlitwą położyła obrazek w miejscu, gdzie był zdiagnozowany guz. Na sali operacyjnej, zanim lekarz zaczął zabieg, okazało się, że nowotwór zniknął całkowicie. Wieczorem tego dnia ojciec poszedł do domu tej kobiety, by pocieszyć jej dzieci. Jakież było jego zdziwienie, kiedy drzwi otwarła mu owa kobieta. „No jak to? - mówi ojciec. - Nie dała się pani zoperować?"

- A to dostałem w 1956 roku - pan Umberto kładzie przede mną przechowywany w folii jak relikwia, drewniany krucyfiks z metalowym Chrystusem. Niewielki, ale z każdej strony zapisany tym samym czarnym atramentem. Pismo jest czytelne, choć powierzchnia mikroskopijnych rozmiarów. Na połowie dwudziestocentymetrowej belki pionowej rozpoznaję pismo ks. Dolindo: „Jezus do duszy: Nie bądź porywczy. Do wszystkich zwracaj się z szacunkiem, nie mów brzydkich i słów, które ranią innych, bo każde niedobre słowo rani Moje Serce. Miej upodobanie w pokoju".

- Takich krucyfiksów też kilkaset zapisał. Jeden, największy miała moja siostra Cinzia. Ale niestety musiała oddać do Postulatury, kiedy zaczął się proces beatyfikacyjny.

Krzyże ks. Dolindo robił sam. Podobnie jak różańce. Wyrabiał je z drewna oliwkowego poświęconego w czasie Niedzieli Palmowej.

- A jakaś rada w konkretnej sytuacji w życiu, w czymś panu pomógł? - dopytuję.

- W wyborze żony! - śmieje się pan Umberto. - Naprawdę. Byłem nauczycielem, pracowałem w szkole dla dziewcząt. I zakochałem się w jednej z nich. Pytam więc ojca, „*Padre,* co o niej myślisz". A on mi na to: „Rosa nie jest dla ciebie. Inna jest ci pisana".

– Mnie jeszcze wtedy w życiu Umberto nie było – wtrąca żona. – Poznaliśmy się dużo później, rok przed śmiercią ks. Dolindo.

– Rozumie pani? – spogląda na mnie przenikliwym wzrokiem starszy neapolitańczyk – ks. Dolindo miał dar prorokowania. Widział przyszłość. Takich historii są setki. Ale pamiętam jak przyszedł raz jeden mężczyzna, jego brat chorował. I mówi do o. Dolindo, że już lepiej, że lekarze twierdzą, że z choroby wychodzi. *Padre* spojrzał na niego. Kiedy mężczyzna poszedł, mówi do Cinzi: „Biedaczek, brat jego umrze za dwa dni". I tak się stało.

Z notatek Cinzii:

> W każdym człowieku widział najpierw duszę. A w niej nic poza Bogiem. Którakolwiek dusza przychodziła przygnębiona, przytłoczona problemami, od o. Dolindo wychodziła promienna, odmieniona.

Pan Umberto: – Ksiądz Dolindo czytał w ludzkich duszach, nie dało się przed nim niczego ukryć. Miał też w sobie coś takiego, że ludzie nie bali się przed nim otwierać. Zdejmowali maski. Kiedy szło się do niego do konfesjonału, czuło się, że on nie tylko słuchał wymienianych grzechów. On je widział i rozumiał ich głębokie, drugie dno.

– Czytał w sercach. Jak z książki. I człowiek czuł się kochany ze swoimi słabościami. Ludzie wiedzieli, że mówi przez niego Bóg, mieli bezgraniczne zaufanie do ks. Dolindo. W Neapolu mówiło się o nim *questo santo sacerdote*, „ten święty kapłan".

– A jak go widzieli inni księża? – pytam z ciekawości.

- „Święty ksiądz!" Mówili tak samo tu w Neapolu, tak mówił o. Pio. Wielu kapłanów przyjeżdżało się tu spowiadać. Kardynał Ascalesi[192] bardzo kochał ks. Dolindo.

- Chwileczkę - przerywa pani Cervo. - Przecież ks. Dolindo był przez Kościół prześladowany i znienawidzony.

Pan Umberto nabiera powietrza. - Ooo, nikczemnicy! Święte Oficjum... Nie chcę o tym mówić, bo się gorączkuję. I musiałbym brzydkie rzeczy o Kościele opowiadać, a *padre* nam zabraniał krytykować Kościół. I *basta*. Na szczęście po ponad szesnastu latach prześladowań go zrehabilitowano. A w sumie, jeśli podliczyć lata kiedy był odsuwany od czynności kapłańskich, to uzbiera się prawie dwadzieścia lat udręki.

- Oskarżali go jak o. Pio - wtrąca pani Patrizia - że wokół siebie wianuszek pań gromadzi. Dzisiaj to wszystko jest śmieszne.

Z notatek Cinzii:

> Darzył Kościół i każdego Papieża żarliwym uczuciem. Pewnego dnia, muszę przyznać, zaczęłam wylewać z siebie żal do Kościoła, którego on tak bardzo wciąż bronił. Pozwoliłam sobie powiedzieć, że ci ze Świętego Oficjum i Kościół byli bardzo niedobrzy i złośliwi dla księdza. A on, który zawsze był tak delikatny i pełen dobroci, nie pozwolił mi nawet dokończyć, wstał gwałtownie i surowo mnie przestrzegł - nie pamiętam wszystkich słów, ale zostały mi w pamięci te: „Milcz, Cinzia, to jest Kościół, mówisz o Kościele, rozumiesz! Nigdy więcej nie waż się tak mówić!".

- Był pokorny do granic heroizmu. I posłuszny. Wszyscy święci musieli stoczyć w życiu walkę. Zawsze obok są ludzie

192 Alessio Ascalesi był arcybiskupem Neapolu od 1924 do 1952 roku.

zazdrośni, zawistni, którzy się mszczą. Który z wielkich świętych nie był prześladowany?

Udręki i ekstazy

- Podobno demon przeszkadzał ks. Dolindo w pisaniu książek.

- W jaki sposób? - dopytuję.

- Nie tylko przy pisaniu, on mu w ogóle życie utrudniał. Co chwile coś mu się przytrafiało. Przed Bożym Narodzeniem w 1955 roku ojciec biegł do San Paolo Maggiore na kazanie. Zawsze się spieszył. Nagle przed kościołem coś uderzyło go jakimś żelastwem w głowę. Upadł, tonął we krwi. Enzina zresztą to opisała. Ledwo udało jej się zatamować krew.

Innym razem, a było to 1 maja, kiedy ojciec miał zacząć rekolekcje i kazania majowe w kościele Santa Teresa w dzielnicy Ghiaia, w drodze, „na rogu Santa Teresa degli Scalzi przy Muzeum [tuż u wlotu Salvator Rossa, gdzie mieszkał ks. Dolindo - J. B.-B.], motocykl potrącił ojca. Mocno pokiereszował mu nogę i biodro. Ale ojciec wstał i nie zrezygnował z pójścia tam, gdzie czekały na niego dusze" - notuje Enzina. Niemal zawsze towarzyszyła ks. Ruotolo. Była też świadkiem innego dramatycznego zdarzenia. Kiedy wysiadała z kapłanem z autobusu, w drzwiach zatrzasnął się mu koniec sutanny. Pojazd ruszył. I ciągnął za sobą ks. Dolindo. Enzina - jak pisze - jakimś wielkim cudem ruszyła w pogoń za autobusem na tyle sprawnie, by dopaść go, krzykiem zwrócić uwagę kierowcy i zatrzymać maszynę. „Ale ojciec ani słowem się nie odezwał, nie narzekał, nie wygrażał nikomu", dodaje.

- A co do książek... - wraca do mojego pytania pan Umberto - Tak, przy tej ostatniej o Madonnie... Wtedy kumulowały się takie wydarzenia, że *padre* nie miał ani chwili, by usiąść do biurka i pisać. A jak już siadał... Widziałem na własne oczy, jak nagle upadał na ziemię. Za pierwszym razem wystraszyliśmy się z Cinzią. Ale *padre* się pozbierał i usiadł z powrotem. Ledwo chwycił za pióro, a tu nagle „łup!”, potężny hałas, jakby ktoś wymierzył mu silny cios. I znowu upadł. Potem diabeł rzucał ks. Dolindo o ściany. Raz Cinzia dzwoni do mnie o 4 rano. „Szybko, ojciec!”, krzyczy. Biegłem po ciemku, na oślep. Zastaliśmy go pod łóżkiem. Wyglądało to, jakby jakaś siła wcisnęła go tam tak, że nie był w stanie się pozbierać. Wtedy był już sparaliżowany. Wyciągaliśmy go siłą. Cinzia płakała. „Znowu tu był”, wyszeptał ks. Doli.

Sąsiedzi ks. Dolindo mówią czasem nawet o klątwie. W mieszkaniu ks. Ruotolo co chwila coś się dzieje. Włącznie z powodzią w kuchni. Zamiast pracować, kapłan całą noc z podkasanymi rękawami, na klęczkach wylewa wiadra wody z pomieszczenia. Mijają tygodnie, a nawet miesiące, a nie udaje mu się nic napisać. Ksiądz Dolindo ma chwilę załamania, wszyscy dookoła też zniechęcają go do książki.

„Niech ojciec się zaprze i siada, a Matka Boża pomoże” – przekonuje go Enzina. Stoi wtedy na drabinie, by sięgnąć po książkę. „Byłam pochylona tułowiem do przodu [...] i po tych słowach poczułam nagle jakby ktoś popchnął mnie gwałtownie do tyłu. Upadłam na głowę. [...] Rogaty się wkurzył. Nawet mnie to rozbawiło”. I dodaje: „Ojciec, widząc to, natychmiast zabrał się do pisania mimo cierpień, jakie musiał znosić i ewidentnych napadów demona, który jasno powiedział ojcu: przyślę ci tylu ludzi, żebyś nie mógł pisać”. Faktycznie dniem i nocą co chwila do mieszkania na Salvator Rossa ktoś puka. „Jednak owoce duchowe tego były niemierzalne, a trzy tomy i tak powstały”. Kiedy miał już jechać z książkami do druku, zawsze psuł się samochód Enziny.

W zapiskach Enziny pojawia się też ten element:

> Często twarz ojca jaśniała, była tak przezroczysta, jak oblicza tych alabastrowych statuetek podświetlanych od środka. Widziałam to wielokrotnie, kiedy ojciec się modlił lub odprawiał Mszę Świętą, a szczególnie gdy pisał [...] o Matce Bożej. Trzy tomy nazywał łabędzim śpiewem. I właśnie w tych ostatnich jego dniach najczęściej ukazywała się mu Madonna, w pokoju, gdzie pracował lub przy ołtarzu, gdzie odprawiał. Raz zauważyłam, że jest jakby przejęty, mocno skupiony. Mówi mi: „Módl się, jest tu Madonna. Jest taka piękna". Trwał tak w ekstazie ze wzrokiem utkwionym w miejscu, gdzie objawiała się Matka Boża. [...] Kiedy pisał o Niej książkę, ukazała się za biurkiem, koło balkonu, by mu powiedzieć: „Cieszę się z tej książki".

Cinzia w wielu miejscach podkreśla, że ks. Dolindo bardzo kocha Matkę Bożą. Między nimi musi być silna więź. Nie wiem, czy któremuś ze świętych w historii Kościoła przydarzyła się podobna rzecz: siostra Umberto była świadkiem, jak Matka Boża śpiewa przy akompaniamencie ks. Dolindo. Dokładnie tą samą opowieścią podzieliła się ze mną wcześniej krewna neapolitańskiego kapłana, Grazia Ruotolo. Enzina Cervo zostawia prosty zapis w notatkach:

> Był jedenasty dzień miesiąca, w parafii Najświętszej Marii Panny z Lourdes i św. Józefa trwa uroczysta Msza Święta, a ojciec gra na organach (wtedy jeszcze dobrze się czuł). Usiadłam po prawej stronie od organów, kiedy nagle z lewa dobiegł mnie przepiękny i subtelny głos kobiety, która śpiewała razem z ojcem. Nie mogłam dłużej wytrzymać, wstałam i poszłam, by zobaczyć, kto tak cudownie z nim śpiewa. Ale nikogo przy nim

Świadkowie opowiadają, że kiedy ks. Dolindo odprawiał Mszę Świętą, czuło się obecność Jezusa. Sam moment podniesienia trwał kilkanaście minut. „Zatracałem się wtedy" – opisywał ten moment ks. Ruotolo.

nie było, a głos nadal rozbrzmiewał. Po Mszy Świętej zapytałam ojca, któż tak pięknie śpiewał razem z nim. Odpowiedział mi z niesłychaną prostotą: „Zaprosiłem Madonnę, żeby ze mną zaśpiewała.

Chciałabym jeszcze wiedzieć, w jaki sposób ks. Dolindo odprawiał Mszę Świętą, jak to przeżywali świadkowie. Pytam o to pana Umberto.

- Dotyka pani teraz spraw mistyki, głębokiej duchowości. Ojciec Dolindo w czasie Mszy Świętej przemieniał się.

- W jakim sensie?

- Kiedy trzymał w dłoniach Hostię, był cały pochłonięty obecnością Boga. Widzieliśmy go fizycznie, ale wydawał się nieobecny. Podniesienie trwało i trwało, bo ks. Dolindo patrzył na Boga. Msza była długa, bo *padre* „zawieszał się" tak w kilku miejscach. Nie musiał nic mówić, żadnych kazań. Widzieliśmy przez jego zachowanie i postawę, że w czasie Mszy, na ołtarzu przychodzi żywy Bóg. Dlatego tłumy garnęły się do kościołów, gdzie *padre* odprawiał.

Umberto z rodzeństwem, siostrami ks. Dolindo i sąsiadami przez ostatnie miesiące życia ks. Ruotolo uczestniczy we Mszach odprawianych przez niego na Salvator Rossa, już tylko w jego domu.

- Ojciec starał się wtedy nie przedłużać, bo wszyscy staliśmy, nie było miejsca na tyle krzeseł, zresztą tylu krzeseł też nie było. Ale przy konsekracji wszyscy mieliśmy oczy mokre od łez, kiedy ojciec unosił w górę Hostię. Bo wiedzieliśmy, że dla niego to nie tylko wysiłek, ale i straszliwe cierpienie. Przez zwyrodnienie stawów i z powodu paraliżu miał przechyloną lekko w prawą stronę głowę, wcale nie było mu łatwo wykonać potrzebne

Kolejny fragment autobiografii z doklejoną karteczką, na której ks. Dolindo spisał akt oddania autorstwa św. Alfonsa de Liguori. 20 sierpnia 1896 roku, jako czternastolatek, prosił w nim o dar „miłości, cierpienia, pokory, wiary, łagodności, cierpliwości i bym nie był skory do gniewu".

ruchy i gesty w czasie liturgii. A mimo to nie rezygnował z dłuższej chwili adoracji.

W czasie odprawianych przez ks. Dolindo Mszy jej uczestnicy czują obecność żywego Jezusa. Potwierdzają to wszyscy, którzy brali w tych mszach udział. Cinzia Cervo tak wspomina swoje niemal mistyczne przeżycie z 1 czerwca 1953 roku:

> Wpatrując się w uniesioną w dłoniach ojca Hostię, odczułam nagle silne pragnienie, by zobaczyć Jezusa. Ale ponieważ tak mocno odczuwało się Jego obecność i Miłość, szepnęłam Jezusowi: Przecież Cię czuję i w Ciebie wierzę, nie potrzebuję Cię zobaczyć. Choć bardzo bym chciała. Któż wie, Kto cię już widział... Cień wydawał mi się Tobą, a plamka na Hostii Twoim okiem. Ale nie ukazałeś się, bo nie potrzeba, byś to robił, kiedy w duszy jakiejś wzniecasz i dajesz jej Swój pokój.

Enzina i Umberto czują często przy o. Dolindo intensywny zapach lilii. Z notatek:

> Raz potrzebowałam coś pilnego ojcu przekazać [...], poszłam więc w kierunku Apostolato Stampa. Nie byłam pewna, czy tam go zastanę, nie chciałam przeszkadzać. Ale kierując się uliczką, którą zwykle chodził, poczułam zapach lilii. Doprowadził mnie do samej Apostolatury. Problem więc rozwiązany, ojciec tam był.

– Modli się pan do o. Dolindo? – pytam, kiedy państwo Cervo odprowadzają mnie do drzwi.

– Każdego dnia! To jest stały punkt w moim rozkładzie. I powiem na koniec: po o. Dolindo ciężko jest znaleźć drugiego tak świętego kapłana!

Łzy Chrystusa, *Lacrime Christi* spod Wezuwiusza. Anna Fattore

Albino Fattore jest w 1945 roku ważnym funkcjonariuszem prefektury policji w Neapolu. Wysoki, szczupły, z fryzurą, którą potem kopiują od neapolitańczyków Amerykanie (*a la* James Dean czy Elvis Presley). Poza służbą zawsze w brązowym garniturze, pod krawatem. Ojca Dolindo po raz pierwszy widzi, jak większość przyszłych córek i synów duchowych kapłana, w kościele Santa Maria di Caravaggio przy Piazza Dante. Od razu wpada w zachwyt.

– Tata opowiadał nam, że poczuł, jakby Duch Święty trafił w jego serce, słowa ks. Dolindo dosłownie penetrowały człowieka – wspomina dziś Anna Fattore, córka Albino. Kobieta jest teraz wykładowczynią literatury i języka włoskiego. – Ksiądz Dolindo udzielał ślubu moim rodzicom, a mnie pierwszej Komunii, tutaj w Pollena Trocchia w kościele San Giacomo.

Na zdjęciach z 1957 roku siedmioletnia Anna ma długie czarne lekko podkręcone włosy i wpięty wianek z małym welonem.

Rodzinna fotografia upamiętniająca Pierwszą Komunię Anny Fattore – jako dziewięcioletnia dziewczynka, ubrana w białą sukienkę, trzyma za rękę Enzinę Cervo. Opiekująca się przez 40 lat ks. Dolindo córka duchowa stoi obok swojego mistrza.

Jest wpatrzona w ks. Ruotolo i w czasie Mszy pierwszokomunijnej siedzi na krześle razem z Enziną Cervo.

- Zdarzało się, że ks. Dolindo przychodził do nas pieszo z Neapolu! - mówi Anna.

Pollena Trocchia to jedna z przylegających do stóp Wezuwiusza małych satelit Neapolu. Specjalny miejski pociąg, Circumvesuviana, jedzie tu prawie czterdzieści minut ze Stazione Garibaldi. Podróż do tego miejsca dostarcza ładunku filmowych wręcz emocji. Na każdej stacji do mocno zdezelowanych wagonów wsiadają coraz to bardziej frapujące i niepokojące typy. A to mężczyzna z przeciętym w poprzek brzuchem, który celowo wystawia pozszywaną grubym ściegiem ranę na widok publiczny; a to kilku mocno wytatuowanych osiłków z nożami przy paskach. Obok mnie siada zniszczona i zmęczona życiem młoda kobieta. Ma na sobie nieświeże ubrania. Karmi dziecko - śpioszki wyglądają, jakby nie były prane miesiącami. Kobieta o przenikliwie czarnym spojrzeniu uśmiecha się do mnie - ma tylko jeden ząb - i czule przytula do piersi niemowlę.

W oknach wolno sunącego pociągu co jakiś czas odbijają się soczyste cytryny z mijanych ogrodów. Im bliżej Wezuwiusza, tym góra wydaje się łagodniejsza. Na ziemistych zboczach, u podnóża uśpionego teraz kolosa dostrzegam winnice. To stąd pochodzi najsłynniejsze z tego regionu wino o symbolicznej nazwie *Lacrime Christi*, Łzy Chrystusa. Ma intensywny czerwony kolor, ale w smaku jest dość cierpkie. Za butelkę trzeba dać od 20 do 90 euro. Rarytas spod Wezuwiusza. Dopytuję panią Annę o *Lacrime*. Trudno dostać, na półkach w marketach pojawia się raczej rzadko, na lotnisku dla turystów wystawiają zawsze najsłabszy rocznik za 12 euro. Trzeba iść do dobrego sklepu z winami.

Tak jak w poprzednich domach synów i córek duchowych ks. Dolindo, powtarza się niemal jak rytuał sekwencja tych

Anna Fattore wraz z mężem i córką mieszkają w Pollena Trocchia pod Wezuwiuszem. Ksiądz Dolindo chrzcił Annę, a także udzielił jej Pierwszej Komunii. W domu rodziny Fattore obok obrazu ks. Dolindo Anna codziennie wiesza kartki z prośbami i pytaniami do kapłana.

samych wydarzeń. Na wejście szczery i gościnny neapolitański uśmiech, kawa, po raz kolejny znakomita, *zeppole di San Giuseppe* - tym razem są naprawdę ogromne. Potem dostaję do rąk brązowe, ręcznie splecione przez ks. Dolindo paciorki i kolejny opasły tom pieczołowicie przechowywanych w foliowych koszulkach *imaginette.* Na pierwszej z nich u pani Fattore widnieje data 17 kwietnia, Wielkanoc 1949 roku, na ostatniej, którą Albino Fattore dostaje cztery lata przed śmiercią o. Dolindo, rok 1966.

- Tata dostawał obrazek, kiedy prosił o błogosławieństwo. Za każdym razem to było przeżycie, bo spisane przez ks. Dolindo słowa pochodziły od Jezusa lub od Matki Bożej - Anna wstaje od stołu. Od pół roku jest na emeryturze. Zadbana, ma ciemnorude włosy, czerwone oprawki okularów, nienaganny makijaż - o. Dolindo tu jest, proszę podejść.

Prowadzi mnie do kuchni. Obok lodówki, tuż nad blatem, w miejscu, gdzie codziennie przygotowuje się w tym domu posiłek, Anna powiesiła namalowany wizerunek swojego duchowego mistrza. W dłoniach ks. Ruotolo trzyma, jak zawsze w ciągu ziemskiego życia, różaniec.

- Codziennie podchodzę tu i proszę go o błogosławieństwo.

- A te kartki? - dopytuję o przypięte do zdjęcia stosy zapisanych papierów.

- To nasze problemy. O wszystko pytamy o. Dolindo, a on zanosi nasze sprawy do Boga. - Pani Anna odczepia mały obrazek ręcznie zapisany przez kapłana. - A to jest jak przepowiednia dla nas. „Patrzę na was, moje dzieci, matczynym, pełnym miłości spojrzeniem, nie obawiajcie się plag i nieszczęść, które nękają ten świat, ponieważ Ja was ochronię. Wasza Mama". Widzi pani - tłumaczy - mieszkamy pod samym Wezuwiuszem. Ale jesteśmy spokojni i pogodni, bo Madonna ocali nas przed wszystkimi katastrofami.

Spoglądamy odruchowo na ciemną ścianę giganta. Wezuwiusz z okien pani Anny Fattore wygląda groźnie. A co najgorsze, jest jak na wyciągnięcie ręki.

– Ostatnia erupcja nastąpiła w 1944. Tata opowiadał, że popiół był wszędzie, ulice czarne. Nikt wtedy się nie spodziewał, wszyscy raczej koncentrowali się na nieustających bombardowaniach. Wezuwiusz ponoć dawał znaki na długo przed erupcją. Były drobne wstrząsy. Ale każda bomba też je powodowała – opowiada pani Anna.

W nocy z 14 na 15 marca 1944 roku Neapol przeżywa najintensywniejsze bombardowania od początku wojny. Niemieckie Junkersy 88 atakują bez wytchnienia. Giną setki osób. Jakby tego było mało, Wezuwiusz decyduje się na wybudzenie. Kłęby dymu unoszące się nad miastem całkowicie przysłaniają słońce. Deszcz popiołu uniemożliwia mieszkańcom Neapolu i okolic oddychanie. Na rozsiane u stóp wulkanu wioski spływają jęzory gorącej lawy.

To pierwsza od 1631 roku tak poważna erupcja kolosa. O ile w XVII wieku miasto ocalił św. January, teraz mimo apeli biskupów, by organizować procesje przez miasto z figurą i relikwiami świętego, dramat jest nieuchronny. Włosi jednak są dość spokojni.

Brytyjski „Manchester Guardian" zamieszcza wówczas relację swojego dziennikarza: „Ci Włosi, oni demonstrują całkowitą obojętność wobec dramatu, jaki toczy się na ich oczach. Spodziewałem się scen paniki. [...] Tymczasem nic podobnego nie ma tu miejsca".

Tymczasem neapolitańczycy są chyba na tyle zmęczeni i doświadczeni przez los w tamtym czasie, że wulkan wydaje się tu mniejszym złem niż trwające od trzech i pół roku bombardowania miasta. Ksiądz Dolindo notuje:

> Żyjemy w rozpaczy. Głód napastuje nas w dosłownym znaczeniu tego słowa; coraz więcej grzechów, kradzieże są traumatyczne i na porządku dziennym. Teraz do tego wszystkiego doszła erupcja Wezuwiusza; [...] ludzkie dusze są w stanie drżenia [...]. Piszę właśnie komentarze do Apokalipsy, jestem przy XV rozdziale. Ależ to potwornie ciężka Księga! Jezus ujawnił mi głębokie tajemnice, jakie zawiera. Każdy rozdział to walka, karuzela zaufania Bogu, bo to głębokie pokłady ciemności.[193]

Na zdjęciach z kronik udało się uchwycić dramatyczny moment, kiedy nad Neapol nadlatują kolejne bombowce i zderzają się z kłębami buchającego z wulkanu dymu i pyłu. Jest dokładnie 18 marca 1944 roku, niecałe sześć miesięcy po dramatycznych wydarzeniach *Quattro giornate di Napoli*, neapolitańskiego powstania. Wcześniejszy wybryk wulkanu ma miejsce między 4 a 21 kwietnia 1906 roku - ginie wtedy ponad sto siedemdziesiąt osób, siedemdziesiąt jeden jest rannych, a sto pięćdziesiąt tysięcy musi natychmiast opuścić swoje domy. Wezuwiusz w tamtym czasie wyrzuca popiół na wysokość ośmiuset metrów. W 1944 roku już na dwa kilometry w górę. Ksiądz Dolindo odnotowuje te wydarzenia w listach do córek duchowych. Z niemal reporterskim zacięciem relacjonuje szczegóły:

> 18 marca około 16.30 Wezuwiusz zadrżał, zatrząsł się i z jego wielkiego krateru, wewnątrz którego od 1906 roku po dzień dzisiejszy formował się stożek erupcyjny, zaczął wyrzucać z siebie w trzech kierunkach obfitą rozżarzoną lawę, popiół

---

193 Niepublikowany list do jednej z córek duchowych z 22 marca 1944 roku, Archiwum Apostolato Stampa w Neapolu.

i lapilit [kawałki lawy - J. B.-B.], które osiągały przerażające proporcje. To było niczym grad ognistych kul, które wielkością przypominały dawne kule armatnie i grad kamieni. Fala lawy szeroka na dwieście pięćdziesiąt metrów i gruba na dwadzieścia pięć centymetrów posuwała się ze średnią prędkością trzech metrów na minutę i szybko dotarła do Massa di Somma oraz San Sebastiano[194]. Ludzie byli zmuszeni uciekać, domy wyglądały jak zgniecione [...]. Widok był porażający, udałem się tam 23 marca, by wołać do Boga, pocieszyć ludność.[195]

Z zapisków Dolindo - już z samych dni erupcji Wezuwiusza mógłby powstać wiernie odtwarzający wydarzenia z tamtego czasu sensacyjny scenariusz filmowy - dowiadujemy się o wielu cudownych wydarzeniach. Płynąca gęsta lawa Wezuwiusza na przykład omija kościoły. „Lawa, która posuwała się w kierunku kościoła w San Sebastiano, w niedalekiej odległości od świątyni, nagle podzieliła się na dwie odnogi. Jeden strumień skręcił na prawo, drugi na lewo, pozostawiając nietkniętą świątynię"[196]. W miejscowości Somma pewna kobieta, Maria Lambrosa, staje twarzą do zbliżającej się czarnej masy z wyciągniętym w dłoniach obrazem Jezusa Chrystusa Króla. W dzielnicy, gdzie mieszka ani odłamek popiołu, kamienia, ani kropla lawy nie dotknie ani ludzi, ani budynków. Głód jednak jest nie do zniesienia, wiele osób umiera z tego powodu. Jak notuje kapłan, paradoksalnie półki sklepów uginają się od mięsa, makaronów.

---

194 Miejscowości u podnóża Wezuwiusza oddalone o niecałe dziesięć kilometrów od Neapolu.
195 Niepublikowany list do jednej z córek duchowych z 28 marca 1944 roku, Archiwum Apostolato Stampa w Neapolu.
196 Niepublikowany list do jednej z córek duchowych z 28 marca 1944 roku, Archiwum Apostolato Stampa w Neapolu.

Nikogo jednak nie stać na produkty z czarnego rynku, sprzedawane po horrendalnych cenach.

Dramat kończy się 29 marca. Bilans ofiar śmiertelnych - czterdzieści siedem osób, dwanaście tysięcy pospiesznie ewakuowanych mieszkańców, poważne konsekwencje dla podneapolitańskich San Sebastiano, Massa, Nocera, Pagani i Terzigno.

- To był ciężki czas dla ks. Dolindo. Nie tylko przeżywał samą wojnę czy erupcje Wezuwiusza, ale najbardziej chyba chorobę i odchodzenie ks. Salvatore La Rovere, najdroższego mu syna duchowego - wspomina Anna Fattore. - Mój tata był w centrum tych wydarzeń. Opowiadał o procesji przez Neapol w intencji uzdrowienia kapłana. O tysiącach świec w czasie czuwania przed jego odejściem.

Ksiądz Salvatore choruje na raka. Jest wycieńczony, cierpi. „Każdego wieczoru odmawiam z nim modlitwę i wzrusza mnie jego spokój wśród tego fizycznego bólu" - pisze w niepublikowanym liście do Eleny Montelli ks. Dolindo. Chorego odwiedza także sam metropolita Neapolu, kardynał Ascalesi. Najpierw w klinice, potem w domu przy via Sant'Agostino. Ksiądz Dolindo pisze:

> Eminencja złożył też przy okazji ojcowską wizytę w naszym Casa della Scrittura [tak wtedy nazywa się dzisiejsza Apostolatura Wydawnicza - J. B.-B.] i widząc stosy książek [autorstwa ks. Dolindo - J. B.-B.], powiedział: „Widzę, że wszystkie diabły z piekła weszły na ziemię, by walczyć z tym dziełem i by zniszczyć dusze".[197]

---

197 Niepublikowany list do Eleny Montelli z 22 marca 1944 roku, Archiwum Apostolato Stampa w Neapolu.

Był we Florencji i Neapolu jednocześnie

„Trwajcie w mojej miłości, a ja napełnię was łaską i rozpalę w was miłość do Jezusa, byście dorastali na drogach Boga i tym samym ocaleli, dostąpili zbawienia. Zachowujcie harmonię w bojaźni i ufności Bogu, trwajcie w pokoju" – Anna odrywa się od lektury zanotowanego przez kapłana krótkiego przesłania dla jej rodziny – Ksiądz Dolindo był praktyczny. Zwracał nam uwagę na z pozoru błahe sprawy. Zawsze powtarzał nam, by dbać i zachować pokój w domu, nie krzyczeć. Bo krzyk, mówił, to jest harfa diabła. Radził nam: jeśli ktoś obok krzyczy, albo na ciebie, albo do kogoś, nie odpowiadaj, a módl się w ciszy. Błogosław mu. Tam, gdzie w rodzinie jest modlitwa, tam unosi się spokojna i dobra atmosfera niczym fale magnetyczne. On to wyczuwał, jak wchodził do domu, czy się w nim modliło, czy nie.

„Wasza rodzina ma być świątynią Boga, a wasze ciała mają być jak kielichy, które przyjmują Krew i Ciało Jezusa. Błogosławię was, błogosławi was Jezus, niech Boży Aniołowie strzegą waszego domu. Amen". I podpis: Dain Cohenel, co znaczy po włosku *povero nulla*, czyli ubogi, nic nieznaczący kapłan-biedaczyna. Inaczej: marne narzędzie w rękach Boga.

Anna odkłada obrazek na miejsce. – Mój brat Paolo w 2011 roku miał bardzo ostre zapalenie wyrostka robaczkowego. Po operacji wdało się zakażenie żył i jąder. Modliłam się dzień i noc do Matki Bożej i prosiłam o wstawiennictwo ks. Dolindo. Przepisałam wtedy i odmawiałam tę modlitwę. Paolo wyszedł cały i zdrów.

– Ojciec Dolindo był moim przewodnikiem duchowym do jego śmierci. Miałam wtedy dwadzieścia lat. Mój tata strasznie go kochał, nieraz służył do jego Mszy. Co tydzień przed wyjściem mówił: idziemy naładować akumulatory do ks. Dolindo. Kiedy już o. Dolindo był sparaliżowany, razem z mamą i bratem w każdą niedzielę wspinaliśmy się na czwarte piętro na Salvator Rosa, by uczestniczyć we Mszy odprawianej przez niego. Za każdym razem zapraszał wszystkich - bywało że dwadzieścia, a nawet więcej osób - do kuchni na kawę, którą wcześniej błogosławił. A potem do swojego pokoiku, by każdego osobno pobłogosławić. A robił to za każdym razem swoją śliną[198]. Za każdym razem ze Mszy wychodziło się w stanie nieopisanej radości, pokoju, takiego głębokiego. W życiu moich rodziców nie zawsze było anielsko, pełno problemów. Ale ks. Dolindo nauczył ich, że chrześcijanin ma być człowiekiem ufności, optymistą, radosnym, a nie zamartwiać się. W mojej rodzinie był taki pokój dzięki temu, że wszyscy chcieliśmy zostać w domu. Wyszłam za mąż w wieku trzydziestu ośmiu lat - śmieje się pani Anna. - Ojciec powtarzał: Różaniec i pokój! Rodzice się tego trzymali. Codziennie wieczorem razem odmawialiśmy pięć tajemnic.

Pani Anna uśmiecha się. Dopijamy kawę.

- Ksiądz Dolindo miał też dar bilokacji. Był z nami, ale inni ludzie widzieli go w tym samym momencie gdzieś indziej - dodaje.

Świadkowie opowiadają o wydarzeniu z 1966 roku. We Florencji, dokładnie 4 listopada o świcie, po kilku tygodniach gęstych opadów, wylewa rzeka Arno. Perła renesansu tonie, do Santa Maria del Fiore można dotrzeć tylko łodzią. Wieść rozchodzi się po całych Włoszech. Ksiądz Dolindo Ruotolo widziany jest wtedy w domach swoich duchowych dzieci we Florencji. Błogosławi miasto, a tam, gdzie zostawia *imaginette* z wizerunkiem Matki Bożej lub Jezusa, spod drzwi odchodzi woda. 4 listopada 1966 roku fizycznie jest też na pewno razem z Enziną Cervo w domu przy Salvator Rosa w Neapolu...

---

198 Jezus posługiwał się śliną, uzdrawiając ludzi, zob. Mk 8, 22-26.

Ksiądz Dolindo przez całe życie darzył Matkę Bożą ogromną czcią.

Inna relacja pochodzi z 1967 roku. Ksiądz Ruotolo jest także wówczas w dwóch miejscach jednocześnie - w Izraelu i Neapolu. Powie wtedy: „Nigdy nie będzie pokoju między muzułmanami a Żydami na tej ziemi".

Ale są też inne sytuacje:

- Mój brat Paolo uległ wypadkowi na rowerze - opowiada dalej Anna. - Uwielbiał prędkość, także motory, zbyt pewnie jeździł na vespie. Mama była zrozpaczona, bo po wypadku brat zapadł w śpiączkę. Natychmiast pobiegła po o. Dolindo. Paolo wyszedł z wypadku bez szwanku, ale ks. Doli zakazał mu jeżdżenia na rowerze. Powiedział: „Koniec z tym, bo nie będę ciągle wyciągał cię z opresji i śmierci". Ale Paolo nie posłuchał. Nie dał sobie tego wytłumaczyć. Mama więc wzięła jego rower i zrzuciła go z najwyższego piętra naszego domu. Paolo z krzykiem pobiegł, by go naprawić. I wtedy poczuł jak ktoś go odpycha. Raz, drugi i trzeci. Ale nikogo obok nie widział. Tak się wystraszył, że wreszcie zostawił rower. Ksiądz Dolindo potem zapytał mamę, czy Paolo nie jeździ już na rowerze i czy więcej nie próbuje go reperować. Zrozumieliśmy, że wtedy przy Paolo to był on, choć niewidzialny. Ksiądz Dolindo miał wiele darów podobnych do tych, które miał św. Pio z Pietrelciny. Mówiono, że nosi niewidzialne stygmaty. On sam nigdy o tym nie wspominał, chyba tylko raz w autobiografii. Wokół niego cały czas działo się tak wiele niewytłumaczalnych rzeczy!

Pani Anna uśmiecha się, kiedy podpytuję o neapolitańską fantazję i skłonność do ukochania spraw nadprzyrodzonych.

- Niezwykłe historie z udziałem ks. Dolindo przytrafiały się także naukowcom. Jak choćby cud uzdrowienia Attillio Sacripantiego. Fizyk nuklearny, międzynarodowy sędzia dżudo, pewnego dnia uległ wypadkowi. Był na granicy życia. Matka Attilio pobiegła do ks. Dolindo: „Musi ksiądz pomóc! Szybko!".

W szpitalu ks. Ruotolo odmówił modlitwę, po czym spojrzał na twarz Attilio: „Aniołeczku, jutro wychodzisz ze szpitala!". I tak się stało - pani profesor języka włoskiego bacznie mi się przygląda. - Ludzie byli świadkami wydarzeń nadprzyrodzonych. Mama zawsze czuła zapach lilii przy o. Dolindo, ja zresztą też. Powtarzał mojej mamie, żeby się tyle nie zamartwiała, bo ona ciągle się o coś martwiła. Ojciec wszystkich nas nazywał „aniołeczkami". Był bardzo delikatny, taki dobry. Ale bywało, że do niektórych zwracał się „aniołeczku z rogami" - śmieje się Anna. - Miał dar Ducha Świętego, dobrego rozeznawania, od pierwszego spotkania widział, jaki jest człowiek. Widział to, czego my nie byliśmy w stanie dostrzec. Kiedy mama była w zaawansowanej już ciąży z moim bratem w 1956 roku, a nie było wtedy echokardiografii, ks. Dolindo powiedział: przygotuj się bo urodzisz syna. Ksiądz Dolindo ochrzcił go potem.

Pewnej niedzieli Anna, jak co tydzień, jest z mamą na Salvator Rosa. Ksiądz Dolindo przygotowuje się do odprawiania Mszy w pokoju obok, pozostali czekają w przestronnym salonie. Są najbliżsi współpracownicy kapłana oraz jego siostry Emma i Cristina. Obie dość zaawansowane wiekiem, Cristina na wpół sparaliżowana, jak brat.

- Usiadły obok mnie dwie kobiety. Zapamiętałam ich rozmowę. Jedna do drugiej, spoglądając na mocno wiekiem posunięte siostry ks. Dolindo, powiedziała: „Jak to jest, tyle młodych umiera, a te dwie takie stare, a wciąż żyją". Potem weszliśmy do domowej kapliczki ojca i zaczęła się Msza Święta. Ojciec jak zawsze omówił fragment Ewangelii. Kiedy skończył, spojrzał na nas i dodał : „Spójrzcie na moje dwie siostry. Ich modlitwy trzymają ten świat. Dobrze, że Pan Bóg je jeszcze z nami zostawił". Miny tych kobiet z salonu były co najmniej ciekawe. Przeraziły się, bo przecież ojciec nie mógł słyszeć przedtem ich rozmowy.

Spowiadaj się co tydzień! Anna Smaldone

Na każdym rogu Neapolu stoi jakaś figurka Matki Bożej. Jak tłumaczą neapolitańczycy, niekoniecznie jest to efekt wiary całego miasta, a pragmatyzm. Stawiano je, by rozświetlić palącymi się przy nich świecami miasto pogrążone w ciemnościach. Po drugiej wojnie światowej powstały setki ołtarzyków dziękczynnych, wota za ocalenie miasta. W kilku miejscach zderzam się też z gigantycznych rozmiarów figurami św. o. Pio. Kapucyn jakby błogosławił miastu. Ale to, co w tej portowej metropolii uderza najbardziej wszystkich odwiedzających ją gości, to ilość kościołów. Gotyckich, romańskich, barokowych (są tu aż dwadzieścia dwie bazyliki, pięć sanktuariów i katedra). Pierwsze chrześcijańskie świątynie wzniesiono tu krótko po podpisaniu przez cesarza Konstantyna edyktu mediolańskiego w 313 roku. Według historyków Neapol ma ich dzisiaj aż pół tysiąca, stąd też nazywany jest miastem pięciuset kopuł (*la città delle cinquecento cupole).* Jeśli jednak dodać cmentarne kapliczki, to liczba ta może okazać się znacznie większa. Zdecydowana większość świątyń zaskakująco komponuje się i splata z miastem. Wiele z nich jest jakby wtulonych między mury kamienic, tworząc z nimi jeden, nieprzerwany ciąg budynków. I co najlepsze, kościoły te, czy nawet kapliczki - neapolitańczycy w każdą sobotę odwiedzają swoich krewnych na cmentarzach i uczestniczą tu we Mszach - w zdecydowanej większości nie są puste (trzysta z nich to tętniące życiem parafie). Nad miastem każdego dnia, od wczesnych godzin porannych, rozbrzmiewa symfonia dzwonów przynaglających a to do nabożeństw, a to do Eucharystii. Kiedy przemierzam neapolitańskie ulice, co chwila zatrzymuję się przed otwartymi na oścież drzwiami jakiegoś kościoła, gdzie wystawiony jest właśnie Najświętszy Sakrament.

Miasto to wydało aż dwudziestu świętych - najsłynniejszy oczywiście to św. January i św. Alfons Maria de Liguori, ale tu żyli też św. Józef Moscati i Maria Franciszka od Pięciu Ran Chrystusa. Neapol dał też Kościołowi pięciu papieży. Według danych statystycznych archidiecezji Neapolu z 2013 roku, ponad 98 procent mieszkańców jest ochrzczona, a w samym mieście posługuje ponad tysiąc księży, półtora tysiąca zakonników i prawie dwa tysiące zakonnic. Liczba powołań od drugiej wojny światowej stale tu rośnie. Fenomen.

Ulica Santa Teresa degli Scalzi ma swój początek na rogu, gdzie zbiega się via Salvator Rosa, przy której mieszkał ks. Dolindo, z końcem długiej, handlowej via Toledo. Nie bez przyczyny w nazwie ulicy są schody (*scalzi*), bo pnie się coraz ostrzej ku górze. Dom zakonny sióstr franciszkanek Niepokalanej, gdzie obecnie mieści się Apostolato Stampa (Apostolatura Wydawnicza od kilku lat nosi nazwę dodatkową Casa Mariana Editrice) schowany jest w wąskiej odnodze od głównej drogi, niemal w ślepym zaułku. Nocą lepiej nie pokazywać się tu samemu.

Kiedy wspinam się od końca Salvator Rosa do Apostolatury, co chwila przystaję. Wcale nie łatwo jest utrzymać równy krok bez zadyszki. Jak na wpół sparaliżowany, o lasce, chodził tędy ks. Ruotolo? Do kościoła, którym opiekują się dziś franciszkanki, a niegdyś należał on do karmelitan, ks. Dolindo przychodzi przede wszystkim wtedy, kiedy jest zawieszony w czynnościach kapłańskich. Gra na organach w czasie Mszy. Także tutaj wiele razy ukazuje się mu Matka Boża. Jak przekonują mnie świadkowie (co zresztą odnajduję w notatkach samego kapłana), także tu sama Matka Boża śpiewa do jego akompaniamentu w czasie Mszy. Tu także w 1923 roku, po modlitwie ks. Dolindo, ma miejsce opisany wcześniej już cud uzdrowienia bł. Józefiny od Jezusa Ukrzyżowanego. I to tutaj 18 lipca 1937 roku odprawia swoją pierwszą Eucharystię po cofnięciu przez Święte Oficjum zawieszenia. Dziś przestronna, barokowa świątynia jest zniszczona przez czas. Brak funduszy na jej renowację (to bolączka wielu kościołów neapolitańskich) i fakt, że kościół zamknięto dla ludzi, są widoczne na niszczejących pięknych mozaikach, kilkusetletnich figurach i malowidłach. Modlą się tu tylko siostry ze Zgromadzenia Franciszkanek Niepokalanej. W kościele panuje przenikliwy ziąb.

Na furcie u sióstr czeka na mnie jedna z zakonnic. Jej błękitny, dość szeroki habit, musi zmieścić w zimowych miesiącach kilka bluzek, polar, a nawet szalik. Franciszkanki żyją w ubóstwie, wyłącznie z tego, co dostaną od ludzi. Nie ma więc funduszy na pokrycie kosztów ogrzewania ani na wystawne posiłki. Czasem jest tylko talerz makaronu. Ale to daje im radość. Na dziełach ks. Dolindo, zgodnie z jego wolą, zakonnice nie zarabiają. Jeśli je sprzedają, to tylko za cenę pokrycia kosztów druku.

W klasztorze też jest zimno. Nie zdejmuję nawet płaszcza. Twarz i uśmiech witającej mnie zakonnicy są jak odbicie nieba. Siostra mało mówi o sobie.

Franciszkanka niedawno skończyła spisywać rękopisy komentarzy do Ewangelii ks. Dolindo. A wcześniej jego książkę o Niepokalanej (siostry tłumaczą mi, że nie są właścicielkami spuścizny po ks. Ruotolo, a jedynie pomagają przy apostolacie w Casa Mariana Editrice). Zakonnica mówi o kapłanie z wielką miłością.

Na pierwsze spotkanie przyprowadza gościa. Okrągłe okulary i krótko obcięte włosy, głowa lekko przechylona na prawo. I cały czas się uśmiecha. Anna Smaldone przypomina ks. Ruotolo z ostatnich lat jego życia. Większość z żyjących jeszcze jego córek i synów duchowych nosi w sobie, nie tylko duchowy, ale i fizyczny rys ks. Dolindo.

– Byłam nauczycielką w szkole Principe di Piemonte. W 1967 roku pokłóciliśmy się potwornie z moim wieloletnim narzeczonym. Była już wyznaczona data ślubu. Nie bardzo wiedziałam, co zrobić. Ktoś powiedział mi: idź do ks. Dolindo, on ci powie. Wysiadłam z autobusu na Salvator Rosa niedaleko numeru 58. Na dole kamienicy była pralnia. Zaczepiłam tam jedną z pracownic, od razu wskazała, jak dojść do mieszkania ks. Ruotolo. Wbiegłam czym prędzej na ostatnie piętro. Od progu uderzyła mnie wielka prostota i ład, jakie panowały w tamtym domu. Ksiądz Dolindo siedział pochylony nad biurkiem, zgarbiony. Pisał. Pamiętam dokładnie, jak spojrzał na mnie spod okrągłych okularów. Miał intensywnie czarne oczy. Krótko rozmawialiśmy, wydał mi się zupełnie zwykłym księdzem. Kiedy wyszłam, pobiegłam do spowiedzi – i jakie było moje zdziwienie, kiedy spowiednik, o. Gennaro, powiedział mi: „Dziecko, wracaj do ks. Dolindo, to święty!". I wróciłam. I zostałam przy nim do 1970 roku, do jego śmierci.

– A narzeczony? – dopytuję.

– Rozstaliśmy się. On szybko znalazł inną, miał z nią trójkę dzieci, a potem odszedł do następnej. „Widzisz, córko moja, twój były narzeczony okazał się łajdakiem, jak wielu innych", powiedział mi ks. Dolindo.

Pani Anna pamięta jeszcze jego siostrę i brata.

– Emma siedziała zwykle przy okrągłym stole z różańcem w ręku, a ks. Ausilio, kanonik *il Duomo*, czyli katedry św. Januarego, pracował w pokoju obok. Był bardzo podobny do ks. Dolindo, te same okulary, tylko bujniejsza fryzura.

Anna bywała w domu ks. Dolindo niemal codziennie. Do mieszkania co chwila ktoś pukał, przez tych kilka pokoi przepływała rzeka ludzi.

– *Padre* pisał wtedy książkę o Madonnie. O Jej relacji z Bogiem i ludźmi, Jej rysie ziemskim i Boskim wymiarze, o Jej życiu. Planował, że powstanie sześć tomów, udało się stworzyć tylko trzy, choć to i tak wyczyn, zważywszy, że przecież diabeł robił wszystko, by przeszkodzić ojcu w pisaniu. „Poślę ci tylu ludzi, że nie będziesz mógł pisać" – to już pewnie pani słyszała, o tym wiedzieliśmy wszyscy i widzieliśmy, co się dzieje. *Padre* więc każdą chwilę wykorzystywał na pisanie.

W czasie naszej rozmowy szybko okazuje się, że Anna Smaldone to z kolei krewna innego świętego z Neapolu, Filippo Smaldone[199], który założył Zgromadzenie Sióstr Salezjańskich Najświętszych Serc, opiekujące się dziećmi niewidomymi. Jego brat jest dziadkiem Anny.

– Wuj był jak ks. Dolindo oddany ubogim i chorym. Zaraził się nawet w czasie epidemii dżumy w Neapolu, ale Madonna z Pompejów uzdrowiła go – mówi z dumą Anna. – Jan Paweł II ogłosił wuja błogosławionym w 1996 roku, a Benedykt XVI

---

199 Urodził się 27 lipca 1848 roku w Neapolu, zmarł 4 czerwca 1923 roku w Lecce, gdzie w 1885 roku założył instytut dla osób niesłyszących, a potem Zgromadzenie Sióstr Salezjańskich Najświętszych Serc.

świętym! Ale mówimy o ks. Dolindo. Więc chodziłam tam codziennie na Mszę. *Padre* zapraszał nas na kawę, którą wcześniej błogosławił. Śmiejąc się, mówił: „Pijcie, pijcie, ta kawa jest lepsza od wszystkich lekarstw! Bo wie pani, że w żyłach neapolitańczyków płynie kawa" - pani Anna wybucha gromkim śmiechem. - To już była końcówka życia ks. Dolindo. Po Mszy siadał na krześle i głosił nauki. Na krótko przed śmiercią powiedział: „Moje drogie dzieci, umawiam się z wami w raju!". To było dla mnie jedno z najbardziej przejmujących kazań. „Ale żebyśmy się tam spotkali, potrzeba kilku rzeczy: modlitwy, wytrwałości, pokuty, cierpliwości". I dodał: „Byłem w czyśćcu" - wtedy zaległa głęboka cisza. Ojciec ks. Dolindo, Raffaele, ukazał mu się i błagał o pomoc. Od jego śmierci minęło wiele lat, a wciąż tkwił w tym samym miejscu głęboko w czyśćcu. „W czyśćcu są trzy poziomy - mówił nam ks. Dolindo - pierwszy, najniższy jest tak blisko piekła, że dusze aż palą się tam z bólu, potem środkowy i najwyższy to ten, przez który przejdziemy wszyscy, by móc oglądać Boga".

- Joanna - wtrąca przysłuchująca się naszej rozmowie zakonnica - wokół ks. Dolindo działo się wiele nadprzyrodzonych rzeczy, on miał wiele pozaziemskich łask. W książkach jednak nie podkreślamy tego, bo świętość tego kapłana to pokora i to jak szedł za Chrystusem całe życie.

- Tak, tak, ale my świadkowie opowiadamy to, co widzieliśmy i słyszeliśmy, to też jest prawda o ks. Dolindo! - emocjonuje się Anna Smaldone. - Raz opowiadał nam, że zobaczył narodziny Jezusa.

- Co widział?

- „Matka Boża, mówił nam, była w pełnej ekstazie z miłości. Ponieważ uważała, że jest niegodna dotknąć nawet ciała Jezusa, Syna Boga, ujęła go przez welon. Nie czuła bóli porodowych"

– pani Anna opowiada z przejęciem. Spogląda na mnie i w zaufaniu zwierza się: – *Padre* ocalił mnie.

– W jakim sensie?

– Myślałam o sobie najgorsze, że jestem brzydka, byłam zakompleksiona, głupia i niedobra. Że moje grzechy mnie przytłaczają i niewiele ze mnie pożytku. A on powiedział mi: „Anna jest bardzo dobrym człowiekiem!". I robił to zawsze po spowiedzi. Człowiek się czuł kochany. Nie potępiony, uderzając się w pierś, czuło się miłość Boga. Ksiądz Dolindo był apostołem Miłosierdzia. To nie znaczy, że nie wymagał. Wymagał, ale czy ktoś będzie gotów zmienić swoje życie, czy nie, zależy od różnych czynników. Od łaski. Ale i od nastawienia. Ksiądz Dolindo znakomicie zdawał sobie sprawę, że dobre psychologiczne podejście od pierwszych chwil może o wszystkim zdecydować.

Anna przytacza mi relację Enziny Cervo z jednego z egzorcyzmów, jakich była świadkiem. Przypadki opętania wcale nie należą do rzadkich i kiedy zwykły egzorcyzm nie wystarcza, biskup Neapolu często nakazuje sprowadzić ks. Ruotolo.

– Mężczyzna wił się strasznie, nic nie pomagało. Ksiądz Dolindo mówi: „Trzymajcie go". I wyszedł do pokoju obok. Słyszeliśmy tylko silne uderzenia i krzyki, które wydobywały się grubym głosem z mężczyzny. Ksiądz Dolindo zdejmował w takich sytuacjach z pleców sutannę i bił się z całych sił po nagich plecach. Jako akt pokuty. Każdy bat, jaki sobie wymierzał, bolał demona: „przestań" – krzyczał opętany, choć był w innym pomieszczeniu. Ale ks. Dolindo nie przestawał, aż demon uciekł.

Anna przed śmiercią prosi Dolindo, by zostawił jej jakąś myśl na całe życie. Dedykację.

– Podałam mu więc moją ukochaną książkę jego autorstwa *Slanci d'Amore*. A on swoim równym, rytmicznym pismem napisał: „Anna, bądź zawsze w zażyłości z Jezusem

Sakramentalnym i Matką Najświętszą. W ten sposób nigdy nie zatracisz się na trudnej drodze życia. Wszystkiego, co najlepsze, dla twojej duszy i ciała. Błogosławię ci". Napisał mi też *imaginette*. Bo widzi pani - bierze głębszy wdech - miałam jako młoda dziewczyna sporo problemów z szóstym przykazaniem...

Anna cytuje z pamięci:

> Maryja do duszy: W myślach, które cię trapią i zaburzają spokój twoich zmysłów [...], powtarzaj: O mój Boże, wierzę w Ciebie, wychwalam i kocham Cię. Oddaję Ci każdy puls mojego życia, oczyść mnie, ocal mnie, oddal mnie od pokus i kłamstw świata.

I ks. Dolindo powtarzał mi: „Droga córko, spowiadaj się co tydzień!". Spowiedź, sakramenty - to jest najważniejsze.

- Jaka była najważniejsza misja ks. Dolindo? - pytam Annę.

- Dać światu poznać Miłość Boga, każdemu człowiekowi pokazać, że jest ukochanym dzieckiem Boga!

- Nie poznałam ks. Dolindo osobiście - wtrąca zakonnica - ale czytając jego pisma, komentarze, kazania, mogę powiedzieć, że najważniejszą rzeczą było według niego całkowite oddanie się w życiu woli Boga. Nawet jeśli oznacza to pójście na krzyż. I takie jest przesłanie aktu zawierzenia *Jezu, Ty się tym zajmij*. - Franciszkanka spogląda na mnie i szybko wstaje. - Zaraz wrócę, przyniosę coś. Po krótkiej chwili, zakonnica z uśmiechem w oczach kładzie przede mną stos kartek.

- Nigdy nikomu tego nie pokazywaliśmy - rozkłada przede mną pożółkłe i posklejane zapiski. Rozpoznaję od razu: czarny atrament, regularne i równiutkie, jak szlaczki zapisane zdania.

- To oryginał spisanego przez ks. Dolindo Ruotolo aktu zawierzenia *Jezu, Ty się tym zajmij*. Jedyny, jaki istnieje...

„Jezu, Ty się tym zajmij”

Tysiąc modlitw nie jest warta tyle, co ten jeden akt oddania się: [...] *„O Jezu, oddaję Ci się, Ty się tym zajmij!”.*

Jezus do ks. Dolindo
6 października 1940 roku

Na mocno już nadszarpniętych starością, miejscami pożółkłych kartkach widnieje data: 6 października 1940 roku. Dokładnie pięćdziesiąte ósme urodziny ks. Ruotolo. „Akt zawierzenia” - będę go jednak nazywać aktem oddania się Bogu - powstaje dokładnie miesiąc przed tym, jak Stolica Apostolska wpisze dzieła ks. Ruotolo na Indeks Ksiąg Zakazanych. Akt jest w oryginale częścią listu do jednej z córek duchowych ks. Ruotolo, Eleny Montelli. Szczegół ten jest niezwykle istotny dla właściwej interpretacji tej modlitwy. Elena ma wówczas czterdzieści trzy lata. Należy do najbliższego grona ks. Dolindo, a w całym Dziele wydaje się najważniejszą osobą, która ofiaruje się za „bolesną naprawę Kościoła”.

Takiego Jezusa widział ks. Dolindo. Obraz na prośbę kapłana namalowała Lucia La Porta. Jego wzorem miało być odbicie z całunu turyńskiego. Trzykrotnie ks. Dolindo odrzucał próby malarki jako nieoddające całego piękna Jezusa. W 1963 roku sam pobłogosławił płótno i pędzle Lucii i dopiero wtedy się udało. „To On!" – powiedział do artystki ks. Dolindo. Jezus osobiście podziękował malarce za portret w czasie lokucji wewnętrznej, dyktując ks. Dolindo między innymi te słowa: „Kiedy mnie malowałaś, a twój pędzel zanurzony w twojej miłości kreślił rysy Moich oczu, Ja patrzyłem na ciebie i twoją rodzinę". Oryginał obrazu o wymiarach 50 na 70 cm, zgodnie z życzeniem jego autorki, znajduje się na płycie nagrobnej ks. Dolindo w kościele Matki Bożej z Lourdes i św. Józefa w Neapolu, a kopie trafiły do wielu miejsc na całym świecie. Zgodnie z zapowiedzią samego Jezusa, wiele osób, patrząc w Jego błękitne oczy, nawraca się i doznaje pocieszenia.

Elena jest od dzieciństwa chorowita, nigdy nie bawi się z rówieśnikami. Rodzina ze względu na jej zły stan zdrowia w zasadzie spełnia wszystkie jej zachcianki. „Nie łatwo było ją do czegokolwiek przekonać”[200] - pisze ks. Dolindo. Jest dość oschła w kontaktach z ludźmi, zdystansowana, odrzuca czułość. Ale jest bogobojna. Ksiądz Ruotolo spotyka ją po raz pierwszy w domu zaprzyjaźnionej z ks. Dolindo rodziny La Rovere 27 maja 1917 roku w Zesłanie Ducha Świętego, w dniu, kiedy Montella przyjmuje sakrament bierzmowania. „Elena była niczym zdewastowana łąka; zaczęła żyć radością, świętą radością” - notuje ks. Ruotolo. Niestety jej rodzice, widząc nagłą zmianę Eleny, jej nawrócenie i koncentrację na Bogu po spotkaniu z ks. Dolindo, przyjmują ten fakt jako akt odrzucenia i obojętności wobec nich samych. Jej miłość do ubóstwa, rezygnację z fikuśnych strojów i przesadnej biżuterii, traktują jako wyraz jej niechlujstwa. A pragnienie życia Słowem Boga jako fantazję. Rodzina więc wzbudza w niej ciągły zamęt. Dziewczyna przeżywa psychiczne udręki. Ale przy o. Dolindo pogłębia się jej życie duchowe - do tego stopnia, że oddaje się w pełni „jako ofiara, by współuczestniczyć w Męce Chrystusa, za Kościół, jego grzechy, za grzesznych kapłanów oraz za inne dusze błądzące”. Elena staje się tym samym bliska misji o. Pio, który zresztą nie tylko ją zna, ale i stawia za przykład[201].

Co ciekawe, ks. Dolindo znany ze swojej delikatności traktuje Elenę chwilami ostro.

---

200 Silvana di Filippo, dz. cyt., s. 71.

201 Więcej na temat duchowej relacji ks. Ruotolo i Eleny Montelli można przeczytać w obszernej korespondencji, którą prowadzili.

> W formacji dusz, które powierzał mi Jezus [...], nie tolerowałem żadnego przejawu słabości w głoszeniu wiary katolickiej; dlatego też pewnego razu, kiedy Elena nie zareagowała w szkole na wypowiedź jej wykładowcy, filozofa, który szerzył swoje idee i ateizm, ostro ją upomniałem [...] za brak odwagi do publicznego wyznania wiary.[202]

Elena nadal choruje. Teraz już inaczej – bóle fizyczne ofiaruje Chrystusowi. Ulgę odczuwa tylko w Jego obecności w czasie adoracji lub po Komunii. Jej ostatnie dni i agonia w październiku 1967 roku są autentyczną męką ponad ludzkie siły. Przez ostatnie tygodnie nie przyjmuje nic poza Jezusem Sakramentalnym.

Z relacji córek duchowych ks. Ruotolo, jak choćby zapisków Niny Scotti, wynika, że dzięki Elenie i jej oddaniu się Bogu wielu ateistów i masonów przeszło na katolicyzm.

Akt oddania *Jezu, Ty się tym zajmij* powstaje w trakcie pisania przez ks. Dolindo listu do Eleny.

Ksiądz Ruotolo siedzi jak zawsze pochylony nad kartką papieru. Nanosi pierwszą stronę, ale czuje nagle przymus napisania słów Jezusa. Czy dzieje się to w czasie lokucji wewnętrznej? Świadkowie, z którymi rozmawiam w Neapolu twierdzą zgodnie, że ks. Dolindo Jezusa widzi, ale nie ma na to niezbitego dowodu. To, co za chwilę naniesie czarnym atramentem, na pewno nie jest jego zwykłą intuicją, podszeptem serca. Ksiądz Dolindo słyszy Jezusa. Akt jest więc napisany niejako pod Jego dyktando. Elena Montella jest pod wrażeniem tych słów. Szybko daje przeczytać akt pozostałym córkom duchowym. Zaczynają się nim modlić. Rezultaty są nieoczekiwane. Polecają więc odmawiać tę krótką modlitwę innym.

---

202 Silvana di Filippo, dz. cyt., s. 75.

Lucia La Porta, włoska malarka, podobnie jak wielu naukowców, polityków, lekarzy odwiedzała ks. Dolindo. To właśnie jej neapolitańczyk zlecił namalowanie słynnego portretu Jezusa.

– Ksiądz Dolindo powiedział mi kiedyś: „Przysięgam ci na moją miłość, jeśli pomodlisz się szczerze i w sercu powiesz w jakieś sytuacji: «Jezu, Ty się tym zajmij», On to zrobi!" – podkreśla Anna Smaldone.

Akt oddania decyzją córek duchowych po raz pierwszy zostaje wydrukowany dopiero po śmierci ks. Dolindo. Nie wiadomo dokładnie kiedy, bowiem zanim archiwum całkowicie przejęły franciszkanki Niepokalanej, dokumenty dotyczące ks. Dolindo nie były skrupulatnie archiwizowane. Być może dlatego też nie ma dziś pierwszych dwóch stron listu ks. Dolindo do Eleny Montelli. Być może dzięki nim lepiej poznalibyśmy okoliczności powstania aktu.

Akt w oryginale nosi tytuł: *Non voglio agitarmi mio Dio: confido in Te!*, czyli „Nie chcę się niepokoić, mój Boże: ufam Tobie!".

Przekaz jak z *Dzienniczka* św. Faustyny. Jest skondensowany, ale ten sam. Akt oddania można by też potraktować jako doskonałą interpretację i wnikliwą analizę części modlitwy *Ojcze Nasz*. Zresztą Jezus sam się do niej odwołuje. Jego język jest tu jakby „współczesny", konkretny. Czytając akt, trudno się oprzeć wrażeniu, że Jezus mówi w nim o twoim i moim życiu. Przesłanie jest takie: jeśli dręczy cię coś, przeżywasz dramat, „zamknij oczy i oddaj Mi wszystko", „pozwól mi działać"; „zapewniam cię, na Moją miłość – mówi Jezus – że kiedy zwrócisz się do Mnie słowami «Ty się tym zajmij», oddam się sprawie całkowicie, wyzwolę i poprowadzę". Warunek jest taki: nie kombinować, nie obmyślać własnych strategii. To strata energii i czasu. Zawsze komplikuje sprawy. To tak jak z dziećmi – używa obrazowego porównania Jezus – domagają się, by mama zajęła się ich potrzebami, a jednocześnie same we wszystko próbują ingerować, utrudniając tym samym mamie działanie. Jezus domaga się wyłączności: nie myśleć ani o bieżących sprawach, ani

Oryginał aktu zawierzenia *Jezu, Ty się tym zajmij*. Ksiądz Dolindo napisał tę modlitwę w swoje urodziny, 6 października 1940 roku.

też nie wybiegać w przyszłość. Jezusowi chodzi o - użyję kolokwializmu - tak zwany reset. Zdać się tylko na Niego, a wtedy „wkroczy z całą Swoją mocą i rozwiąże najtrudniejsze sytuacje, [...] jeśli trzeba" - uczyni cud. Jedna rzecz może w tym tekście bulwersować. Jezus oczekuje od nas wręcz dyspozycji (*disposizione*), zlecenia. „Ty się tym zajmij" - to ma być wyraźna i zdecydowana dyspozycja, a nie subtelna i bojaźliwa prośba. Przejmująca jest obietnica Jezusa: „daję ci słowo, na Moją miłość", że się „wszystkim zajmę".

Modlitwa kończy się słowami: „Tysiąc modlitw nie jest warte tyle, co ten jeden akt oddania się: zapamiętaj to dobrze. Nie ma bardziej skutecznej nowenny niż ta: «O Jezu, oddaję Ci się, Ty się tym zajmij!»".

Oto pełna treść aktu oddania[203]:

> Jezus do duszy: „Z jakiego powodu wzburzony ulegasz zamętowi? Oddaj Mi swoje sprawy, a wszystko się uspokoi. Zaprawdę powiadam wam, każdy akt prawdziwego, ślepego, pełnego

203 W języku polskim funkcjonuje już kilka jego wersji, również ta wydana przez Franciszkanki Niepokalanej. Jednak tłumacze, w dobrej wierze, miejscami stosują zbyt podniosły język, tymczasem Jezus we wszystkich lokucjach, jakie przeżywa i spisuje ks. Dolindo używa prostych i naprawdę współczesnych, dostosowanych do naszych czasów słów. Ale co najważniejsze w wielu przekładach tłumacze błędnie używają liczby mnogiej. Dla przykładu: „Dlaczego wpadacie w zamęt [...]. Pozostawcie Mnie troskę o Wasze sprawy" i tak dalej. Formalnie, jest to prawidłowe, ale nie jest ścisłe. Po pierwsze i najważniejsze, neapolitańczycy zawsze używają formy liczby mnogiej, kiedy zwracają się do kogoś z szacunkiem, i ks. Dolindo wkładając w usta Jezusa tekst, robi to po neapolitańsku. Po wtóre, jak wszystkie *imaginette* pisane przez ks. Dolindo, tak i akt zaczyna się od słów „Jezus do duszy", a nie „Jezus do dusz", więc reszta tekstu jest skierowana do pojedynczej osoby, nie do mas. I wreszcie po trzecie - to zwrot „do Ciebie", do mnie jest siłą tej modlitwy, aktu. Bo przez spisany piórem ks. Dolindo tekst Jezus mówi do każdego z nas osobno. Do ciebie i do mnie. A nie do ogółu. Wersję podaną w tej książce przełożyłam sama.

oddania się Mi przyniesie owoc jakiego pragniecie i rozwiąże najbardziej napięte sytuacje.

Całkowicie zdać się na Mnie nie oznacza walczyć, denerwować się i rozpaczać, a jednocześnie prosić Mnie niecierpliwie, bym to Ja po twojej myśli, przemienił wzburzenie w modlitwę. Całkowicie zdać się na Mnie znaczy zamknąć ze spokojem oczy duszy, odsunąć niespokojne myśli i zamęt, oddać się Mi tak, bym tylko Ja działał, i powtarzać: „Ty się tym zajmij".

Zamartwianie się, denerwowanie, myślenie o konsekwencjach zdarzeń jest wbrew, zdecydowanie wbrew, oddaniu się Mi. To tak jak z dziećmi, które domagają się, by mamy zajęły się ich potrzebami, a jednocześnie same zaczynają się mieszać, utrudniając swoimi pomysłami im pracę.

Zamknij oczy i daj się ponieść prądowi mojej łaski. Zamknij oczy i nie myśl o bieżących sprawach, odwróć wzrok od przyszłości jak od pokusy; odpocznij we Mnie, ufając w Moją dobroć, a zapewniam cię na Moją miłość, że kiedy zwrócisz się do Mnie z tą dyspozycją: „Ty się tym zajmij", oddam się tej sprawie całkowicie, pocieszę cię, wyzwolę i poprowadzę. I kiedy będę musiał poprowadzić cię inną drogą niż tą, którą zaplanowałeś, będę ci przewodnikiem, wezmę na ramiona, przeprowadzę cię, jak matka uśpione niemowlę na rękach, na drugi brzeg. To twój racjonalizm, tok rozumowania, zamartwianie się i chęć, by za wszelką cenę zająć się tym, co cię trapi, wprowadza zamęt i jest powodem trudnego do zniesienia bólu. Ileż mogę zdziałać, zarówno w sprawach duchowych, jak i materialnych, kiedy dusza zwróci się do Mnie, spojrzy na Mnie mówiąc Mi: „Ty się tym zajmij", zamknie oczy i odpocznie.

Otrzymujesz niewiele łask, kiedy się zamartwiasz. Wiele zaś łask spada na ciebie jeśli tylko twoja modlitwa jest pełnym zawierzeniem i oddaniem się Mi. W bólu i cierpieniu prosisz, bym działał, ale tak, jak ty tego chcesz... Nie zwracasz się do Mnie, a jedynie chcesz, bym się dopasował do twoich potrzeb i zamysłów. Nie jesteś chory, skoro prosząc lekarza o pomoc, sugerujesz mu leczenie.

Nie postępuj tak, ale módl się tak, jak was nauczyłem w *Ojcze Nasz*:

„święć się imię Twoje", czyli bądź pochwalony, uwielbiony w mojej potrzebie; „przyjdź królestwo Twoje", czyli niech wszystko, co się dzieje, przyczynia się do stwarzania Twojego królestwa w nas i na świecie;

„bądź wola Twoja, jako w Niebie, tak i na ziemi", czyli to Ty wejdź i działaj w tej mojej potrzebie, tak jak według Ciebie będzie lepiej dla mojego życia wiecznego i doczesnego. Jeśli powiesz mi naprawdę: „bądź wola Twoja", czyli jakbyś mówił: „Ty się tym zajmij", wkroczę z całą moją mocą i rozwiążę najtrudniejsze sytuacje. Proszę, widzisz, że choroba postępuje, zamiast zanikać? Nie burz się, zamknij oczy i ufnie powiedz: „niech się dzieje Twoja wola, Ty się tym zajmij". Powiadam ci, że się tym zajmę, jak lekarz. Uczynię nawet cud, jeśli będzie to potrzebne. Masz wrażenie, że stan chorego się pogarsza? Nie denerwuj się; zamknij oczy i mów: „Ty się zajmij". Powtarzam ci, że się tym zajmę, że nie ma potężniejszego lekarstwa niż moje działanie z miłości. Zajmę się tym tylko kiedy zamkniesz oczy. Jesteś niezmordowany, chcesz wszystko sam oszacować, o wszystkim samemu pomyśleć; zdajesz się na siły ludzkie, czy też gorzej, na człowieka, wierząc w jego pomoc. I to utrudnia Moje działanie. O, jak bardzo pragnę twojego oddania bym mógł ci błogosławić, i w jakim smutku pogrążam się widząc jak się miotasz! Szatan właśnie do tego dąży: byś był niespokojny, by oderwać cię od Moich działań i rzucić na pastwę ludzkich przedsięwzięć.

Ufaj zatem tylko Mi, odpocznij we Mnie, całkowicie się na Mnie zdaj. Czynię cuda proporcjonalnie do twojego pełnego oddania się Mi, i oderwania się od twoich myśli. Rozrzucam skarby łask, kiedy jesteś ubogi, całkowicie. Kiedy posiadasz własne zasoby, nawet w niewielkiej mierze, lub jeśli to ich szukasz, jesteś w zwykłym wymiarze i idziesz za ziemskim, naturalnym biegiem wydarzeń, w który często interweniuje Szatan. Żaden racjonalista czy człowiek ciągle rozsądzający sprawy, nie uczynił cudów, nawet wśród świętych; kto zdaje się na Boga, postępuje w Jego stylu (po Bożemu).

Kiedy widzisz, że sprawy się komplikują, mów z zamkniętymi oczyma duszy: „Jezu, Ty się tym zajmij". Oderwij się od siebie, bo twój umysł jest napięty... trudno dostrzec ci zło i zaufać Mi odrywając się od siebie. Postępuj tak w każdej trudności; róbcie tak wszyscy, a zobaczycie wielkie efekty i ciche cuda. Przysięgam wam na Moją miłość.

I Ja się tym zajmę, zapewniam was.

Módl się za każdym razem z tą gotowością oddania się, uzyskasz tak wielki pokój i owoce także wówczas, kiedy udzielę ci łaski złożenia ofiary ze swojego życia jako zadośćuczynienie i w imię miłości, co poniesie za sobą cierpienie. Wydaje ci się to niemożliwe? Zamknij oczy i powiedz całą duszą: „Jezu, Ty się tym zajmij". Nie bój się, zajmę się i będziesz błogosławił Moje imię w uniżeniu. Tysiąc modlitw nie jest wart tyle co ten jeden akt oddania się: zapamiętaj to dobrze. Nie ma bardziej skutecznej nowenny niż ta: „O Jezu, oddaję Ci się, Ty się tym zajmij!".

Dzieła

Nic, co wyszło spod pióra ks. Dolindo, ani jedno słowo, nie może zostać zaprzepaszczone.

św. o. Pio w liście z 1968 roku
do ks. Dolindo Ruotolo

Ty jesteś Jezus-Dolindo, a Ja Dolindo-Jezus. To nie ty piszesz, ale Ja. Nie ty mówisz, a Ja. Ta Miłość do Mnie przysporzy Ci bólu.

Jezus do ks. Dolindo Ruotoli

Wierzę, że wszystkie diabły z piekła przyszły na ziemię, by walczyć z tym Dziełem i by zniszczyć dusze.

kardynał Alessio Ascalesi,
metropolita Neapolu,
8 marca 1944 roku

Opera di Dio

„Dzieło" to ogólna nazwa dla apostolatu pióra ks. Dolindo Ruotolo (nie tylko zresztą pióra, a w szerszym znaczeniu ewangelizacji, spotkań biblijnych, apostolstwa na ulicach, w szpitalach i wśród księży). Spuścizna mistyka z Neapolu jest tak ogromna, że musiałabym poświęcić jej osobną książkę.

Tak naprawdę ks. Dolindo zaczyna pisać już w seminarium. Powstaje tu jego sztuka (niestety nie zachowała się), pisze też partytury muzyczne (na wielu późniejszych znajdzie się podpis św. Piusa x). Jako kleryk i potem świeżo wyświęcony kapłan pisze też płomienne kazania. Największą furorę robi kazanie o Raju. Wszystkie kazania, a także niektóre głoszone przez niego rekolekcje, są przechowywane w archiwum Postulatury i nie ujrzały jeszcze światła dziennego.

Pierwsze tak zwane teksty natchnione powstają w latach 1909–1911 w Rossano. Ksiądz Dolindo spisuje wtedy słowa Jezusa w czasie lokucji wewnętrznych. Pierwsze dwa tysiące stron napisane w ciągu zaledwie kilku miesięcy, trafia do rąk papieża Piusa x. Bez wątpienia je czyta i muszą robić na nim spore wrażenie, skoro - o czym była mowa wcześniej - sam chce spotkać się z kapłanem. Ksiądz Ruotolo cały czas spisuje różne intuicje, które słyszy w czasie tych wewnętrznych spotkań z Jezusem. Wiele z nich znalazło się w autobiografii.

Pierwsza obszerna publikacja kapłana to książka o życiu Jezusa: *La vita di N. S. Gesù Cristo*, która wychodzi w 1918 roku w Neapolu. Ma ponad dziewięćset stron, a mimo to rozchodzi się jak ciepłe bułeczki. W Neapolu w tamtym czasie ks. Dolindo znany jest jako znakomity kaznodzieja, w mieście krążą historie o wielu nawróceniach osób dotkniętych jego słowem. Stąd i pierwszej jego książki reklamować nie trzeba. *La vita...*, czyli „Życie Naszego Pana Jezusa Chrystusa" ma *imprimatur* Kościoła. Książka jest opowieścią o życiu Jezusa na podstawie Ewangelii synoptycznych. Ksiądz Dolindo próbuje odtworzyć chronologicznie fakty i wydarzenia. Kolejne strony tego dzieła dosłownie się chłonie, opowiada ono o życiu Jezusa od wczesnego dzieciństwa (jest tu znakomita opowieść o tym, jak misję Jezusa „odkrywają" jego ziemscy rodzice, a szczególnie Józef). Autor nie boi się także podjęcia próby rekonstrukcji psychologicznego portretu Chrystusa, za każdym razem w kontekście Ewangelii i środowiska w którym wzrastał. Analizuje też charakter Jezusa. „Jako człowiek Jezus posiadał doskonałą ludzką naturę i w konsekwencji miał wyjątkowy charakter" - pisze ks. Dolindo. Jaki był to charakter? „Był silny, nie miał słabości, roztropny, ale nie bojaźliwy, ognisty, ale nie ekscytował się, czuły i delikatny, ale nie uległy, ale przede wszystkim Jezus był skromny, dyskretny i radosny"[204]. Ksiądz Dolindo pisze o „czułym sercu Jezusa", które „pragnie miłosierdzia

[204] Dolindo Ruotolo, *La Vita di N.S. Gesù Cristo*, Apostolato Stampa, Casa Mariana Editrice, Napoli 2006, s. 217.

Ksiądz Dolindo na odwrocie obrazków zapisywał słowa Jezusa lub Maryi (do duszy) i wręczał je ludziom w kościele. W pierwszej fazie procesu beatyfikacyjnego zebrano ponad 220 tysięcy tak zwanych *imaginette.*

bardziej niż ofiary, ponieważ przyszedł on odnaleźć i zbawić grzeszników".

Książka jest przesiąknięta cytatami z Pisma Świętego, jest tu sporo rozważań duchowych, fantastyczna analiza reakcji, jakie wywoływało nauczanie Jezusa.

> Prosty sposób, w jaki zwracał się do ewangelizowanych tłumów, o ile w niezwykły sposób robił na nim wrażenie, o tyle niepokoił tych, którzy uważali się za uczonych w Prawie. Tym ostatnim wydawało się, że Jezus nie ma żadnego programu, powiedziałbym, współgrającego i zgodnego z Prawem Bożym. Przyzwyczajeni do sterylnego formalizmu nie byli w stanie zrozumieć przez Jego słowa tej cudownej jedności koncepcji i celu, jaki we wszystkim Nim kierował. Zwykle więc nie szli za Nim wszędzie, słuchali fragmentarycznie i wydawało im się, że w tym, co głosił Jezus, nie ma nic z nauczania Prawa.[205]

La vita di N.S. Gesù Cristo otrzymała specjalne błogosławieństwo Benedykta xv, który był oczarowany jej treścią.

W tym czasie rozpoczyna się apostolat *imaginette*, czyli obrazków, na których ks. Dolindo zapisuje słowa „Jezusa do duszy" i „Maryi do duszy". Rozdaje je wiernym w kościele, wiele z obrazków jest adresowanych do konkretnych synów i córek duchowych. W sumie ks. Dolindo spisuje ponad dwieście dwadzieścia tysięcy takich *imaginette*. Jak opasły musiałby być tom, który by je zmieścił?

---

[205] Tamże, s. 667.

Fragment cytowanej w książce autobiografii, którą ks. Ruotolo pisał na polecenie rzymskiego spowiednika. Oryginał przechowują franciszkanki Niepokalanej w Neapolu.

Niemal równolegle ks. Ruotolo publikuje *La Dottrina Cattolica* („Doktryna katolicka")[206]. Książka ta, mimo akceptacji samego papieża, zostanie praktycznie zmiażdżona przez „L'Osservatore Romano" prawie dwadzieścia lat po pierwszej publikacji (cały nakład rozejdzie się bardzo szybko, podobnie jak druga edycja z 1924 roku). Ksiądz Dolindo stara się w niej w prosty sposób, za pomocą paraboli i obrazów, wyjaśnić zwykłym wiernym, a nawet dzieciom, nauczanie, czyli doktrynę Kościoła. To rodzaj katechizmu według ks. Ruotolo, i jak napisze dzisiaj kilku krytyków, prawdziwe *ante-prima*, zapowiedź *Veritatis splendor* Jana Pawła II. Ksiądz Dolindo w tej właśnie książce opisuje między innymi błędy, jakie popełniają tak zwani moderniści, potępieni zresztą przez papieża.

W czasie pobytu w Neapolu, między pierwszym a drugim procesem w Świętym Oficjum, ks. Dolindo zaczyna pisać *Commento della Sacra Scrittura. Psicologia - Commento - Meditazione*, czyli „Komentarze do Pisma Świętego. Psychologia - komentarz - medytacja". Będzie to robił przez kolejnych dwadzieścia lat. Apokalipsa, która zamknie 33 tomy rozważań, powstanie w 1944 roku w czasie erupcji Wezuwiusza. Każdy z tomów zajmuje od tysiąca do półtora tysiąca stron. To wyjątkowe dzieło ks. Dolindo podpisuje pseudonimem Dain Cohenel (hebr.), co w przekładzie na dialekt neapolitański oznacza „ubogi, nic nieznaczący kapłan". Jest w tym pewna symbolika, którą pochwala sam Rzym.

Na polecenie spowiednika w Rzymie w 1921 roku zaczyna pisać autobiografię. *Fui chiamato Dolindo, che significa dolore* („Nazwano mnie Dolindo, co znaczy cierpienie"). Książka

---

206 To jedyna książka ks. Dolindo, która do tej pory trafiła na półki księgarń, choć jedynie we Włoszech, i została wydana przez inne niż Apostolatura w Neapolu wydawnictwo.

Ksiądz Dolindo zapisywał słowa Jezusa do duszy na obrazkach, klęcząc przeważnie przed tabernakulum. To zdjęcie zrobiła mu Grazia Ruotolo, jedyna żyjąca krewna kapłana.

liczy prawie półtora tysiąca stron. Wszystkie te teksty są przechowywane w archiwum Apostolato Stampa w Neapolu. Córki duchowe kapłana już po jego śmierci skondensują notatki i wydadzą znacznie mniejszą autobiografię Dolindo – w dwóch tomach z *imprimatur* arcybiskupa Carlo Minchiattiego, metropolity Beneventu. To od nich pochodzi tytuł „Nazwano mnie Dolindo, co oznacza cierpienie". Sam autor swoją autobiografię tytułuje inaczej: „Historia mojego życia w świetle wielkiego Bożego miłosierdzia".

„Wyznaję, że czuję olbrzymi wstręt do siebie i z wielkim trudem piszę swoją historię, ale czuję, że muszę być posłuszny Bogu (przez posłuszeństwo spowiednikowi) raz jeszcze i ukazać Jego chwałę poprzez obnażenie mojej nicości" – notuje kapłan we wstępie do pierwszego tomu. Kończy pisać swoje wspomnienia w 1942 roku. O dalszych jego losach można dowiedzieć się jedynie z listów do córek duchownych lub z ich przekazów oraz z notatek, takich jak te Enziny Cervo.

„Kopalnią łask" nazywa książkę zatytułowaną *Veni, Sancte Spiritus* ks. Dolindo o. Antonio Maglione, który pisze wstęp do jej wydania dokładnie w roku Ducha Świętego. To kolejny pisarski klejnot neapolitańczyka. Książka jest adresowana głównie do kapłanów, choć jej treść jest tak prosto podana, że może przeczytać ją każdy. To medytacja nad Osobą Ducha Świętego i nad Jego darami, owocami i charyzmą. Ojciec Filippo Boriello, w tamtym czasie prowincjał zakonu kapucynów, pisze:

> Błagam o. Dolindo Ruotolo, by wydał tę książkę w trzydziestu milionach egzemplarzy, tak, by każdy trafił do jednego

Włocha, to byłoby wielkie odrodzenie chrześcijaństwa całego naszego kraju![207]

Książka o Duchu Świętym powstaje w latach 1937-1938 jako część innego obszernego dzieła *Nei raggi della grandezza e della vita sacerdotale* („W promieniach wielkości życia kapłańskiego"). Ksiądz Dolindo siada do pisania tej książki bardzo poraniony cierpieniem, w czasie ponad szesnastoletniego zakazu odprawiania Mszy Świętej. *Veni, Sancte Spiritus* to prawdziwy skarb dla kapłanów. Ksiądz Ruotolo przez szesnaście lat przyjmuje Komunię z ludźmi w kościele, wielu wytyka go przecież palcami, a nigdy nikogo nie osądzi ani nie pozwala krytykować Kościoła! Każdego dnia notuje swoje rozmyślania o pięknie sakramentu kapłaństwa. Chyba nikt bardziej niż on nie mógł lepiej tego zrobić. Niektóre dzieła o. Dolindo powstają dosłownie na kolanach. Szczególnie te, które pisze w Neapolu. Najczęściej przy tabernakulum, najpierw w kościele, a potem kiedy już siły opadają, przy małym ołtarzu, w domu. Całymi nocami ks. Dolindo ślęczy nad kartką papieru, z czarnym piórem w dłoni.

- Kiedy pisał, nigdy nic nie skreślał, nie nanosił poprawek, nie przepisywał. Co to oznacza? Kto dyktował mu to wszystko? Człowiek pisze kartkę pocztową i kilka razy się poprawia... - mówi dziś z przejęciem Grazia Ruotolo. To Grazia jest autorką słynnego zdjęcia, na którym ks. Dolindo pochylony, z głową kilka centymetrów nad kartką, nanosi swoje myśli na papier.

- Był tak pochłonięty pisaniem, że nawet nie zauważył, że go fotografuję - śmieje się dziś bratanica Sługi Bożego.

---

207 W przedmowie o. Antonio Maglione do *Veni, Sancte Spiritus*, Apostolato Stampa, Napoli 1998, s. XVI.

W wielu miejscach kapłan podkreśla, że najwięcej pisze po długiej adoracji Najświętszego Sakramentu. Wtedy ręka sama go niesie. Przed napisaniem każdego komentarza dużo się modlił. Potem długo medytował nad tekstem, nad Wulgatą, porównując z pozostałymi wydaniami - relacjonuje mi Anna Smaldone. - Gdy coś już napisał, zbierał nas potem przy stole. Siadałyśmy i słuchałyśmy. Mówił, że tak jak kompozytor muzyki, musi mieć pierwszych słuchaczy - śmieje się Anna. - „Co zrozumiałyście? Czy to jest jasne?" - pytał nas ojciec. Jeśli nie było, nanosił poprawki. Chciał, by wszystko było proste i zrozumiałe. Jezus w przypowieściach mówi prostym językiem. I ks. Dolindo uważał, że tak też trzeba wyjaśniać Słowo. Byłyśmy pierwszymi korektorkami - śmieje się Anna Smaldone.

Tymczasem jednym z zarzutów stawianych neapolitańskiemu kapłanowi przez Rzym, między innymi przez arcybiskupa Alfredo Ottavianiego, a także o. Alfredo Vaccariego z Papieskiego Instytutu Biblijnego była zbytnia prostota w wyjaśnianiu Ewangelii. Ottaviani, którego Pius XI mianował asesorem Kongregacji Świętego Oficjum, a po prawie dwudziestu latach Pius XII już jako kardynałowi powierzył stanowisko prosekretarza tej dykasterii, był zgorszony faktem, że ks. Dolindo mówi o teologii do zwykłego ludu.

Na indeksie

W liście do ks. Dolindo Ruotolo kardynał Gennaro Pignatelli di Belmonte, ówczesny dziekan Kolegium Kardynalskiego, pisze, iż kolejne tomy *Sacra Scrittura* pokornego i żyjącego w ukryciu Kapłana, którego oceniając po owocach, trzeba określić człowiekiem świętym i wielkim erudytą, są wielkim darem dla Kościoła. Powinny one wiele „nauczyć synów Kościoła Jezusa Chrystusa i oświecić tych, którzy do tej pory nie dostali przywileju bycia jego częścią, lub takich, którzy z własnej woli zamknęli oczy na światło Boże”[208].

Kardynał Alessio Lépicier, prefekt Kongregacji ds. Duchownych[209] w liście z 1931 roku po lekturze pierwszych tomów komentarzy ks. Dolindo pisze z kolei, że „dzieło to jest naprawdę niezwykle cenne i godne pochwały” oraz że jest w nim „duch naszego Pana”.

---

208 Wstęp do trzeciej edycji *Commento della Sacra Scrittura*, „La Floridiana”, Napoli 1935, s. 7.

209 Dzisiaj Kongregacja ds. Życia Konsekrowanego.

> Kiedy tylko zacząłem je czytać, nie mogłem się oderwać, więcej: wzrosło we mnie pragnienie medytacji, która jest pokarmem ducha i wzmacnia go w walce o dobro. Jestem też przekonany, że te tomy będą wielkim dobrem nie tylko dla tych, którzy znają Pismo Święte, ale i dla tych, a jest ich dziś tak wielu, którzy nawet nie słyszeli nigdy Słowa Bożego [...] Bóg wynagrodzi księdzu w niebie za to wielkie dobro.[210]

Jest rok 1940. Komentarze ks. Dolindo do Pisma Świętego czyta cały Neapol i nie tylko. Kolejne tomy docierają do Rzymu i w inne miejsca Włoch. Kapłan co chwila otwiera nowe koperty z podziękowaniami od kardynałów czy biskupów. Tymczasem rankiem 24 listopada 1940 roku czyta w „L'Osservatore Romano": „Dzieła ks. Dolindo Ruotolo publikowane pod pseudonimem Dain Cohenel wpisane na indeks". Jest zszokowany. Od ponad roku wokół jego komentarzy jest głośno w Rzymie. Komu leży na sercu ta sprawa? I czemu o wszystkim kapłan dowiaduje się z prasy? Oficjalne pismo wysłane ze Świętego Oficjum nosi datę 26 listopada.

Ksiądz Dolindo natychmiast pisze list do kilku kardynałów i samego Ojca Świętego, a także do gazety, którą informuje, że dowiedziawszy się z jej publikacji o wszystkim, „tego samego dnia wysłał do Świętego Oficjum oraz do Papieża drogą oficjalną oświadczenie o jego pełnej dyspozycji i oddaniu, prosząc o łaskawe zapoznanie go z poprawkami, jakie winien nanieść w swoich książkach, by były one wierne nauczaniu Kościoła". Dalej w liście do „L'Osservatore Romano" czytamy:

> Celem moich książek jest jedynie oddanie czci Bogu i posłuszeństwo Kościołowi oraz dobro dusz ludzkich; nie pragnę więc

---

[210] Wstęp do trzeciej edycji *Commento della Sacra Scrittura*, s. 8.

niczego bardziej niż pouczenia, by lepiej sprostać temu celowi. Nie miałem nigdy i nie wyznaję innej wiary niż ta, której naucza Kościół Katolicki, Apostolski, Rzymski i jeśli niechcący popełniłem błędy, nie chcę niczego innego, jak poprawić je i powiadomić o nich moich czytelników.[211]

30 listopada ks. Dolindo otwiera list od kardynała Gennaro Pignatelliego Granito di Belmonte, wspomnianego już dziekana Kolegium Kardynalskiego.

Najdroższy Dolindo, kiedy czytałem „L'Osservatore Romano", przeszył mnie taki ból, że niemal płacząc, powiedziałem do mojego sekretarza, że czuję się tak, jakby przytrafiło się to mnie [...]. Zarówno Ojciec Święty [Pius XII – J. B.-B.], jak i kardynał Marchetti Selvaggiani otrzymali już księdza listy. A wszystko to, niech sobie ksiądz wyobrazi, dzieje się w chwili, kiedy właśnie studiuję i medytuję nad księdza *Elevazioni* [książka o Duchu Świętym – J. B.-B.]. Modlę się, wciąż się modlę![212]

W liście do brata Elio ks. Dolindo niemal płacze: „Moje książki na indeksie, zaraz za pornografią i razem z heretykami: *cum iniquis reputatus est*". Oraz:

To chyba jeden z najbardziej bolesnych momentów mojego życia. Pan jednak w wielkim moim cierpieniu daje mi równie ogromną siłę i pokój. Ta smutna dla mnie wieść przedostała się do wszystkich dzienników we Włoszech. Pojawi się też na łamach tygodników.

---

211 Dolindo Ruotolo, *Amore, Dolindo, Dolore*, s. 253.
212 Tamże, s. 252.

Ksiądz Dolindo nie martwi się jednak o siebie, ale „o dezorientację wielu dusz i zniszczenie dobra"[213]. Z listu dowiadujemy się też, że Święte Oficjum znacznie wcześniej informuje kapłana i skrupulatnie studiuje siedem dotychczasowych tomów komentarzy do Pisma Świętego. Ksiądz Dolindo otrzymuje nakaz wprowadzenia zmian, które w większości sprowadzają się do zmiany słów oraz... przecinków. Decyzja o wpisie na indeks zapada mimo to. W liście do brata ks. Dolindo pisze też, że sporo osób solidaryzuje się z nim, każdego dnia listonosz przynosi około czterdziestu listów. I kończy z charakterystycznym ironicznym poczuciem humoru: „Jacyś zakonnicy przyszli do mnie z prośbą, bym napisał swoją biografię, że byłoby to interesujące; odparłem im: Wystarczy mi na to pięć minut: narysuję marionetkę z wiszącym jęzorem i podpiszę: *sciosciammocco* [kretyn (neapolit.) - J. B.-B.]"[214].

W całej historii wpisu do Indeksu Ksiąg Zakazanych pojawia się przynajmniej kilka pytań. Przede wszystkim należy zwrócić uwagę na pewien zbieg okoliczności temu towarzyszący. Dawna Inkwizycja swoje zarzuty stawia po dwudziestu latach od wydania pierwszych tomów komentarzy. Interesujący jest też inny fakt - lawina krytyki pod adresem książek ks. Ruotolo rusza tuż po śmierci Piusa XI[215], który był jednym z propagatorów pism neapolitańczyka. Papież także, po pierwszych próbach krytyki rok wcześniej, przydzielił specjalnych cenzorów, którzy czuwali nad dziełami ks. Dolindo.

---

213 Dolindo Ruotolo, *Epistolario*, Vol. 3, s. 363-364.
214 Tamże, s. 365.
215 Pius XI umiera 10 lutego 1939 roku; to ten następca Świętego Piotra z nieskrywaną radością i satysfakcją w 1933 roku zdejmuje wszystkie ograniczenia, jakie nałożono na o. Pio.

Jakie zarzuty stawia Święte Oficjum? Mgliste i ogólne. Ksiądz Dolindo posługiwał się tak zwaną tradycyjną metodą, którą można nazwać „pastoralną", nawiązywał do tradycji i powoływał się w komentarzach na Ojców Kościoła. Takiego sposobu interpretacji wówczas nie akceptowały Papieski Instytut Biblijny oraz Papieska Komisja Biblijna. Trzeba wiedzieć, że na czele tych instytucji stały wtedy wielkie i wpływowe osobowości Kościoła. Wśród nich uważani za absolutne autorytety w kwestii biblijnej egzegezy kardynałowie Augustin Bea oraz Eugène Tisserant. Szanse na obronę ks. Dolindo były nikłe, tym bardziej że stając po jego stronie w tej kwestii, pozostali duchowni usiłowali storpedować metodę historyczną, oskarżając jej zwolenników o propagowanie racjonalistycznych i modernistycznych nurtów potępionych przecież przez Piusa IX w encyklice *Pascendi Domini Gregis* w 1907 roku. Ksiądz Ruotolo miał jednak po swojej stronie wielu poważnych obrońców. Przed samym Świętym Oficjum osobiście wstawili się za ks. Dolindo arcybiskup Giuseppe Maria Palatucci (ten sam, który w 1953 roku zabrał ze sobą ks. Ruotolo do San Giovani Rotondo do o. Pio) oraz biskup diecezji Graviny i Irsiny, Giovanni Maria Sanna. O wycofanie książek ks. Ruotolo z indeksu walczy pół Kolegium Kardynalskiego.

> Nie potrafię powstrzymać się od płaczu, szczególnie wieczorami i nad ranem, a całe moje dnie są ciągłą modlitwą i bolesnym drżeniem. Spoglądam na moje książki i własne myśli przyprawiają mnie o zawroty głowy: moje książki są zakazane, są potępione![216]

- notuje ks. Dolindo.

---

216 Dolindo Ruotolo, *Amore, Dolindo, Dolore*, s. 255.

Wpisując na indeks tomy komentarzy ks. Dolindo, Święte Oficjum zaznacza: *donec corrigatur*[217] (do wyjaśnienia i poprawek). Ksiądz Dolindo jednak nie otrzyma, mimo usilnych próśb i ciągle wysyłanych listów, żadnej wskazówki niezbędnej do naniesienia korekty. Rzym milczy przez długie lata. W zasadzie nigdy nie odpowie kapłanowi w tej sprawie...

W tym czasie kardynał Alessio Ascalesi, ówczesny arcybiskup Neapolu, próbuje na wszelkie sposoby wesprzeć swojego kapłana. Nakazuje mu kontynuować pisanie komentarzy – nawet jeśli chwilowo będzie pisał do szuflady. Ksiądz Dolindo jest posłuszny. Ascalesi wydaje też pewne wskazówki dla pozostałych kapłanów metropolii, by przyjeżdżali do spowiedzi do ks. Dolindo Ruotolo. Na ręce biskupa Palatucciego, biskupa całej diecezji Campanii, której stolicą jest Neapol, przychodzi tymczasem list od Piusa XII. Jest pełen nadziei i wsparcia dla dzieła ks. Dolindo.

Kardynał Ascalesi przydziela też ks. Dolindo oraz jego bratu ks. Ausilio tymczasową opiekę nad parafią św. Józefa (San Giuseppe dei Vecchi), dziś Najświętszej Marii Panny z Lourdes. „Czując, że nie nadaję się do tego w ogóle, oddałem wszystko jak zawsze Jezusowi i Maryi"[218]. Do kościoła szybko zaczynają napływać tłumy. Kapłan godzinami przesiaduje w konfesjonale. Przed każdą spowiedzią dużo się modli. W tym czasie notuje sporo myśli o misji proboszczów.

> Proboszcz jest niczym strażnik, niczym wojownik, który czuwa przy swojej fortecy. Powinien być obrońcą wszystkich swoich

---

217 Tym łacińskim określeniem przed Soborem Watykańskim II Kościół oznaczał dzieła, które wprowadzał na indeks do tak zwanej korekty.

218 Dolindo Ruotolo, *Amore, Dolindo, Dolore*, s. 260.

parafian. Powinien być jak ukrzyżowany, w pełni oddany i zanurzony w Jezusie. Ogołocony z wszystkiego dla miłości, powinien zawsze mieć otwarte ramiona miłosierdzia, serce rozdarte od poświęcenia, by być schronieniem dla każdej nędzy i ludzkiego nieszczęścia"[219]. Pisze też: „Dla mnie wszystkie ludzkie dusze są pełne godności, jednak nie przez wzgląd na ludzki ich wymiar, ale boski. [...] Dusze ciągle są poranione, zawsze noszą coś co je boli, pali i łakną wielkiej dobroci i miłości.[220]

Trwa druga wojna światowa, ks. Dolindo przeżywa autentyczne cierpienie, odchodzą powoli jego najbliżsi z rodziny (siostry), umiera najdroższy ks. Dolindo syn duchowy ks. Salvatore La Rovere oraz niedługo potem kardynał Ascalesi. A Rzym nadal milczy. Ksiądz Ruotolo nie doczeka odwołania swoich dzieł z indeksu. Będzie umierał z tego powodu z bólem w sercu. Wszystko zmieni się dopiero po Soborze Watykańskim II. Na wyraźną prośbę Pawła VI, Kongregacja Nauki Wiary 14 czerwca 1966 roku ostatecznie zlikwiduje Indeks Ksiąg Zakazanych, ale cała procedura potrwa kilka kolejnych lat. Ksiądz Dolindo natychmiast pisze list do arcybiskupa Corrado Ursiego, nowego metropolity Neapolu (a wkrótce kardynała), prosząc go o zainteresowanie sprawą wznowienia publikacji książek, szczególnie zaś komentarzy do Pisma Świętego (zatrzymały się na trzynastym tomie w 1940 roku). Niestety nie wiadomo, co odpowiedział arcybiskup Ursi, nie zachowały się dokumenty na ten temat. Prawdopodobnie po całej sprawie z wpisem na indeks trudno było znaleźć kogoś, kto nadałby ponownie dziełom ks. Dolindo *imprimatur*. Niestety w walkę z komentarzami ks. Dolindo włączył

---

219 Tamże, s. 261.
220 Tamże.

się też swego czasu o. Alberto Vaccari, jezuita, przyjaciel kardynała Bei z byłego Świętego Oficjum oraz o. Agostina Gemellego, głównego oponenta o. Pio. Vaccari szalał wręcz z nienawiści do ks. Ruotolo, sam był propagatorem nowej szkoły interpretacji biblijnej, tak zwanej *nuova scuola larga*, i uważany za autorytet w tych kwestiach w szeregach Papieskiego Instytutu Biblijnego. Druk dzieł ks. Dolindo wznowiono dopiero cztery lata po jego śmierci, dzięki silnemu poparciu wielu kardynałów.

„Niepokalana, Miłosierdzie i Pokój Kościoła"

Nosiłam Go w swoim łonie przez dziewięć miesięcy, aż nastała godzina, by dać Go światu... Także i wam Jezus nie daje się by pozostać w ukryciu serc waszych. On pragnie narodzić się z was, objawić się przez wasze życie.

Matka Boża do ks. Dolindo,
9 maja 1921 roku, Rzym

Książka o Niepokalanej to wielkie dzieło Dolindo – ponad trzysta stron opowieści o życiu i misji Maryi, którą sama Matka Boża wyjawia neapolitańczykowi. Zasługuje więc na osobne i pełniejsze omówienie. To właśnie wtedy, kiedy pisze tę książkę, najbardziej atakuje go szatan. „Będę ci przeszkadzał. Poślę do ciebie tylu ludzi, zawalę cię tyloma sprawami, żebyś nie mógł pisać" – mówi ks. Dolindo demon. I tak się dzieje. Ataki mają także charakter fizyczny. Wszyscy odradzają też ks. Dolindo kończenie tego dzieła. Ksiądz Dolindo jest tak zdezorientowany, że konsultuje sprawę z o. Pio. Ten zdecydowanie mówi: „Pisz! Dasz radę to skończyć, wytrwaj". Bowiem „żadne słowo, które wyszło spod twojego pióra, nie może zostać zaprzepaszczone"[221].

Pracę nad książką zaczyna dokładnie 8 grudnia 1964 roku. „Obudziłem się jak zwykle o 2.30 rano i w imię Boga oraz Maryi naniosłem tytuł *Maria Immacolata, Madre di Dio e Madre nostra*". Do pisania kapłan przygotowuje się od dłuższego czasu, studiując między innymi najnowszą Encyklopedię Maryjną (*Enciclopedia Mariana*) zatytułowaną *Maria Santissima nella Scrittura* oraz wiele innych książek. Na książkę składa się trzydzieści jeden listów kapłana, które odpowiadają trzydziestu jeden dniom maja, miesiąca Maryjnego. Adresatem listów są jego córki duchowe. Neapolitańczyk pisze je z Rzymu, dokładnie w czasie kiedy jest przesłuchiwany i więziony przez Święte Oficjum.

1 maja 1921 roku Maryja przedstawia się o. Dolindo jako „Niepokalana, Matka Kościoła, Matka Nasza, Królowa Miłosierdzia, Skarbiec łask Bożych, Pokój świata"[222]. Dalej wyjaśnia, czemu tak ważny jest dla Niej i dla świata miesiąc maj. To czas „pierwszych zbiorów kwiatów z Nieba, które sama zasiałam w waszych duszach, by przyozdobić potem Kościół, którego jestem Matką".

Dolindo oddaje tu głos Matce Bożej w pierwszej osobie. Czy to jedynie zabieg stylistyczny? Matka Boża opowiada ks. Dolindo o swoim życiu. Czy dzieje się to w czasie objawień, czy tylko

---

221 List o. Pio do ks. Dolindo Ruotolo spisany przez o. Pellegrino 13 marca 1967 roku, archiwum rodzinne Grazii Ruotolo.

222 Dolindo Ruotolo, *Cosi ho visto l'Immacolata*, Casa Mariana Editrice, Frigento 2011, s. 17.

podczas interlokucji - autor nie precyzuje. Wiadomo jednak na pewno, że sama Maryja książkę zaakceptowała[223].

Na stronie redakcyjnej książki wydanej całkiem niedawno przez Casa Mariana Editrice we Frigento widnieje *Nihil obstat* wikariusza generalnego o. Gabriele M. Pellettieriego. To istotny szczegół, bowiem zebrane tu listy Maryjne uchylają rąbka tajemnicy o życiu Matki Bożej, życia widzianego i przeżytego Jej oczami. To absolutna rewelacja. Maryja opowiada tu o chwili Zwiastowania, o tym, co czuła kiedy przyszedł do niej Anioł, jak zstąpił na Nią Duch Święty. Jest też i scena Narodzin Jezusa. Wydarzenie w pełni cudowne. Bezkrwawe, bezbolesne. Jezus wydostaje się z matczynego łona w sposób cudowny, przenika je[224].

Książka o Niepokalanej nie jest zbiorem sensacji czy jakiś „nowości" z życia Maryi[225]. Czytelnik nasyci się tu przede wszystkim Słowem, Ewangelią. Wejdzie w jej głębię. Zobaczy, jak wiele wydarzeń w życiu Maryi jest bezpośrednią konsekwencją miłości. I tylko miłości. Książka jest bardzo głęboka, mistyczna.

---

223 Fakt ten odnotowuje w swoich zapiskach Enzina Cervo; krótko przed śmiercią ks. Dolindo Matka Boża w czasie jednego z objawień w jego domu ma powiedzieć, że podoba jej się książka kapłana.

224 Mam świadomość, że tego typu „rewelacje" mogą budzić różne reakcje, ale po pierwsze - co chcę mocno tu podkreślić - książkę czytali przedstawiciele hierarchii Kościoła, została zaakceptowana przez cenzorów, nie zawiera treści sprzecznych z Ewangelią, po wtóre to właśnie tej książce poniekąd swoje *imprimatur* dał sam św. o. Pio.

225 W przedmowie do wydanej przez Casa Mariana Editrice w 2011 roku trzeciej edycji książki *Cosi ho visto l'Immacolata* Silvana di Filippo, autorka także zbiorów historii o córkach duchowych ks. Dolindo *C'erano anche alcune donne*, którą przytaczam także w tej publikacji, podkreśla: „Bardzo ważne jest zaznaczenie, że nie chodzi tu o nowe i wstrząsające «objawienia prywatne», których celem miałoby być wywołanie sensacji, a o coś, co umacnia dziedzictwo Kościoła".

Każda matka na ziemi czuje, że dziecię, które nosi, żyje, szczególnie kiedy daje ono znaki przez ruchy [...]. A Syn Boży, który stał się człowiekiem we Mnie, nie tylko dał mi się odczuć przez fizyczne ruchy; więcej, w ciągu pierwszych miesięcy prawie w ogóle ich nie czułam. Był jak Nieskończenie Żyjący, nieskończona Mądrość, nieskończona Miłość [...], cały mój duch unosił się radością z Jego obecności. [...] Nosiłam Go w swoim łonie przez dziewięć miesięcy, aż nastała godzina by dać Go światu... Także i wam Jezus nie daje się, by pozostać w ukryciu serc waszych. On pragnie narodzić się z was, objawić się przez wasze życie.

Bez wątpienia w spisanych tu słowach jest sporo ks. Dolindo. Ale właśnie na tych kartach chyba najbardziej (oprócz interlokucji Jezusa) wyłania się mistycyzm tego kapłana. Jak wszyscy inni mistycy nigdy tak o sobie nie powie.

Maryja piórem ks. Dolindo wraca do narodzin Jezusa, który przychodzi na świat „w grocie... nocą, [...] w chwili kiedy była zanurzona w głębokiej wewnętrznej modlitwie i kontemplacji". Maryja wchodzi w stan ekstazy. Głębokiej.

Było to tak, że On przeniknął moje ciało niczym promień słońca, który przedostaje się przez kryształ, bez przeszkód, nie naruszając mnie, urodził się. Przyszedł na świat w ciszy nocy, w zimną noc i nie objawił tego wielkim tego świata a pastuszkom, którzy czuwali.[226]

Wydarzenia z Betlejem Maryja przenosi do współczesności. Jakby powtarzały się aż do dzisiaj. Używa tu świetnego porównania: „By Jezus mógł urodzić się przez każdego z was,

[226] Dolindo Ruotolo, *Cosi ho visto l'Immacolata*, s. 107.

najpierw musi w was dojrzeć"[227]. Maryja używa pięknej przenośni, niezwykle celnej:

> Kiedy dusza nie jest głęboko zanurzona w Bogu, Jezus jest w niej maleńki... Kiedy ujrzy światło, po pierwszym kontakcie ze światem, umrze. Kiedy jednak Jezus dojrzał w was, nigdy więcej Go nie utracicie, nawet jeśli przyjdzie wam „rodzić" Go w środku nocy, w grocie! Naśladujcie Mnie, drogie dzieci!

Sporo tu treści biblijnych, scen i przypowieści, jakby Maryjna teologia cierpienia, miłości. Mocne ukierunkowanie na Jezusa Sakramentalnego.

W wielu miejscach Maryja mówi o Kościele jako ciele Chrystusa. Obolałym, krwawiącym. Mówi z troską, delikatnie, a zarazem jednoznacznie. Maryja wskazuje też, gdzie Kościół odszedł od myśl Jezusowej nauki:

> Królestwo Boże jest niczym innym jak odnowionym i triumfującym Kościołem; to nic innego jak miłosierdzie, które przytula człowieka, pokój, który jednoczy serca z Nieskończonym Źródłem pokoju. Wy jednak uwierzyliście, że Królestwo Niebieskie można zyskać sprawiedliwością, rygorem, nakazami i z tego też powodu rozproszyliście Bożą owczarnię; [...] zastąpiliście wewnętrzne życie Kościoła, które całe jest utkane subtelnym miłosierdziem, sterylnym życiem według prawa, zapisów, niemal przymusu.[228]

---

227 Słowa jako część listu są bezpośrednio skierowane do córek duchowych ks. Dolindo. Trzeba pamiętać o kontekście tamtej sytuacji. Kapłan jest w Rzymie, nie może więc prowadzić swojego „stada". Robi to niejako z pomocą wskazówek Maryi.

228 Dolindo Ruotolo, *Cosi ho visto l'Immacolata*, s. 24. Dziś, po ponad dziewięćdziesięciu latach, dokładnie według tych samych Maryjnych wskazówek i przy często gromach sprzeciwów, usiłuje prowadzić Kościół papież Franciszek. Nie

W książce przewija się często wątek Eucharystii. Maryja mówi tu bezpośrednio, że w wielu miejscach Mszę traktuje się jako symbol czy wręcz „poetycką przenośnię", tymczasem „to Kalwaria". Kontemplacja Męki Chrystusa w czasie Mszy „roztapia serca, eliminuje rozproszenie" i „wiąże człowieka z Eucharystią". Maryja podkreśla, że całe Jej życie było „kontemplacją Męki Jezusa".

Maryja wzywa do ciągłego odmawiania *Magnificat* i do modlitwy sercem, do uwielbienia Boga.

Niech cała wasza modlitwa będzie jednym wielkim *Magnificat*, a zatem uwielbiajcie Boga swoim głosem, sercem, umysłem, medytujcie nad Jego wielkością; ze wszystkich sił działajcie dla Niego; życiem ofiarujcie Mu *Magnificat anima mea Dominum*. Całe wasze istnienie ma być żywą modlitwą, niczym gołębica wznoście się cały czas ku Jezusowi, by z Jego Boskiej Krwi czerpać siłę, łaskę i pożywienia: *Exultavit spiritus meus in Deo salutari meo.*[229]

29 maja 1921 roku ks. Dolindo notuje takie przesłanie Maryi:

Módlcie się, ponieważ dziś zbyt mało i bardzo źle się modlicie, a przede wszystkim niemal wygasła dziś modlitwa kapłanów Bożych! Kapłani się nie modlą, nie modlą się! W brewiarzu, który odmawiają, nie ma ducha ani życia, a wielu omija go w ogóle bez skrupułów [...], wielu traktuje to jak ciężar, którego trzeba w ciągu dnia się pozbyć! Msza Święta jest wyścigiem z czasem, podczas gdy powinna być najdelikatniejszym

---

zawsze dobrze rozumiane i odczytane jest papieskie powtarzane ciągle: miłość i miłosierdzie ponad prawem i przepisami.

229 Dolindo Ruotolo, *Cosi ho visto l'Immacolata*, s. 300.

Ksiądz Dolindo Ruotolo przy swoim biurku w Neapolu. Spędzał tu długie godziny nocne.

uniesieniem duszy w Bogu dla Jezusa Chrystusa, który się oddaje w Ofierze.[230]

Matka Boża mówi też, że księża powinni nosić w sercu Mękę Jezusa oraz że „grzechy kapłanów, ich bezład i nędza [...] zamykają źródła łask!"[231]. Pilnie wzywa też: „Módlcie się za księży!".

Książka, którą ks. Dolindo kończy w 1970 roku, wychodzi drukiem siedem lat po jego śmierci w niewielkim nakładzie. Drugie wydanie pojawiło się dopiero niedawno, bo w 2011 roku.

Gdyby zgromadzić w jednym miejscu wszystkie rękopisy kapłana z Neapolu, komentarze do Pisma Świętego, listy do rodziny, córek i synów duchowych, jego książki o życiu Jezusa i Maryi oraz o czyśćcu, piekle i raju, wreszcie jego autobiografię i spisane w czasie wewnętrznych lokucji słowa Jezusa, to, co notuje od Matki Bożej (choć ks. Dolindo nigdy nie mówi o tym jako orędziach) i oczywiście słynne *imaginette*, to pewnie zajęłyby kilkadziesiąt metrów kwadratowych. Same komentarze biblijne wydane w trzydziestu trzech tomach to rzecz imponująca i niespotykana w Kościele. Niestety wiele z nich nie ujrzało światła dziennego, a te, które wydano, nie są przeznaczone do sprzedaży, nie przekroczyły też ani granic Włoch, a często samego Neapolu, ani też nie wydano ich w języku innym niż włoski...

Wszystkie dzieła, rękopisy oraz wydrukowane już książki, ks. Dolindo wydawane są lub przechowywane przez Casa Mariana Editrice Apostolatury Wydawniczej w Neapolu. Podobno ks. Dolindo nigdy nie chciał, by jego książki były sprzedawane, a rozdawane[232]. Niestety nie ma wystarczających środków,

---

230 Tamże, s. 301.

231 Tamże, s. 302.

232 Taki zapis ks. Dolindo miał zostawić w swoim testamencie; niestety nie mogłam go zobaczyć.

by książki dodrukowywać i rozprowadzać bezpłatnie. Wierzę, że z perspektywy nieba ks. Dolindo zmieniłby swój testament. Sługa Boży należy dziś do całego Kościoła. Podobnie jak jego pisma. To ważne, bo wiele z książek ks. Ruotolo to dzieła zarazem teologiczne i mistyczne oraz głębokie przewodniki duchowe, które mogą stać się potężnym narzędziem ewangelizacji.

- Książki, komentarze, wszystko to, co pisał ks. Dolindo, naprawdę dotyka ludzkich serc i zbliża je do Boga jak nic innego. Ksiądz Ruotolo miał dar tłumaczenia wszystkiego, co objawione w Piśmie Świętym z niezwykłą prostotą. Bo Słowo jest dla wszystkich ludzi, nie tylko wykształconych. I każdy - jak przekonywał - może zrozumieć głębszy sens Pisma. To nie jest labirynt tylko dla teologów - słyszę w Apostolaturze Wydawniczej w Neapolu.

Ojciec Pio i ksiądz Dolindo

Duch Święty mieszka w Twoim sercu.

o. Pio do Dolindo

Czemu do mnie przyjeżdżacie? Macie wielkiego kapłana, świętą duszę. Do niego idźcie!

o. Pio do pielgrzymów z Neapolu

Są niemal rówieśnikami. Dolindo ma niecałe pięć lat, kiedy dokładnie 62 kilometry na północ od Neapolu, w Pietrelcinie, rodzi się Francesco Forgione. Odejdą w odstępie dwóch lat, o. Pio w 1968 roku, ks. Dolindo w 1970. W tym samym czasie będą przesłuchiwani przez Święte Oficjum. Kiedy ks. Dolindo przyjeżdża do Rzymu na początku 1921 roku, już toczy się śledztwo w sprawie o. Pio. Kapucyn od dwóch i pół roku nosi stygmaty. Przez kolejne dekady obaj są na celowniku byłej Inkwizycji. Po latach od wszczęcia tych procesów ich sprawami niemal obsesyjnie zainteresuje się wspomniany już kardynał Ottaviani, jeden z najważniejszych urzędników Świętego

Oficjum na przełomie lat 50. i 60. Sprawa o. Dolindo formalnie jest wówczas zakończona, a kapłan zrehabilitowany, ale wątpliwości, jakie siał kardynał[233], mogą rzutować na nadawanie *imprimatur* dziełom Dolindo, a być może także na przebieg dzisiejszego procesu beatyfikacyjnego, który z niejasnych powodów jest chwilowo zawieszony[234]. Kardynał Ottaviani jest silną osobowością. W czasie konklawe, które wybiera Jana XXIII, jest jednym z tak zwanych *papabili*, czyli kandydatów na tron Piotrowy. Mówi się o nim wtedy, że jest najwyższym strażnikiem doktryny Kościoła[235]. Obu mistykom przyglądają się też bacznie franciszkanin, o. Agostino Gemelli[236] (w przypadku o. Pio) i jezuita o. Alberto Vaccari (w przypadku o. Dolindo). Ludzie tego pokroju od lat 20. do 70. albo sterują Świętym Oficjum (później zaś Kongregacją Nauki Wiary), albo zajmują eksponowane stanowiska w innych dykasteriach, między innymi w Papieskim Instytucie Biblijnym i bacznie przyglądają się uko-

---

233 W 1966 roku purpurat został prefektem nowej dykasterii, Kongregacji ds. Wiary.

234 Ojciec Massimiliano Maffei, ostatni postulator procesu beatyfikacyjnego ks. Dolindo – obecnie zawieszony – w rozmowie telefonicznej poinformował mnie, że mimo jego starań Kongregacja ds. Świętych nie udzieliła mu odpowiedzi na pytanie, z jakiej przyczyny zawieszono także i prowadzony przez niego proces.

235 Do dzisiaj dla skrajnych konserwatystów Bractwa Piusa X jest jedną ze sztandarowych postaci. W czasie Soboru Watykańskiego II – przeciwny soborowi od samego początku – z uporem przeciwstawiał się reformie liturgii. Po wprowadzonych przez soborowe dokumenty zmianach, razem z kilkoma innymi kardynałami napisał otwarty protest, który upublicznił w prasie, wobec tak zwanego otwarcia Kościoła na świat. Był to list podpisany przez przeciwników papieża. Tuż przed śmiercią Jana XXIII kardynał Ottaviani miał zdążyć przeprosić papieża za swoje postępowanie (por. Luigi Peroni, *Ojciec Pio*, Kraków 2008 oraz Francesco Castelli, dz. cyt.). Kardynał Ottaviani ma też niewątpliwe zasługi. To on miał zachęcić młodego biskupa Wojtyłę podczas Soboru do zabezpieczania materiałów i dokumentacji dotyczących s. Faustyny Kowalskiej.

236 Ojciec Agostino Gemelli był lekarzem i jako pierwszy rozpętał burzę wokół stygmatów o. Pio; był w tym względzie uparty i zacietrzewiony; w Watykanie przekonywał wszystkich, iż stygmatyk jest oszustem.

chanym przez lud kapłanom - między innymi ks. Ruotolo czy o. Pio. Zjawiska takie jak stygmaty, czytanie w ludzkich duszach czy bilokacje, dary, które choć w różnym stopniu mają zarówno o. Pio, jak i ks. Dolindo, duchowni ci uważają za wymysł, rodzaj autosugestii, zwykłe oszustwo. Trudno ocenić, dlaczego tak się dzieje. W przypadku o. Pio kardynał Ottaviani jest tak zdeterminowany, żeby udowodnić swoje przekonania, że ucieka się nawet do podstępów - podrzuca Janowi XXIII fałszywe dokumenty na temat stygmatyka przedstawiające go jako szaleńca i opętanego[237]. Fakt, że kardynał Ottaviani i jego poprzednicy w niemal w równym stopniu interesują się o. Pio i ks. Dolindo, jest zastanawiający.

Jaka jest relacja tych dwóch mistyków Kościoła? Spotykają się w 1953 roku w San Giovani Rotondo. Szczegóły tego wydarzenia opisuje ks. Dolindo w liście do o. Mariana ze wspólnoty o. Pio wysłanym na prośbę kapucynów jako pośmiertne wspomnienie stygmatyka. Ksiądz Dolindo dotyka tu bolesnych dla niego spraw. List podpisany jest w 1968 roku, indeks ksiąg zakazanych jest już zniesiony, ale nadal nie ma pozwolenia na wznowienie druku książek ks. Ruotolo. Dlatego potrzebuje on spotkania z o. Pio, jego światła, by „wiedzieć, czy żyje w ułudzie", czy jest „marzycielem, zważywszy na bolesne sprzeczności, jakie przeżył i nadal przeżywa [...] na swojej apostolskiej drodze i przez dzieła, jakie publikował". „Dawniej szalał modernizm,

---

237 Papież Jan XIII mimo swojej początkowej sympatii do o. Pio w 1961 roku podpisał dokument przygotowany przez Święte Oficjum, który między innymi ograniczał do 30 minut czas odprawiania przez Świętego z Pietrelciny Mszy Świętej. Po konsultacji z wysłanymi przez kardynała Ottavianiego przedstawicielami byłej Inkwizycji Jan XXIII 25 czerwca 1960 roku w swojej prywatnej agendzie zanotował, że „modli się intensywnie za duszę o. Pio", a wszystko, co się wokół niego dzieje, a o czym dowiaduje się od wysłanników Świętego Oficjum, „to jakaś diabolicznie przygotowana tragedia".

dziś wydaje się, że nabrał większej siły, mimo precyzyjnego potępienia Ojca Świętego Piusa x, a także pomimo ciągłych i pełnych smutku protestów ze strony Pawła vi".

Jezus prosił ks. Dolindo, by swoje cierpienia składał jako ofiarę za kapłanów, głównie za świętokradztwa, jakie dokonują się w czasie sprawowania Eucharystii - to kolejna rzecz, którą łączy go ze św. o. Pio. Mało tego, wciąż mówi się o tym, że odtajnione za pontyfikatu Benedykta xvi (w 2006 roku) archiwa watykańskie ujawniły pełną treść dwóch przekazów, jakie o. Pio otrzymał od Jezusa, jeszcze przed stygmatyzacją w kwietniu 1913 roku oraz w czasie rozmowy we wrześniu 1918 roku, kiedy to kapucyn otrzymał już znaki Męki Chrystusa. „Pokazał mi [Jezus] wielką rzeszę kapłanów, wśród nich różnych hierarchów Kościoła" - zeznaje o. Pio. Cała wizja, jaką otrzymuje zakonnik jest naprawdę mocna i bolesna dla Kościoła (czy dlatego nieujawniana aż do 2006 roku?). Jezus odwraca głowę od tej rzeszy duchownych, a po policzku spływają Mu dwie łzy. „Odwrócił się od tego tłumu księży z wyrazem wielkiego obrzydzenia na twarzy i krzyknął: «Rzeźnicy!»". Jezus dodaje: „Z powodu ludzi obdarowanych przeze Mnie najbardziej będę konał aż do końca świata". Pięć lat później Ukrzyżowany zwracając się do o. Pio słowami „Weź udział w Mojej Męce" doda, że chodzi głównie o ofiarę za „braci, „szczególnie tych którzy Mu się poświęcili i przez Niego bardziej są umiłowani"[238].

Na pewno stygmatyk z San Giovanni Rotondo bardzo chciał poznać osobiście ks. Dolindo. I - jak notuje kapłan - „wyraził to pragnienie kilkakrotnie". „Ale dlaczego? - pyta neapolitańczyk. - Może dlatego, że wiedział o burzy, jaką przeżywam

---

[238] Por. Francesco Castelli, *Przesłuchanie Ojca Pio. Odtajnione archiwa Watykanu*, Wydawnictwo Serafin, Kraków 2009 r., s. 78-82.

i chciał mnie pocieszyć? Nie wiem, takie mam przeczucie. Jestem tak marny, że przecież nie mógłbym wzniecić w nim pragnienia poznania mnie". Ksiądz Dolindo pisze o o. Pio z wielkim nabożeństwem, jako o „wielkim świętym, jednym z największych". Do spotkania obu Włochów doszło jednak zupełnie niespodziewanie. Dla prześladowanego ks. Dolindo było to kluczowe wydarzenie. Był to także ważny moment dla Kościoła. W całym procesie beatyfikacyjnym ks. Dolindo wystarczyłoby tylko to jedno zdanie, które o. Pio powiedział kapłanowi przy świadkach. Dał mu chyba najlepszą możliwą rekomendację. Jak dokładnie przebiegało spotkanie dwóch mistyków, którym sam Jezus powierzył najtrudniejszą i najpilniejszą obecnie misję w Kościele?

16 października 1953 roku, San Giovanni Rotondo. Ojciec Pio od wczesnych godzin porannych spowiada w kościele. Przed wejściem jak zawsze długa kolejka. Ksiądz Dolindo w towarzystwie młodszego od siebie, sześćdziesięciojednoletniego wtedy arcybiskupa Giuseppe Maria Palatucciego[239], ówczesnego metropolity regionu Kampania, przekracza próg klasztoru kapucynów. Arcybiskup, zapraszając ks. Dolindo, by towarzyszył mu w podróży na Półwysep Gargano, spełnia jego ciche pragnienie[240]: „Pragnąłem poznać go [o. Pio – J. B.-B.] osobiście, nie z próżnej ciekawości, ale by móc uchwycić od niego choć jeden promień tego światła, które rozświetlało jego duszę"[241]. Dolindo tego samego dnia musi wrócić do Neapolu, gdzie głosi kaza-

---

239 Arcybiskup Giuseppe Maria Palatucci odegrał ważną rolę w życiu ks. Dolindo. Razem z biskupem diecezji Graviny i Irsiny, Giovannim Marią Sanną, stanęli w obronie ks. Ruotolo przed Świętym Oficjum.

240 Ksiądz Dolindo zwierzył się arcybiskupowi Palatucciemu z chęci spotkania z o. Pio w czasie odwiedzin hierarchy w szpitalu, kilka tygodni wcześniej.

241 *Lettera a Padre Mariano Cappuccino a San Giovanni Rotondo*, w: *Padre Pio e Don Dolindo*, „Cronache di Napoli", z 12 października 1968, s. 6, 12.

nia, dlatego wraz z arcybiskupem ruszają spod Wezuwiusza tuż przed czwartą rano.

„Musieliśmy wyruszyć bardzo wcześnie, dlatego też poprosiłem ks. Dolindo, żeby nocował w klasztorze San Lorenzo w Neapolu, byśmy nie tracili o świcie czasu na krążenie samochodem po uliczkach miasta”[242] - wspomina o. Giovanni Recupido, kapucyn, który towarzyszył w podróży ks. Dolindo i abp Palatucciemu[243].

> Dla Ojca Dolindo pościeliłem łóżko w sąsiadującej z moją celi i krótko przed czwartą zapukałem by go obudzić. [...] nie po raz pierwszy przekonałem się, że Ojciec Dolindo w ogóle nie skorzystał z łóżka. Był już dawno ubrany, rozejrzałem się bacznie po jego celi. Musiał zorientować się czemu byłem ciekaw [...] po mojej prawej zauważyłem rozłożone na ziemi gazety, na których on... spał. - „Aniołeczku” - od razu się do mnie zwrócił - „doskonale spałem!... ” - „...Na ziemi” - dodałem za niego.[244]

W świadectwie spisanym cztery lata po śmierci ks. Dolindo, już na poczet przyszłego procesu beatyfikacyjnego, o. Recupido opisuje dalej szczegóły podróży do San Giovanni Rotondo. „Była to jedna wielka modlitwa: odmówili piętnaście dziesiątek Różańca, Koronkę franciszkańską, kilka Litanii do Matki Bożej i jeszcze jakieś modlitwy. Rzecz zupełnie normalna kiedy udaję się w podróż z wujem [arcybiskupem Palatuccim - J.B.-B.]”[245]. Neapolitańczycy docierają na Półwysep Gargano około ósmej rano. Podróż nie była wcale łatwa - zarówno ks. Dolindo, jak

---

[242] Dolindo Ruotolo, *Amore, Dolindo, Dolore*, s. 326.
[243] Arcybiskup Palatucci należał do zakonu kapucynów.
[244] Dolindo Ruotolo, *Amore, Dolindo, Dolore*, s. 327.
[245] Tamże.

i arcybiskup Palatucci są po przebytych chorobach, a ten ostatni ledwo wyszedł ze szpitala. Z trudem przeciskają się do furty przez tłum penitentów. Gwardianin, który otwiera im drzwi, zapytany o której godzinie o. Pio wyjdzie z konfesjonału, wzrusza tylko ramionami. Kapłani więc, pełni nadziei, że to kwestia niedługiego czasu, odprawiają Mszę, a zaraz po niej kapucyn, który ich powitał, zaprasza duchownych do refektarza na kawę.

- Gdzie zwykle siedzi o. Pio? - pyta o. Dolindo, kiedy tylko wejdą do niewielkiej jadalni kapucynów. To jedno z niewielu miejsc w klasztorze, gdzie jest trochę spokoju i ciszy, z dala od napierającego tu od wielu już lat tłumu.

- *Padre*? Tutaj - wskazuje miejsce przy samym oknie, na końcu jednego ze stołów, po lewej stronie od wejścia.

Obaj podchodzą do wskazanej ławy. Ksiądz Dolindo pochyla się i całuje stół, nad którym unosi się „woń pokuty"[246] o. Pio, zapach, który prawdopodobnie czuje tylko neapolitańczyk. Gwardian widząc to, wyciąga z szufladki pod ławą stygmatyka małe *tarallini*, słone kruche ciasteczka w kształcie precelków, popularną na południu Włoch przekąskę, i wręcza je ks. Ruotolo.

- Chciałbym, by pobłogosławił je o. Pio. Zawiozę je wtedy dla kilku chorych do Neapolu - wyciąga rękę ks. Dolindo.

- O ile uda wam się spotkać... - kapucyn szybko gasi entuzjazm gości.

Ojciec Pio ciągle spowiada. Arcybiskup Palatucci decyduje więc, że obaj z ks. Dolindo odwiedzą oddalone o dwadzieścia pięć kilometrów sanktuarium św. Michała Archanioła na Monte Sant'Angelo i wrócą do San Giovanni Rotondo w południe. Ale i o tej porze współbracia o. Pio nie dopuszczają gości do świętego kapucyna.

---

246 *Lettera a Padre Mariano Capuccino*, s. 6, 12.

– Przed obiadem, teraz, Pio jest w pokoju, trudno będzie się z nim zobaczyć – uprzedza zakonnik. – Ja w każdym razie po niego nie idę...

Ksiądz Dolindo sam podejmuje się tego zadania. „Zapukałem do jego pokoju i poprosiłem, by nas przyjął, tłumacząc, że potem będzie to dla nas niemożliwe. Ze względu na obecność biskupa, o. Pio poprosił go do pokoju na chwilę rozmowy, ja czekałem przed drzwiami".

Ojciec Giovanni Recupido zapamiętał, że zanim arcybiskup Palatucci wszedł do celi o. Pio, ks. Dolindo poprosił go, by zapytał o możliwość zobaczenia stygmatów zakonnika. „W drodze powrotnej zwróciłem się do ks. Dolindo ciekaw czy udało mu się te stygmaty zobaczyć. «Nie!» – odparł – «miał zakaz pokazywania ich»"[247]. Tymczasem po chwili rozmowy z biskupem, o. Pio wychodzi ze swojej celi i mówi:

– Dolindo! Posiwiałeś, czyżby ci śnieg głowę sprószył?! –rozpościera ramiona i wita się z neapolitańczykiem jak ze starym znajomym, mimo że nigdy wcześniej się nie widzieli. „Zrobił tak, ponieważ znał mnie duchowo, znał moją duszę, i zaraz też dorzucił: «Ale dusza twoja jest ciągle młoda!»" – wspomina ks. Dolindo. Od razu poprosił kapucyna o spowiedź.

– Tobie jej nie potrzeba! Jesteś cały błogosławiony! – stygmatyk poklepuje po ramieniu ks. Dolindo.

„Na moje kolejne pytanie, które chciałem mu zadać w sprawie moich problemów i bolesnej drogi, jaką sprowokowali moderniści[248], o. Pio odpowiedział, czytając w moich myślach: „Czego się spodziewałeś, synu?". I z wymownym gestem dło-

---

[247] Dolindo Ruotolo, *Amore, Dolindo, Dolore*, s. 328.

[248] To kolejne nawiązanie do długiej batalii, jaką toczyli z nim zwolennicy historycznej metody interpretacji Biblii.

ni dorzucił w dialekcie: *Chille tenene chella capa* (Ci to mają w głowach...).

Stygmatyk dodaje jeszcze, że kwestia jest niewarta „spalania się" i... zaprasza ks. Dolindo na obiad. Ręka w rękę, gawędząc po przyjacielsku, suną wąskim korytarzem do refektarza. Tak wspomina ten moment ks. Dolindo:

> Gwardian zwrócił się do o. Pio w żartobliwym tonie:
>
> - Muszę oskarżyć przed tobą o. Dolindo, bo zmusił mnie do małej kradzieży z twojej szuflady.
>
> - Niech mi ojciec pozwoli, bym... ukradł z niej jeszcze kilka rzeczy - podchwytuję żart.
>
> - Idź i bierz, co zechcesz - śmieje się o. Pio.
>
> - Ale wszystko to pobłogosławisz?
>
> Kapucyn zatrzymuje się, owiniętą zakrwawionymi bandażami dłoń kładzie na ramieniu neapolitańczyka:
>
> - Cóż to, nie zrozumiałeś jeszcze do tej pory, że od czwartej rano, od kiedy tylko ruszyłeś z Neapolu, przygotowałem dla ciebie i twoich chorych sporo rzeczy: ciecierzycę, ciasteczka, byś mógł każdemu coś dać. I wszystko to już dawno pobłogosławiłem, by zaspokoić twoje pragnienie? [...]
>
> Ojciec Pio nie był powiadomiony wcześniej ani o tym, że z biskupem chcemy przyjechać do San Giovanni Rotondo, ani tym bardziej że ruszyliśmy o czwartej rano, ani o moich chorych. On ewidentnie mówił dzięki nadprzyrodzonemu światłu.

Pod koniec obiadu wspomniany towarzysz podróży ks. Dolindo i arcybiskup Palatucciego, o. Recupido, jest świadkiem jeszcze takiej wymiany zdań między dwoma mistykami:

> - „Ojcze Pio, musisz częściej odwiedzać Neapol" - mówi ks. Dolindo. Byłem zaskoczony tym stwierdzeniem Ojca Dolindo. Stojąc blisko niego, z ciekawości nastawiłem uszu, bowiem doskonale wiedziałem, że o. Pio nie ruszał się w tym okresie w ogóle z klasztoru na Gargano. - „Chciałbym przyjechać" - odparł z charakterystycznym dla siebie uśmieszkiem o. Pio - „ciągle jestem tu, u góry".
>
> - „Nie!" - pośpiesznie zareagował o. Dolindo - „musisz nas odwiedzić tak jak ostatnio, kiedy byłeś przy tej dobrej umęczonej cierpieniem kobiecinie. Była u kresu wytrzymałości, twoja wizyta okazała się dla niej zbawienna. Tak się zapaliła twoim słowem, że była gotowa cierpieć aż do końca, by wypalić się jak lampa [...] Powiedziałeś jej, żeby się dosłownie dała «wypalić aż do końca» [z miłości do Boga]. Gdybyś wiedział jak wiele dobra tak czynisz, tyle dusz cię woła!". Ojciec Pio słuchał tego z żywą uwagą, ciągle uśmiechając się. [...] Ten dialog poruszył mną do głębi i mimo upływu lat nadal go słyszę. Zdałem sobie sprawę, że byłem świadkiem rzeczy nadprzyrodzonej, wyjątkowej.[249]

Goście z Neapolu opuszczają klasztor kapucynów po południu. Ksiądz Dolindo myśli jeszcze o tym, by o. Pio pobłogosławił Dzieło, które realizuje w apostolaturze i jako duszpasterz. Nie zdąży jednak powiedzieć słowa, kiedy stygmatyk dodaje: „Dolindo, jesteś łasy na błogosławieństwa, ciągle nienasycony".

Ojciec Pio, z reguły oschły i z dystansem w kontaktach z ludźmi, rozpościera po raz kolejny szeroko ramiona, przytula ks. Dolindo mocno do serca. W tym uścisku trwają kilka minut. Dolindo nie przytacza dokładnie słów stygmatyka, ale uchyla rąbka tajemnicy. Pio mówi o przeszłości Dolindo, utwierdza go

---

[249] Dolindo Ruotolo, *Amore, Dolindo, Dolore*, s. 328.

w przekonaniu, że wszystko dzieje się i działo zgodnie z planem Bożym. Że także przyszłość jest w Jego rękach, a trudne chwile, jakie jeszcze czekają Dolindo, przetrwa. Była to prawdopodobnie zapowiedź fizycznych cierpień (paraliżu i śmierci) i diabolicznych ataków, jakich miał doświadczyć ten kapłan tuż przed swoją śmiercią.

Spotkanie tych dwóch mistyków kończy się mocnym i wymownym gestem. Ojciec Pio patrzy w oczy księdza z Neapolu:

- W twojej duszy jest Raj. Zawsze tam był, jest i będzie na wieki!

Po czym całuje ks. Dolindo. Stygmatyk jest raczej oszczędny w tego typu wyroczniach, a słowa wypowiedziane pod adresem nikomu nieznanego w tych okolicach ks. Dolindo robią spore wrażenie na świadkach tej sceny. Grono kapucynów, którzy od dłuższego czasu obserwują to niecodzienne wydarzenie, najpierw zastyga w zdumieniu, a potem kilku z nich rusza za oddalającym się od klasztoru kapłanem.

- Zaczekaj! Bracie, czy ty zrozumiałeś to, co powiedział do ciebie o. Pio? Do niewielu się tak zwraca.... Co chciał ci przez to dać do zrozumienia?

Dolindo wspomina:

> Ojciec Pio odpowiedział wtedy na pytania, z jakimi do niego pojechałem, utwierdzając mnie we wszystkim, co wydarzyło się w moim dotychczasowym ubogim, pełnym smutku i zmartwień, ale bogatym w wydarzenia życiu. [...] Jechałem tam bowiem z dwoma konkretnymi pragnieniami w sercu, z których nikomu się wtedy nie zwierzyłem: chciałem prosić o. Pio o światło na moją kapłańską drogę i ciągłe udręki, w jakie popadłem, oraz o jakiś drobny przedmiot, coś, co mógłby pobłogosławić dla chorych, których odwiedzałem, pocieszałem. [...] A więc

moja droga była drogą Boga ku zbawieniu. W sercu jedynie się korzyłem, choć widzę w sobie tylko nicość i marność.[250]

W księdze gości odwiedzających klasztor kapucynów w San Giovanni Rotondo po tej wizycie został krótki wpis ks. Dolindo:

16 października 1953 roku. Dzisiaj odwiedziłem o. Pio i bardzo dziękuję Jezusowi, że mi to umożliwił. Pan zaświecił to wielkie światło w Kościele i nadal będzie go używał, by rozświetlać dusze i prowadzić je do zbawienia. Dziękuję Ci, Jezu, dziękuję Ci, Mamo moja, Maryjo! Ubogi ks. Dolindo Ruotolo (ks. Dain Cohene).[251]

Do końca nie wiadomo, czy spotkanie w 1953 roku w San Giovani Rotondo było ich jedynym spotkaniem (oprócz spotkań w czasie bilokacji). Ojciec Pio odwiedził potem Neapol przynajmniej raz. W 1962 roku pojawił się w katedrze św. Januarego[252]. Na pewno między Neapolem a San Giovanni Rotondo trwała wymiana listów. W drugiej połowie lat 60., kiedy ks. Dolindo kończy największe i najtrudniejsze dzieło swojego życia, książkę o Niepokalanej[253], jedna z jego córek duchowych, Elena Montella, zwraca się listownie do o. Pio z prośbą o pomoc. Niestety zachowała się jedynie odpowiedź o. Pellegrino, kapucyna

---

250 *Lettera a Padre Mariano Cappuccino*, s. 6, 12.

251 Dolindo Ruotolo, *Amore, Dolindo, Dolore*, s. 273. Pozostawiam tutaj podwójny podpis, jakim posługuje się już wtedy ks. Dolindo Ruotolo; na polecenie Świętego Oficjum używa także pseudonimu; więcej na ten temat w rozdziale o dziełach kapłana.

252 Zob. Luigi Peroni, *Ojciec Pio*, Kraków 2008.

253 Chodzi o wspominaną już wcześniej książkę *Cosi ho visto l'Immacolata*, ostatnie i najważniejsze dzieło ks. Dolindo Ruotolo. Wiele osób odradza mu pisanie, kapłana nawiedza też sam diabeł, grożąc, że zrobi wszystko, by książka ta nie powstała.

z klasztoru w San Giovanni Rotondo. Jej treść potwierdza dwa fakty: ks. Dolindo z powodu tej i innych książek jest nękany przez diabła i znajduje się w ciągłym ogniu krytyki ze strony Kościoła. Tymczasem o. Pellegrino w imieniu stygmatyka pisze:

> Szanowna Pani, o. Pio mówi, że nic, co wyszło spod pióra ks. Dolindo, nie może zostać zaprzepaszczone. Dołóżcie więc wszelkich starań, by cały niewydrukowany materiał oddać w ręce osób inteligentnych, uczciwych i pełnych dobrej woli, unikając, na ile to od was zależy, „dawania psom tego, co święte, i rzucania pereł przed świnie (zob. Mt 7,6)".

Ojciec Pio doskonale wiedział, co pisze kapłan z Neapolu. W cytowanym tu liście prosi, by ks. Dolindo pokazał wszystko, co napisze arcybiskupowi Neapolu. Ponieważ sprawy, które poruszyła w swoim liście Elena Montella dotyczyły książki o Matce Bożej, o. Pio dodaje - prosząc jednocześnie o to, by te słowa zapisać wielkimi literami:

> Nie jest prawdą, jakoby ks. Dolindo był niezdolny do ukończenia ostatnich rozdziałów dzieła o Madonnie [...]. Nosi on je w swoim umęczonym ukrzyżowanym ciele pod okiem Matki Bolesnej. Pobożna współpracownica trwa z nim w jego cierpieniach i w powolnym męczeństwie świętego apostoła z Neapolu, tak jakby uczestniczył w Kalwarii z Maryją u stóp Jezusa.[254]

---

[254] Cytowany list z 13 marca 1967 roku pochodzi z archiwum rodzinnego Grazii Ruotolo.

Ojciec Pellegrino kończy zapewnieniem o modlitwie o. Pio za ks. Dolindo i prośbą, by także kapłan z Neapolu modlił się za stygmatyka. „Ja także proszę o modlitwę ks. Dolindo i całuję jego dłoń z synowskim uniżeniem".

Proroctwo o polskim papieżu

Nowy świat wzrasta pod stopami tego, kto kroczy drogami Golgoty.

ks. Dolindo,
22 marca 1944 roku

To jeden z ciekawych dla Polski (ale nie tylko) wątków w życiu ks. Ruotolo. Kochał Polskę i Polaków. Dochodziły do niego sygnały, że to kraj pobożny, oddany Matce Bożej. Musiał też poznać w Neapolu wielu polskich imigrantów, szczególnie w czasie pierwszej wojny światowej. „Polska wyzwoli Europę spod tyranii komunizmu" – pisze o. Dolindo w liście do jednego z polskich dyplomatów. Chodzi o niejakiego hrabiego Witolda Laskowskiego. Panowie nigdy się nie widzieli. Nie jest też do końca jasne, dlaczego akurat do niego Dolindo wysyła przesłanie, które jak wynika z opisu na oryginale, odwrocie obrazka z Matką Bożą, podyktowała mu właśnie Maryja. Prawdopodobnie – to relacja córek duchowych kapłana – hrabia ten, dyplomata, od znajomego adwokata z Neapolu słyszy o istnieniu zarówno o. Pio, jak i ks. Dolindo. Kilkakrotnie wyraża chęć odwiedzenia obu mistyków. Jego marzenie jednak nigdy się nie zrealizuje. Ksiądz Ruotolo, który ma nadprzyrodzone dary, między innymi widzenia i odczuwania wielu wydarzeń, pewnego dnia siada do biurka i nanosi na papier krótkie Maryjne przesłanie. Trzynaście lat przed wyborem Jana Pawła II neapolitański kapłan już wie, że to Polak zostanie papieżem. Nazywa go nowym Janem. Nie pada tu jednak nazwisko Karola Wojtyły.

Cały tekst z datą 2 lipca 1965 roku brzmi tak:

> Maryja do duszy: Świat chyli się ku upadkowi, ale Polska, dzięki nabożeństwom do Mego Niepokalanego Serca, uwolni świat od straszliwej tyranii komunizmu, tak jak za czasów Sobieskiego z dwudziestoma tysiącami rycerzy wybawiła Europę od tyranii tureckiej. Powstanie z niej nowy Jan, który poza jej granicami, heroicznym wysiłkiem zerwie kajdany nałożone przez tyranię komunizmu. Pamiętaj o tym. Błogosławię Polskę! Błogosławię Ciebie. Błogosławcie mnie. Ubogi ks. Dolindo Ruotolo - ulica Salvator Rosa, 58, Neapol.

Kopię listu zachowały córki duchowe o. Dolindo. Po październiku 1978 roku zaczęły szukać oryginału. Co ciekawe, obrazek z proroctwem znalazł się w szufladzie biskupa słowackiego Pawła Hnilicy[255], przyjaciela Jana Pawła II. Nie wiadomo dokładnie, w jaki sposób list o. Dolindo znalazł się w posiadaniu biskupa Hnilicy. Prawdopodobnie przekazał mu go sam hrabia Laskowski.

---

255 Biskup Hnilica zmarł w 2006 roku; to on osobiście dostarczył Janowi Pawłowi II strzeżone w tajnej części archiwum watykańskiego koperty z zapisem trzeciej tajemnicy fatimskiej. Był propagatorem kultu Maryjnego, szczególnie w kontekście objawień w Fatimie, a w ostatnich latach także w Medjugorie.

Hnilica z kolei sam potwierdził w jednym z wywiadów dla słowackiego radia[256] w 2004 roku, że Janowi Pawłowi II przekazano proroctwo:

> Dałem to też do przeczytania Ojcu Świętemu, on mi to oddał, bym to zwrócił Polakowi, który to sobie miał zostawić na pamiątkę, a sobie pozostawił tylko kopię. To jest właśnie ten nowy Jan, który naprawdę został zapowiedziany jako zwycięzca. Musimy się modlić, aby Pan Bóg go jeszcze długo, długo trzymał za rękę, byśmy byli bezpieczni, byśmy byli prowadzeni.

---

256 Nagranie radiowe pochodzi ze strony internetowej http://medziugorje.blogspot.com/2013_11_01_archive.html.

Prolog przed końcem...

Rok 1970. Jesień. Helikopter podrywa się z płyty lotniska Capodichino, siedem kilometrów od centrum Neapolu. Zatacza koło nad granatową zatoką, mija krater Wezuwiusza i kołuje nad centrum. Ksiądz Dolindo Ruotolo, na wpół sparaliżowany, spogląda w dół. Z tej perspektywy Piazza Del Gesù Nuovo wygląda jak puzzel. Setki razy ks. Dolindo przecinał go, zmierzając w różne strony. Klęczał tu z małym Józefem Moscatim jako chłopczyk. A po śmierci świętego lekarza przy jego grobie. Za pięć lat Paweł VI ogłosi profesora medycyny błogosławionym, a niedługo potem Jan Paweł II świętym. Obok średniowieczna bazylika Santa Chiara. Tutaj jeszcze za życia Dolindo często modlił się św. Ludwik z Casorii, a z balkonu pobliskiego kościoła św. Dominika sam św. Tomasz z Akwinu głosił swoje kazania. Trapez świętych. Także wokół tych samych murów św. Klary ks. Dolindo jako trzylatek biegał boso i wyszukiwał zioła na własnoręcznie przyrządzaną sałatkę z octem balsamicznym i oliwą, często jego jedyne pożywienie. Gesù Nuovo i Santa Chiara spoglądają na siebie z naprzeciwka, z obu brzegów słynnej

Przez ostatnie dziesięć lat swojego życia ks. Dolindo był na wpół sparaliżowany. Mimo to chodził ulicami Neapolu z różańcem w ręku i o lasce. Błogosławił ulice, wypędzał demony z kryjówek kamorry, odwiedzał szpitale.

Spaccanapoli, czyli „ulicy rozłupującej Neapol". Niczym brzytwa przecina miasto na dwie części. Z perspektywy nieba ciągnie się przez trzy kilometry środkiem miasta jak długi bicz, łącząc eleganckie wzgórze Vomero z nędzą Neapolu, niemal dotykając Stazione Centrale swoim drugim końcem. Nazwa ulicy jest potoczna, ludowa, bo tworzą ją w zasadzie krótkie odcinki różnie nazywanych, „nanizanych jak kawałki mięsa na drut w szaszłyku"[257] uliczek w Neapolu. Na widok gęstego labiryntu przyczepionych do Spaccanapoli uliczek, łza kręci się w oku ks. Dolindo - ileż razy wlókł się nimi jako chłopczyk w za dużych butach i szerokich spodniach ojca, z ciężkimi tobołami razem z rodzeństwem, kiedy całą rodziną przeprowadzali się z miejsca na miejsce.

Chiesa del Purgatorio i Piazza Paolo Maggiore - uciekali tędy z matką od ojca. Dalej Piazza Cavour - nieopodal, w budynku przy kościele dei Vergini, gdzie św. Alfons z Liguori przyjął chrzest, kiedyś stało seminarium Misjonarzy. Tutaj Dolindo dostał pierwsze w życiu nowe ubranie - sutannę. Tutaj pierwszy raz przespał noc bez strachu, że następnego dnia ojciec znowu złoi go łodygami kopru. Tutaj też był poniżany i dręczony psychicznie przez ks. Volpe, jego duchownego opiekuna w seminarium. Ale to tutaj doznał całkowitego uzdrowienia umysłu. Ciosy ojca przez długie lata powoli uszkadzały dziecko. Doli nie był w stanie niczego zapamiętać, z trudem czytał. Po niezwykłym wydarzeniu w kaplicy Misjonarzy, chłopak chłonął najbardziej zawiłe treści teologii.

Helikopter zatacza drugie koło. Osiemdziesięcioośmioletni kapłan z trudem podnosi rękę. W powietrzu kreśli znak krzyża. Błogosławi miastu. Po raz ostatni.

---

257 Por. Gustaw Herling-Grudziński, *Dziennik pisany nocą*, t. 3, Kraków 2012, s. 402.

– I po raz pierwszy z takiej perspektywy – śmieje się dzisiaj Grazia Ruotolo, bratanica Sługi Bożego. – To była w tak długim życiu mojego wuja, jego jedyna „fanaberia" – dodaje. – Nie miał już wtedy siły chodzić, ledwo się poruszał. A kochał Neapol. Nawet kiedy padał deszcz, wychodził z domu i błogosławił: „Niech ta woda obmyje miasto i dusze jego mieszkańców".

Ostatni krzyk

Pocieszajcie ubogich, napełniajcie nadzieją tych, którzy zawodzą z powodu jej braku, przywróćcie ludziom wiarę, zróbcie wszystko, by pojednali się z Bogiem ci, którzy od Niego odeszli, albo też gorzej – którzy się przeciw Niemu zbuntowali w swoim bólu i żyją w mroku swej ich świadomości, bez jakiegokolwiek pocieszenia, bez nadziei!

ks. Dolindo,
kilka miesięcy przed śmiercią

Fizyczna kalwaria ks. Dolindo Ruotolo zaczyna się dziesięć lat przed śmiercią. Jest dokładnie 1 listopada, Wszystkich Świętych 1960 roku.

31 października w czasie kazania w kościele Santa Maria del Caravaggio w centrum Neapolu kapłan mówi zdecydowanym tonem: „Nie ma czegoś takiego jak półśrodki. Na drogach Boga trzeba być radykalnym, a nie jedną nogą tu, a drugą

Ksiądz Dolindo z jedną z córek duchowych. Do końca pomagał jako kapłan w parafii, w której proboszczem był jego starszy brat Elio.

tam"[258]. Następnego dnia dostaje paraliżu połowy ciała. Lekarze diagnozują też zwyrodnienie stawów. Porusza się z trudem, o lasce. Głowa nieco przekrzywiona na prawo. Taki stan trwa dokładnie dziesięć lat. Kapłan nie rezygnuje jednak ze swojej aktywności w żadnym punkcie, nadal odwiedza chorych w szpitalach, więzieniach, zanosi swoim „biedaczynom" z ulicy obiad. Codziennie. Najtrudniejsze musi być pokonanie schodów w kamienicy, gdzie mieszka. Wysokich, nierównych, w wąskiej klatce schodowej. Zważywszy na topografię Neapolu - miasto to plątanina, labirynt wznoszących się i opadających ulic, czy to na starówce, czy w nowszej części aglomeracji - w stanie ks. Ruotolo takie spacery to nie lada wyczyn. Ponad ludzkie siły. Osobie zdrowej wcale nie łatwo poruszać się pieszo po mieście.

Koniec lat 60. To czas wielkich zmian w Kościele, trwa Sobór Watykański II. Ksiądz Dolindo to wszystko bardzo przeżywa - jest na bieżąco dzięki relacjom odwiedzających go księży. Wielu jest jednak sceptykami wobec nadciągającej rewolucji.

W 1968 umiera jego brat, ks. Ausilio Ruotolo, profesor filozofii, pisarz i poeta, a jednocześnie wyższy urzędnik w kurii neapolitańskiej i kanonik katedry oraz spowiednik tak zwanych trudnych przypadków. Wcześniej zmarł też jego ukochany brat Elio, kapłan i proboszcz parafii Niepokalanej Maryi z Lourdes i św. Józefa. Odchodzą też siostry Bianca i Cristina, obie są osobami konsekrowanymi. Księdzem Ruotolo opiekuje się już tylko rodzina Cervo, Enzina i Umberto. W domu odwiedza go nowy proboszcz.

Grudzień 1969 roku. „Czuję, że upadam, a jednocześnie, że... się unoszę" - powtarza w tym czasie kapłan. Jest coraz słabszy

---

258 Notatki Ciznii Cervo.

fizycznie, ale coraz silniejszy duchem. 25 grudnia, w swoje ostatnie Boże Narodzenie, przeżyje rodzaj ekstazy. Tej nocy nie zmruży oka.

> Całą noc czuwałem i duszą schroniłem się cały w grocie w Betlejem, gdzie kontemplowałem Madonnę, która ukazała mi się niczym przezroczysta wiązka światła [...]. Była jak błyszczący kryształ, a jej oblicze jaśniało: Maryja była cała przeniknięta wielkością i potęgą Boga.
>
> Czy to był jedynie stan modlitwy? Czy też może rodzaj ekstazy? Z pewnością jestem w niej teraz, na wspomnienie przeżyć tamtej nocy. [...] Wybiła północ: Słowo narodzone z Maryi dziewicy niczym promień słońca, który przebija się przez kryształ, leżało u Jej stóp [...], niebiosa zajaśniały, anieli śpiewali: Chwała na wysokości Bogu i pokój ludziom dobrej woli na ziemi.
>
> Maryja wzięła w dłonie Boskie dziecię, lepiej niż kiedy jako kapłan ujmuję w dłoniach konsekrowaną Hostię... Owinęła je płótnem swoimi najczystszymi, dziewiczymi dłońmi, które były niczym kapłański welon...
>
> I ułożyła Je w żłobie, rozpoznając w Nim ofiarę na krzyż...
>
> O moje dzieci, jestem bez słów.[259]

Marzec 1970 roku. Sytuacja na Bliskim Wschodzie i permanentny, trwający od 1948 roku konflikt Państwa Izraelskiego z krajami arabskimi nasila się. 24 marca 1970 roku w liście do jednej z izraelskich zakonnic ks. Ruotolo pisze: „Modlę się gorąco by Ściana Płaczu, przy której od zawsze modlą się Żydzi, przetrwała i nie uległa zniszczeniu". Zdanie to interpretuje się jako rodzaj proroctwa wobec gestu Jana Pawła II i aktu

---

[259] Dolindo Ruotolo, *Amore, Dolindo, Dolore*, s. 299.

przebłagania Żydów o wybaczenie grzechów i krzywd, jakie wyrządzili im chrześcijanie. Trzy dekady przed wizytą polskiego papieża w tym miejscu, kapłan z Neapolu modli się o takie właśnie pojednanie.

6 sierpnia 1970 roku pisze ostatni list do córek duchowych. Przeczuwa w nim nadchodzący koniec: „Moja godzina się zbliża". Kilka zdań brzmi jak swoisty testament duchowy kapłana:

> Pocieszajcie ubogich, napełniajcie nadzieją tych, którzy zawodzą z powodu jej braku, przywróćcie ludziom wiarę, zróbcie wszystko, by pojednali się z Bogiem ci, którzy od Niego odeszli, albo też gorzej - którzy się przeciw Niemu zbuntowali w swoim bólu i żyją w mroku swojej ich świadomości, bez jakiegokolwiek pocieszenie, bez nadziei!

Kilka miesięcy przed śmiercią powierza Dzieło młodemu ks. Penitentiemu, który jest już wtedy znanym we Włoszech propagatorem ekumenizmu. Jak setki innych kapłanów odwiedza pewnego dnia ks. Dolindo. Po głębokim modlitewnym rozeznaniu i po rozmowie z zaufanymi osobami z Rzymu ks. Ruotolo decyduje się oddać w ręce ks. Penitentiego prawa do zarządzania i kierowania działalnością Apostulatury Wydawniczej. Jednak szybko rezygnuje on z tego, a wydawaniem i spisywaniem rękopisów ks. Dolindo zajmie się wkrótce, założona 8 grudnia 1970 r. przez o. Stefano Maria Manellego, z którym nepolitańczyk pod koniec życia także nawiązał serdeczny kontakt, Casa Mariana Editrice z siedzibą we Frigento. Przy pracy pomagają dzisiaj franciszkanki i franciszkanie Niepokalanej, między innymi w Neapolu. To zgromadzenie, które założył właśnie o. Stefano Manelli, a inspiruje się ono doświadczeniem życia i działalności o. Maksymiliana Kolbego. Ojciec Stefano Manelli jest synem Sług Bożych Licii i Settimia Manellich[260].

Z zapisków Cinzii Cervo wynika, że na nogach ks. Dolindo pojawiają się coraz bardziej bolesne rany. Otarcia, urazy spowodowane paraliżem i złym krążeniem. Miejscami robią się na nich odleżyny. Mimo coraz gorszego stanu zdrowia, nie zmienia on rytmu życia.

> Nadal wstawał o 2.30 w nocy[261], by o 3.00 punktualnie odmówić poranną modlitwę. Pomyślałam, że może nie nastawię zegara [...], by pozwolić ojcu trochę dłużej pospać. Ale od razu się zorientował. Ponieważ ojciec miał świetną relację ze swoim Aniołem Stróżem, zwróciłam się więc do Niego przynajmniej ze trzy razy.

Dzięki temu o. Dolindo śpi dłużej, ale jak notuje Cinzia, ma z tego powodu spore wyrzuty sumienia, a nawet się spowiada. I kiedy Cinzia uśmiecha się pod nosem, obrzuca ją badawczym spojrzeniem. „Musiałam się przyznać - pisze Cinzia. - Rozmawiałam z ojca Aniołem Stróżem" - mówi do ks. Ruotolo.

Ksiądz Dolindo w tym czasie wydaje się coraz bardziej zanurzony w niebie.

> Pewnego ranka w czasie Eucharystii dostrzegłam, że ojciec jest bardzo czymś przejęty Mówi mi: Mój Anioł Stróż tu stoi [...].

---

260 Małżonkowie Manelli w niedługim czasie będą trzecią z kolei w historii Kościoła wyniesioną na ołtarze parą małżeńską. Poczęli 21 dzieci, z czego urodziło się siedemnaścioro, większość do dziś żyje w Rzymie. Manelli znani są jako „małżonkowie o. Pio"; stygmatyk był ich ojcem duchowym.

261 Taki rytm narzucił sobie jeszcze w seminarium Misjonarzy, gdzie wtedy musiał prosić o specjalne pozwolenie na wstawanie o tej porze.

W duszy też zapragnęłam zobaczyć mojego Anioła. I w tym momencie ojciec odwrócił się i powiedział: widzę i twojego Anioła. Jest takiej wielkości jak ty, Enzina, stoi po twojej prawej stronie.

Ksiądz Dolindo powiedział, co zanotowała Cinzia, że Anioł Stróż bardzo ją przypomina. W duszy kapłan słyszy od tej pozaziemskiej istoty, że wszystkie anioły towarzyszą w ten sposób ludziom, których powierzył im Bóg, całkowicie dostosowując się do ich wzrostu, wielkości. Wydarzenie ma miejsce 2 października 1969 roku w święto Aniołów Stróżów.

Już kiedy był sparaliżowany, pewnej nocy ojciec bardzo źle się poczuł. Wtedy jeszcze nie nocowałam na Salvator Rosa, a codziennie o 4 rano szłam tam razem z moim bratem Umberto, by pomóc ojcu. Tamtej nocy miałam sen, w którym widziałam, jak ojciec siedzi na środku łóżka i donośnym głosem woła mnie na pomoc. Natychmiast się obudziłam. Spojrzałam na zegarek. Była 2.30. Obudziła się też moja mama i mówi: Kochany aniele, mówiłam ci, dajcie mu pospać dwie godziny dłużej [...]. Teraz biegnijcie, on potrzebuje waszej pomocy, jest 4.30, jesteście spóźnieni. Umberto szybko zebrał się z łóżka i czym prędzej udaliśmy się do ojca (miałam klucze od bramy wejściowej i od drzwi mieszkania). Zastaliśmy go siedzącego na środku łóżka. Źle się czuł i nie mógł wstać. Powiedział: Posłałem po was Anioła Stróża, bo potrzebowałem pomocy. Jak to możliwe, że jest tak późno? Ze zdziwieniem spojrzeliśmy na zegar, który wybijał 2.37. [...] Gdyby Anioł nas nie pospieszył, ojciec spadłby z łóżka.

Ksiądz Dolindo na kilka tygodni przed śmiercią w swoim mieszkaniu przy via Salvator Rosa wciąż przyjmował wielu ludzi, spowiadał ich, odprawiał Msze Święte i pisał.

Ksiądz Dolindo jest coraz słabszy, ale nie oszczędza się. Jest druga połowa 1970 roku, a on niestrudzenie przyjmuje penitentów, pisze listy i *imaginette.*

Pomimo moich kombinacji z zegarem, wstawał o stałej porze - zapisuje Enzina. - Skończył osiemdziesiąt osiem lat 6 października, a 1 listopada minęło dziesięć lat jego paraliżu; w sobotę 8 listopada, kiedy po Mszy Świętej pomagałam mu dojść do jego pokoiku drobnym kroczkiem, zatrzymał się i mówi: - Już nie umiem się utrzymać na nogach, ale nie martw się, Jezus podtrzymuje mnie swoją miłością. Odmówmy dziękczynne *Ave Maria* za to, że Matka Boża pozwala mi jeszcze odprawiać Msze Święte.

13 listopada 1970 roku ks. Dolindo Ruotolo po raz pierwszy celebruje Eucharystię i udziela Komunii na siedząco. „Miałam wrażenie, że ojciec lada chwila upadnie" - pisze Enzina. Wieczorem rośnie temperatura jego ciała. „Tamta noc była straszna - notuje Enzina. - O 23.40 ponownie wstał kuśtykając z łóżka, miał dreszcze. Potem na chwilę usnął, mi też udało się odpocząć". Nagle ze snu Enzinę wyrywa donośny głos ks. Dolindo. „Enzina! Enzina!". Jest kilka minut po północy.

Wybiegłam natychmiast i zastałam go leżącego nieruchomo na podłodze. Próbowałam podnieść go sama, ale nie dawałam rady. Zawołałam siostrę[262] i pułkownika z naprzeciwka, który uprzejmie pomógł nam podnieść ojca i położyć z powrotem do łóżka. Po raz pierwszy zegar dzwonił tej nocy o trzeciej. Ale ojciec nie obudził się. Ale o piątej nie mogłam go już dłużej powstrzy-

262 Prawdopodobnie chodzi o Bianchę Cervo.

mać, chciał odmówić modlitwy. Modlił się aż do siódmej, potem musiałam wykonać mu bardzo bolesny opatrunek na nogach. Później wyspowiadał kilka osób i zgodnie z wolą dobrego Boga odprawił przy ołtarzyku swoją ostatnią Mszę Świętą.

Jest niedziela 15 listopada. „Z wielkim trudem go utrzymałam, bo wszystko robił, stojąc. Tylko Komunii udzielał już na siedząco". Kilka osób pomaga odprowadzić ks. Dolindo do jego pokoiku, gdzie z rąk jego proboszcza i spowiednika zarazem, o. Ferdinando Cavagliere otrzymuje święte oleje. „Natychmiast potem położyliśmy go do łóżka, miał wysoką gorączkę i zapalenie płuc".

16 listopada 1970 roku, w poniedziałek, ks. Dolindo prosi, by pomóc mu wstać. Chce odprawić Mszę.

- Nie może ojciec, jest ojciec chory - z bólem tłumaczy mu Enzina. „Dopiero kiedy sam stwierdził, że nie może już usiąść, nawet z moją pomocą, nieomal zapłakał. Powierzył się cały woli Bożej. Komunię przyjął na leżąco w łóżku".

W poniedziałek - jak notuje Enzina - ks. Dolindo odwiedza ks. Penitentiego.

Przyszedł, ale od razu wyszedł, choć wolałam, by został, szczególnie że to jemu ojciec powierzył całe swoje Dzieło, by nie zginęło. Ksiądz Penitenti kazał zostać na miejscu jednemu ze swoich księży, ks. Antonio, dość wyniosłemu typowi. Jeden z młodzieńców, Attilio Sacripanti[263], chciał zostać dwie noce z nami, by móc asystować przy śmierci ojca, ale stało się tak, jak ojciec mu przepowiedział: „Ciebie nie będzie przy mnie". Biedaczek nie wy-

---

263 Dziś fizyk nuklearny, znany we Włoszech sędzia dżudo; kilka lat przed śmiercią o. Dolindo cudownie uzdrowiony po jego modlitwie wstawienniczej.

trzymał i poszedł. Zostałam więc sama w najgorszym, to znaczy, chciałam powiedzieć, w najpiękniejszym momencie z ojcem. Około 1.30 w nocy zapukałam do drzwi, gdzie spał ks. Antonio, że ojciec ma lodowate nogi, a jego nerki stanęły i że się martwię. Poszedł więc do pokoju, obszedł ojca i wrócił spać. Byłam rozczarowana. Także i on nas opuścił, jak Attilio.

Dzięki energicznym zabiegom doktor Barbary Bartolini, zapalenie płuc wydawało się pokonane.

Ale ojciec coraz bardziej tracił siły. W środę (18 listopada) prawie nic nie zjadł [...]. Modlił się tylko, cały czas się modlił, [...] na głos, za Kościół, za Papieża i za księży, za dusze, nie zapominał o nikim. Odpowiadał tym, którzy przychodzili z odwiedzinami. - Ojcze - mówiłam mu - niech ojciec spróbuje trochę odpocząć. A on mi odpowiadał: - Córko moja, módlmy się, bo życie wieczne to nie żart. [...] Około dwudziestej drugiej zauważyłam, że ojciec się dławi, więc zaczęłam mu podawać wodę na łyżeczce, ale i tego nie mógł przełknąć. Zwilżałam mu więc usta chusteczką nasączoną wodą, cieszył się, cierpiąc z pragnienia! Był taki pogodny, ani przez chwilę nie narzekał, w ciszy pokoiku czuło się zaduch. Paraliż nasilił się, a ojciec przestał całkowicie widzieć na lewe oko.

Enzina podkreśla, że ks. Dolindo ani na chwilę nie stracił zmysłów. „Zapytałam go raz, czy wie, kim jestem. A on na to: - Aniołeczku mój, Enzina, niech cię Bóg błogosławi - i uniósł rękę, czyniąc znak krzyża".

19 listopada 1970 roku, czwartek.

O świcie ojciec zaintonował *Salve Regina* i w pewnym momencie wpatrując się w górę powiedział: „*Madonna mia!* Jaka jesteś piękna! I jakby w ekstazie, trwał tak kilka chwil w ciszy. Po czym dokończyliśmy razem śpiewać *Salve Regina*. Niesamowity pokój wyczuwało się wokół umierającego, jakiś rodzaj słodyczy i delikatności w ogniu tak wielkiego cierpienia!

Spróbowaliśmy podać mu jeszcze kapsułkę antybiotyku, rozsypując ją w ustach, ale ojciec dał nam delikatnie znać, że nie da rady i oczyściłam mu język. Ksiądz Bernardino stwierdził, że nie poda Komunii Świętej, bo ojciec nie przełyka. Ależ to był dla ojca ból, przeżywał przecież całe Misterium Paschy.

Jednak do mieszkania na Salvator Rossa po krótkim czasie puka inny kapłan, ks. Giovanni G(F)olasso[264] z Jezusem Sakramentalnym.

Uprzedziłam go, że ojciec już nie przełyka, ale on swoim donośnym głosem zapytał ojca, czy chce przyjąć Jezusa. - Tak! - odparł ojciec, i po odpuszczeniu grzechów ks. Giovanni udzielił mu Komunii. Moja radość nie miała granic! Ojciec Dolindo był w stanie uniesienia, wielkiego wewnętrznego ukojenia, a gdy Jezus wypełniał to serce, które całe życie było dla Niego, wokół nas zaczął unosić się Jego zapach, silny zapach lilii. Zawołałam o. Falasso: Ojcze, ależ zapach! Czuje ojciec zapach lilii? Ksiądz odwrócił się do mnie i wzruszony przytaknął, tylko kiwając głową.

---

264 Nie wykluczam drobnych pomyłek w pisowni nazwisk; materiał źródłowy z którego korzystałam, to odręczne notatki Enziny Cervo, w wielu miejscach mało czytelne, jest tam też sporo skreśleń.

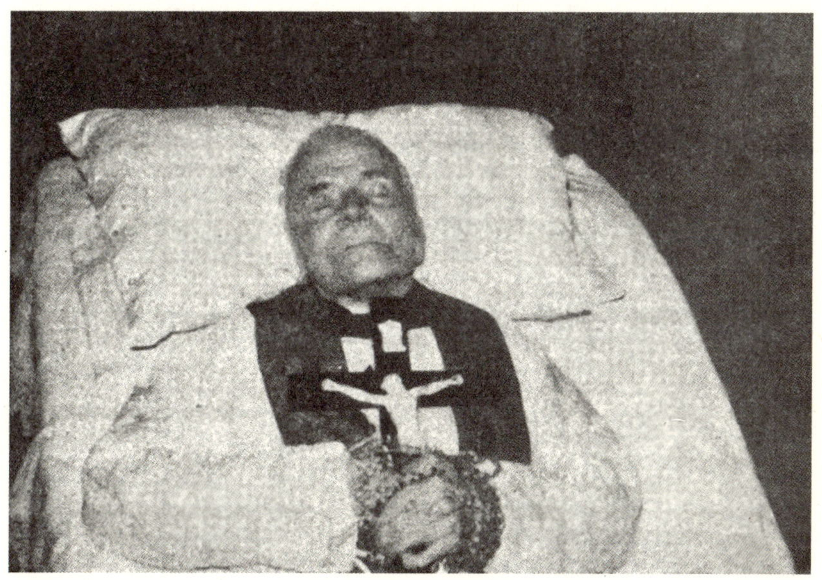

19 listopada 1970 roku, kilkanaście minut po śmierci ks. Dolindo Ruotolo. Nad jego łóżkiem unosił się zapach lilii, wszystkie rany i blizny na nogach zniknęły w ciągu godziny. Na jego twarzy długo pozostawał uśmiech.

Na kilka chwil przed śmiercią Enzina przewróci jeszcze ks. Dolindo na prawy bok - pilnuje tego, by uniknąć odleżyn na ciele. W mieszkaniu zbierają się córki i synowie duchowi kapłana. Ale w niewielkim pokoiku przy umierającym jest tylko Enzina, jej siostra Anna, sąsiadka z dołu pani Di Sciascio oraz pielęgniarz i pan Umberto Cervo, brat Enziny.

- Byliśmy koło niego we czwórkę i modliliśmy się intensywnie - wspomina ten moment ze wzruszeniem pan Umberto.

Godzina 17.13. Ksiądz Dolindo ma coraz niższy puls, schodzi do trzydziestu dwóch uderzeń na minutę.

Pan Umberto: - I w pewnym momencie zerwał się z łóżka, rozpostarł szeroko ramiona.

> Jak dziecko, które wyciąga ręce do mamy i rzuca się jej naprzeciw wołając „och!" z zachwytem. I oddał ducha Bogu - notuje Cinzia. - Podtrzymałam go i poprawiłam poduszkę. Jego twarz była uśmiechnięta, wydawał się jaśniejący i pełen szczęścia, błogosławiony. Dowodem są zdjęcia, jakie udało się zrobić mojej siostrze.

Pan Umberto: - To było wydarzenie w pełni cudowne.

Z notatek Cinzii wiadomo, że po okrzyku, jaki wydał z siebie ks. Dolindo, pielęgniarz próbuje jeszcze intensywnego masażu serca. Ale Cinzia nie wytrzymuje i krzyczy: „Przestańcie go już torturować!".

Santo! Subito?

Wieść o śmierci ks. Dolindo Ruotolo rozchodzi się po Neapolu lotem błyskawicy. Ciało zmarłego zostaje wystawione rankiem 20 listopada w kościele parafialnym Najświętszej Maryi Panny z Lourdes i św. Józefa przy via Salvatore Tommasi. Enzina, która bardzo przeżywa te wydarzenia, wspomina także moment, kiedy razem z bratem Umberto przygotowuje ks. Dolindo do trumny. „Jakież było moje zdziwienie, kiedy zakładając mu spodnie, zobaczyłam, że jego wcześniej poranione i opuchnięte nogi były gładziutkie i zamiast cuchnąć ranami i odleżynami, pachniały wonią raju". I dodaje: „Wielką ulgę przyniósł mi widok rzeki ludzi, którzy przyszli, by pożegnać się z ojcem, setki kapłanów i sióstr zakonnych".

Tłum jest tak gęsty, a kolejka tak się wije - od kościoła, w dół ulicy Salvatore Tommasi przez kilka kilometrów, aż do Muzeum Archeologicznego przy Piazza Cavour - że potrzebna jest interwencja i pomoc służb porządkowych. Przy samej trumnie na straży stoi kilku młodych wolontariuszy na zmianę z księżmi, by uchronić ciało ks. Dolindo przed napierającymi ludźmi.

Kiedy ulicami Neapolu niesiono trumnę z ciałem ks. Dolindo Ruotolo, tysiące ludzi próbowało jej dotknąć. Mówiono: „zmarł święty kapłan!”.

Wielu chce ostatni raz dotknąć „tego świętego kapłana". Ludzie wyczekują tak cały dzień i noc, w listopadowym chłodzie, wielu z płonącymi świecami w dłoniach. Nad Neapolem unosi się rytmiczne *Ave Maria*.

Na sam pogrzeb przyjeżdżają też córki i synowie duchowi ks. Ruotolo z zagranicy, z Belgii, Francji, ale i z całych Włoch. 21 listopada, w dniu pogrzebu, władze miasta wstrzymują ruch. Spodziewają się wszystkiego, ale tłum i tak przerasta wyobrażenia. Do otwartej trumny niesionej przez centrum Neapolu ludzie wrzucają kwiaty.

Grazia Ruotolo: – Ludzie płakali, nie wiem ile nas było. Setki, tysiące. Trumnę złożono na starym cmentarzu przy via Poggioreale w kaplicy Figli del Carmelo w alei Scala Santa. Od razu było wiadomo, że to nie jest dobre miejsce.

Enzina Cervo bardzo przeżywa rozstanie z ojcem. Co niedzielę odwiedza go na cmentarzu. Przy grobie ciągle palą się świece, pełno kwiatów i listów do kapłana. Dwa lata po śmierci, 17 listopada 1972 roku, zapada decyzja o ekshumacji i przeniesieniu ciała do większej kaplicy. Nowy marmur funduje dwóch parafian, synów duchowych ks. Ruotolo. Po raz pierwszy na nagrobku pojawia się wtedy napis, część duchowego testamentu ks. Ruotolo: „Ufaj Bogu! Kiedy przyjdziesz do mojego grobu, zapukaj, nawet zza grobu odpowiem ci: ufaj Bogu!".

W czasie ekshumacji ks. Ruotolo dochodzi do niezwykłego odkrycia. Po pierwsze, zwłoki są praktycznie nienaruszone, a ciało zmarłego tak giętkie, że bez problemu można by je przebrać. Po wtóre, na karku oraz dużym palcu lewej stopy widoczne są krople żywej czerwonej krwi[265]. Natychmiast tra-

[265] Zob. *Don Dolindo Ruotolo, Sacerdote Santo, Postulazione Generale dei Francescani dell'Imacolata*, Apostolato Stampa, Casa Mariana Editrice, Napoli 2008, s. 178.

Na grobie kapłana ludzie zostawiają w grubych księgach wpisy dziękczynne za cuda wyproszone za wstawiennictwem ks. Dolindo. W oddali zdjęcie św. Gemmy Galgani, która ukazała się kapłanowi już po swojej śmierci, a za życia przewidziała, że jego życie będzie ofiarą za grzechy Kościoła.

fiają do badania, pod mikroskop Instytutu Medycyny w Neapolu, który potwierdza ich autentyczność. Obecni przy ekshumacji zdążą nasączyć krwią chusteczki, by przechować je jako relikwie.

I jeszcze jeden szczegół. Ksiądz Ruotolo został pochowany razem ze szkaplerzem trzeciego zakonu franciszkańskiego, do którego należał, miał też stułę kapłańską. W chwili otwarcia trumny po dwóch latach, wszystkie ubrania kapłana są w kawałkach i mocno zniszczone czasem, wilgocią i ziemią. Jedyne nienaruszone rzeczy to stuła i szkaplerz[266].

Tłumy nieprzerwanie ciągną, by modlić się przy grobie ks. Dolindo. Jednocześnie coraz więcej osób z jego parafii domaga się, by ciało przenieść do kościoła przy via Salvatore Tommasi. Nacisk jest tak silny, że ówczesny metropolita Neapolu, arcybiskup Corrado Ursi, prosi o zebranie podpisów pod takim wnioskiem. W ciągu kilku dni w kurii zostaje zebranych ponad dwadzieścia tysięcy podpisów. 12 października 1974 roku zatem, z udziałem tysięcy mieszkańców Neapolu, przy asyście biskupa pomocniczego Vittorio Longo, ciało ks. Dolindo Ruotolo jest uroczyście przeniesione do kościoła. Do dziś spoczywa tuż przy ołtarzu ukochanego przez ks. Dolindo św. Józefa, w nawie bocznej, w sąsiedztwie tutejszej repliki groty z Lourdes.

W 1995 roku została złożona oficjalna prośba o wszczęcie procesu beatyfikacyjnego i kanonizacyjnego Sługi Bożego. W styczniu 1997 arcybiskup metropolita Neapolu zwrócił się do Kongregacji ds. Świętych o *nulla osta* („brak przeszkód") Stolicy Apostolskiej. Tymczasem umiera pierwszy postulator, kapucyn o. Antonio Maglione, drugim został o. Massimiliano Maffei,

---

266 Tamże.

obecnie zawieszony w swoich czynnościach. Automatycznie wstrzymano też i proces, nie ma dalszych decyzji, nie wyznaczono nowego postulatora.

Post scriptum

Odchodzę z ziemi z duszą pełną miłości do Boga i ludzi. Nigdy nie żywiłem żalu, niechęci do tych, którzy wyrządzili mi krzywdę. Nie potrzebowałem nawet im przebaczać, gdyż zawsze twierdziłem, że to ja potrzebuję ich wybaczenia: kochałem tych, którzy stanęli na mojej drodze [...] *Tylko Bóg!*[267]*. Powiem moją śmiercią „Ufam Tobie", powiem, zamieniając się w proch z nadzieją na ostateczne zmartwychwstanie... Żegnaj na zawsze życie ziemskie... Żegnaj!* [...] *Ufajcie Bogu, zawsze! Niech będzie chwała Tobie, o mój Boże, tylko Tobie w mojej nicości!... Kiedy moja trumna będzie pobłogosławiona, uśmiechnij się do mnie raz jeszcze, Jezu, ze swego tabernakulum, przytul mnie w swoim miłosierdziu, zamróź mnie raz jeszcze w swojej miłości, powiedz mi, o Jezu, „ja Jestem Zmartwychwstanie i Życie!". I spraw, by każda komórka mojego ciała, która rozproszy się w ziemi, śpiewała moją marność i Twoją chwałę!*[268]*.*

ks. Dolindo

---

267 Nawiązanie do słów św. Teresy, *Solo Dios basta!*, „Sam Bóg wystarczy".
268 Dolindo Ruotolo, *Amore, Dolindo, Dolore*, s. 305.

Rok 2016. W kościele Matki Bożej z Lourdes i św. Józefa przy via Salvatore Tommasi tłum. Jak każdego 19 dnia miesiąca. Od murów świątyni odbija się *Ave Maria*. To dzień śmierci o. Dolindo, ks. Pasquale odprawia specjalne nabożeństwo, które kończy Różańcem przed Najświętszym Sakramentem.

Męka Chrystusa i życie Dolindo - te sprawy się przenikają. Z ludzkiego punktu widzenia trzeba by nad losem ks. Ruotolo zapłakać. Ale z perspektywy nieba to była przepustka do Raju. Ubóstwo, głód, poniżenie, prześladowanie ze strony Kościoła nawet, napady diabła, fizyczne cierpienie. O to wszystko o. Dolindo prosił. „Daj mi, Jezu, choć trochę wziąć udział w Twojej Męce". Od dzieciństwa, miał upodobanie i miłość do Pasji. Dolindo robił to z miłości. Z miłości wybaczał swoim prześladowcom, do tego stopnia, że kiedy ktoś przeciw niemu szemrał czy donosił, znajdował go, klękał przed nim i to on, prześladowany, prosił oprawców o wybaczenie. Tak potrafi tylko Miłość, heroiczna Miłość.

Po Mszy Świętej tłum zwraca się do nawy bocznej. Ksiądz Pasquale odmawia akt zawierzenia św. Józefowi przed jego statuą i modlitwę o beatyfikację o. Dolindo przy jego grobie. *Viva san Giuseppe! Viva padre Dolindo!* - intonuje okrzyk młody kapłan. *E viva! Viva!* - dołączają się pozostali. I gotują owacje na stojąco dla świętego i dla Sługi Bożego.

Wbijam wzrok w epitafium wyryte na czarnej marmurowej płycie obok fotografii kapłana. Trudno przeczytać je ze spokojem...:

Zostawiłeś mnie okaleczonego w moim kapłaństwie, o Kościele święty, w ucisku niepokoju; nikt jednak nigdy nie mógł oddzielić mnie od ciebie... Moje kapłaństwo rozkwitło właśnie

Epitafium, które córki duchowe kazały wyryć na czarnej marmurowej płycie obok fotografii kapłana.

w strasznej pokorze i niczym bluszcz w setkach rozgałęzień zanurzam się w twoim wiecznym Kapłaństwie, o Jezu.

Ksiądz Dolindo Ruotolo, *pover nulla*, nic nieznaczący biedaczyna.

Literatura

Francesco Castelli, *Przesłuchanie Ojca Pio. Odtajnione akta Watykanu*, Wydawnictwo Serafin, Kraków 2009.

Francesco Castelli, *Przesłuchanie Ojca Pio. Odtajnione archiwa Watykanu*, Wydawnictwo Serafin, Kraków 2009.

Francesco Castelli, *Ojciec Pio i Święte Oficjum. Odtajnione archiwa Watykanu*, Wydawnictwo Serafin, Kraków 2014.

Don Dolindo e il S. Ufficio. Lettre da Roma, Apostolato Stampa, Napoli-Riano-Sessa Aurunca 1975.

Silvana di Filippo, *C'erano anche alcune donne*, Apostolato Stampa, Casa Mariana Editrice, Napoli 2006.

Leksykon teologii fundamentalnej, Wydawnictwo M, Lublin-Kraków 2002.

Lettera a Padre Mariano Cappuccino a San Giovanni Rotondo, w: *Padre Pio e Don Dolindo*, „Cronache di Napoli", z 12 października 1968.

Agnese Palumbo, Maurizio Ponticello, *Misteri, segreti e storie insolite di Napoli*, Newton Compton Editori, Roma 2016.

Luigi Peroni, *Ojciec Pio*, t. 1–2, Dom wydawniczy Rafael, Kraków 2008.

Vincenzo Regina, *Le chiese di Napoli*, Newton Compton Editori, Roma 2015.

Dolindo Ruotolo, *Amore, Dolindo, Dolore. Pagine autobiografiche del sacerdote Dolindo Ruotolo*, Apostolato Stampa, Casa Mariana Editrice, Napoli 2001.

Dolindo Ruotolo, *Chi morra, Vedra...Il Purgatorio e il Paradiso*, Casa Mariana Editrice Apostolato Stampa, Napoli 2006.

Dolindo Ruotolo, *Cosi ho visto l'Immacolata*, Casa Mariana Editrice, Frigento 2011.

Dolindo Ruotolo, *Dalla Sorgente... Rivoli di luce*, Edizioni Segno, Udine 1999.

Dolindo Ruotolo, *Epistolario*, Vol. 2: *Lettere a Aurelia, Gabriella, ... P. Vople*, Apostolato Stampa, Napoli 1992; Vol. 3: *Lettere ai familiari*, Napoli 1995; Vol. 4: *Lettere a Salvatore La Rovere, „mio figliuolo spirituale"*, Napoli 2002.

Dolindo Ruotolo, *Fui chiamato Dolindo, che significa dolore... Pagine d'autobiografia e di scritti di carattere autobiografico*, Vol. 1, Apostolato Stampa, Napoli–Benevento–Riano 1989.

Dolindo Ruotolo, *I Fioretti di don Dolindo*, Apostolato Stampa, Casa Mariana Editrice, Napoli 2006.

Dolindo Ruotolo, *La vita di N.S. Gesu Cristo*, Apostolato Stampa, Casa Mariana Editrice, Napoli 2006.

Dolindo Ruotolo, *Ora Santa in unione con Gesu Agonizzante*, Apostolato Stampa, Casa Mariana Editrice, Napoli 2012.

Dolindo Ruotolo, *Postulazione Generale dei Francescani dell'Immacolata*, Apostolato Stampa, Casa Mariana Editrice, Napl'oli 2008.

Dolindo Ruotolo, *Una profonda riforma del cuoere alla scuola di Maria*, Apostolato Stampa, Casa Mariana Editrice, Napoli 2010.

Dolindo Ruotolo, *Veni, Sancte Spiritus*, Apostolato Stampa, Napoli 1998.

Antonio Socci, *Caterina. List do córki o miłości i życiu w cieniu cierpienia*, Wydawnictwo Św. Stanisława BM, Kraków 2014.

Zasoby internetowe:

www.ecodibergamo.it
http://www.corriere.it
www.repubblica.it
www.osservatoreromano.va
http://vaticaninsider.lastampa.it

Ponadto:

Archiwum Apostolato Stampa – niepublikowane listy ks. Dolindo Ruotolo, Neapol.

Archiwum rodzinne Anny Fattore, Pollena Trocchia.

Archiwum rodzinne Grazii Ruotolo, Neapol.

Archiwum rodzinne Umberto Cervo – niepublikowane listy Enziny Cervo, Neapol.

Spis treści